集人文社科之思　刊专业学术之声

刊　　名：中文论坛

主办单位：湖北大学文学院

主　　编：聂运伟

Forum of Chinese Language and Literature (2018 No.1) vol. 7

2018年第1辑 · 总第7辑

集刊序列号：PIJ-2017-195

中国集刊网：http://www.jikan.com.cn/

集刊投约稿平台：http://iedol.ssap.com.cn/

中文论坛

湖北大学文学院
《中文论坛》编辑委员会 编

2018年第1辑 总第7辑

FORUM OF
CHINESE LANGUAGE AND LITERATURE
(2018 No.1) vol.7

社会科学文献出版社
SOCIAL SCIENCES ACADEMIC PRESS (CHINA)

《中文论坛》编辑委员会

目录
CONTENTS

2018 年
第 1 辑·总第 7 辑

CONTENTS

3

A Study of May 4th Period

Shahu Lake Forum

A Study of Chinese Contemporary Literature in Japan

Linguistics Research

卷首语

"书比人长寿"，是费正清给友人、前良友图书公司的编辑赵家璧信中的一句话。赵先生编了一辈子的书，自然很喜欢这句话，便拿来用作他一本书的书名。有人说"书比人长寿"，不过是读书人的呓语，编者不以为然。昔日太史公因受辱而发愤著书，藏之名山，以待后人。显然，他知道，人的肉身终不免一死，但人之魂灵，则可以在文字和书籍中长存。

这便是写作的理由，当然，是真正的写作。

在功利主义甚嚣尘上的今天，还有真正的写作吗？还有不为稻粱谋的纯净学术吗？

否定的证据肯定无以计数。但是，在浊浪翻滚的江河里，自有一股清流。本辑组稿过程中，编者接触到几位学者，他们的写作态度，他们给本刊奉献的文字，就宛如沁人心脾的清流，让人心在雾霾的压抑之中，如饮甘霖，这，便是希望的种子。

2017年年底，编者专程去深圳拜见胡经之先生。胡先生1933年生人，在名为"望海之斋"的寓所里，先生白发鹤颜，精神矍铄，谈艺术、谈文化、谈自己"美的追寻"的一生……夕阳西下，编者向先生告辞，先生伫立窗前，邀我俯瞰深圳湾和深圳河，说："美哉大自然，最美还是夕阳红。"胡先生是中国美学界的领军人物之一，从北京大学到深圳大学，从美学、文艺学的学术研究到深圳特区文化的拓荒与腾飞，均留下了彪炳史册的成就。编者请先生赐稿本刊，先生拿出两份未曾刊发的手稿，说："我不会在电脑上打字，你帮我打出来，再寄给我看看。"看到先生寄回的修订稿，编者大吃一惊。稿纸上从天到地，修改的文字密密麻麻，许多段落完全重写，篇幅大大扩展，而每一个字都不减娟秀。著作等身的胡先生已是耄耋之年，对文字的敬畏未有丝毫的减损，对学术的执着未有丝毫的懈怠。编完先生的《美学论说二题》，仿佛听见先生又在说："此时，我处在天与地之间，天、地、人联结为一体，真正进入了天地境界。"

　　本辑编发的武汉大学资深教授冯天瑜先生的《学术随笔三则》，均取材于作者研究生涯里的片段遭际，平实的叙述之中，又蕴涵着对知识的悟解和情感的释放，大有阅读文学作品的趣味。王国维曾言："文学中有二原质焉：曰景，曰情。前者以描写自然及人生之事实为主，后者则吾人对此种事实之精神的态度也。故前者客观的，后者主观的也；前者知识的，后者感情的也。"人文学科的写作，也当如此，情景交融非诗家之专利。冯先生毕生治史，特别推崇梁启超笔端常有炽热的情感。读冯先生辛亥革命研究、中国文化史研究的皇皇巨著，此般情景交融的精彩段落，常常穿插于严谨的历史考据之中。近几年来，冯先生身体有恙，多在医院。编者每次去探视，先生总是在一边打点滴，一边写作，病床上，窗台上，到处堆放着反复修改的手稿。他很少说自己的病情，说得最多的是："这个问题很有意思，我们应该抓紧时间，好好研究，把它做出来！"医生说，已经 76 岁的冯先生在创造生命的奇迹，熟悉冯先生人品和学养的朋友有个精彩的点评："首先精神立住，才能身体抗住。"妙哉此言，对于学者而言，有了精神的尊严，才有生命的尊严。编者在此为视学术为生命的冯先生祈福。

　　撰写《关于中国当代美学的几点反思》的张玉能先生，是蒋孔阳先生三大开门弟子之一，今年也 75 岁了。在张先生的字典里，大概是没有"退休"一词的。学术会议上，不管是大会发言，还是小组讨论，张先生总是声如洪钟，激情澎湃。德国美学史研究、席勒著作的译介、实践美学研究的切实推进，还有当下理论热点问题的争辩、多种多样的艺术评论等，都是他写不尽的题目。编者与张先生交往几十年，曾好奇地问过，"如此不倦的写作，动力何在？"先生答曰："兴趣。"梁启超在《学问之趣味》里说："你问我'为什么做学问'？我便答道：'不为什么'。再问，我便答道：'为学问而学问'；或者答道：'为我的趣味'。"还说："趣味主义最重要的条件是'无所为而为'。凡有所为而为的事，都是以别一件事为目的而以这件事为手段；为达目的起见勉强用手段，目的达到时，手段便抛却。"康德以为美就是无目的而合目的性，张先生孜孜不倦的学术写作，不正是对德国古典美学最好的诠释吗？

　　最近，湖北大学文学院编辑出版了三卷本的论文集《学术精神的熻火》，文集收录了数十位已退休的教授撰写并发表的一百二十余篇论文，涉及文艺学、中国古代文学、中国现当代文学、外国文学、写作学、古代汉语、文献学、中学语文教学法等诸多学科门类，皇皇一百六十万言。廖全京为此撰写的书评《在痛感中燃烧的文字——〈学术精神的爝火〉管窥》，从学术史的角度指出，几代俊彦之所以能在磨难中薪火相传，承前启后，是因为："这里洋溢着人文知识分子的理想主义、英雄主义，澎湃着与尘世烟火密切相关的怀疑精神。这里记录着较一般世俗人生之痛更为敏感、更为复杂深邃的精神之痛。一群秉持真心的读书人，以传承人文精神、尊重事实、还原真相的学术伦理、学术良知，在孤寂与困厄中默默守望、苦苦追求了六十年。如果说，老教授们在这六十年间形成了一个有血有肉有情有义的学术肌体，那么，这个肌体的每一条血脉里都有一种深沉的痛感在流淌。三卷《学术精神的爝火》，就是三卷在痛感中燃烧的文字。"学术是人文精神传承与坚守的神圣载体，是事关文化存废的重器，以学术的名义"究天人之际，通古今之变，成一家之言"，是学者自由思想的终极目标。陈道德的《永远怀念恩师李先焜先生》、汪正龙的《当代文艺思潮史上的周勃》、吴时红的《王元骧近期文艺美学基础理论研究述评》，三篇文章所或追忆或评述的三位学者，专业各异，但对学术的虔诚高度一致，可谓"焚膏油以继晷，恒兀兀以穷年"。

编者坚信学术精神的力量，正如杜牧所说："荧光爝火，何裨日月之明；弱质孤根，但荷乾坤之德。"因此信念，编者向为本辑撰写文章的诸位学者致以最崇高的敬意！

编者

2018 年 4 月

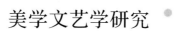

美学文艺学研究

美学论说二题

胡经之 [*]

编者按：胡经之先生1952年考入北京大学中文系。在校三十余载，由本科生、副博士研究生、助教、讲师、副教授而教授，师从杨晦先生攻文艺学，又随朱光潜、宗白华、蔡仪诸先生习美学，致力熔文艺学和美学为一炉，倡导文艺美学，是中国当代美学发展的亲历者，也是美学领域里著名的领军人物之一。胡经之先生耄耋之年，仍然钟情于美学研究。2017年年底，编者专程赴深圳探望胡先生，请之为《中文论坛》撰稿。先生拿出两篇写于2016年的未刊发文稿，同意我们编发。2018年年初，先生又花费很多精力，对两篇文章做了诸多修订和增补。先生谨严的治学态度，编者感佩不已。故以此寥寥数语，向胡先生表示敬意。

时代呼唤文化美

一

"弘扬中华文化，促进国际交流"（夏志清，1955：2），中华文化促进会的这个宗旨太吸引人了，正符合我们这个时代的迫切需要，洋溢着伟大的时

[*] 胡经之，北京大学、深圳大学中文系教授。1984年，应深圳大学之邀，与汤一介、乐黛云共同参与创办中文系，后又任国际文化系主任、特区文化研究所所长。先后被推举为深圳市作家协会主席、深圳市文艺评论家协会主席、深圳市文联副主席、广东省美学学会会长、广东省比较文学研究会会长，以及中国文艺理论学会副会长、中外文艺理论学会的副会长、中华美学学会常务理事等。至今仍潜心美学，笔耕不辍。主要著述辑为《胡经之文集》（五卷本）。

代精神。我们要发展和建设社会主义文化，正需要在弘扬中华文化、促进中外文化的交流中，取长补短，相互吸收，向真、善、美的价值方向推进。

我个人在改革开放时代开启之后，也开始关注国际文化交流，曾把深圳大学中文系改建成国际文化系，积极开展国内外学术文化的交流。21 世纪之初，中华书局建立九十周年，我应邀到北京香山参加座谈，我就写了一篇长文《中华文化如何走向世界》，如今收在《胡经之文集》的第四卷《文化美学》一书中。

我高兴地看到，我国在 21 世纪初开始实施中华文化"走出国门"的战略，增强我们国家的软实力。经过十多年的奋斗，如今我国的文化产品出口，已雄踞世界各国之首，成为世界上最大的文化产品出口国。联合国在 2016 年发布了一个关于文化贸易全球化的统计数据，中国在 2004 年到 2013 年的十年间，文化产品出口总额已由 104 亿美元左右急增到 601 亿美元左右，在 2010 年就已超过了美国，至今仍在继续。我国文化产品的出超，意义重大，令人鼓舞。

但是，我们也要清醒地看到，我国出口的文化产品，结构失衡严重，与发达国家的文化出口相比，情况反差甚大。我们出口的大多为音像制品，即视听互动类文化复制品，甚少创意设计，原创性极为稀缺。中国的文化产业，虽利用了高科技，但目前仍只是在外表、符号上多下功夫，而对创意、内容上下功夫钻研得还很不够。我们的"中国功夫"在海外影响甚广，给人留下的深刻印象是：中国人爱斗打，动不动就大打出手，武打功夫十分了得。娱乐至上的风气也在蔓延，2016 年春节热播的《美人鱼》《西游记之孙悟空三打白骨精》《澳门风云 3》等电影就糅合了武打和逗笑。所以，不少有识之士在肯定文化产业的成就的同时，又在竭力呼吁，大众文化亦应"内容为王"。

我一向看好大众文化。当大众文化兴起之时，国内曾出现过一笔否定之声，我则不以为然，因为大众文化中有好有坏，需作价值分析。我小时听民歌《茉莉花》，就深深为之吸引。此曲不仅风靡江南，还漂洋过海，远播欧美。从周璇所唱的电影插曲《真善美》，感叹"真善美，真善美，他的欣赏究有谁"，一直到庄奴作词的《小城故事》，唱出"人生境界真善美"，都表现出了人类对真、善、美的追求。大众文化和高雅文化都应该而且都可以求美，差别只在于大众文化求的是浅显之美，而高雅文化求的是深奥之美。浅显之美，明白易懂，直觉即得；深奥之美，较为复杂，颇费思量，需积累更多、更高层次的修养。英国美学家鲍桑葵在他的《美学三讲》里，曾从错杂性、紧张性、广阔性三个方面探索了"艰奥之美"。在他看来，"艰奥之美"区别于"浅易之美"，乃是"只能有少数人欣赏的美"。"浅易之美"通俗易懂，为广大人群喜闻乐见，所以大众文化的兴起和发展，势在必行，不可阻挡。

我想进一步说明的是，大众文化在发展过程中并非都在按美的规律来创造，其中有真、善、美，也不乏假、恶、丑。有些大众影视作品，竭力渲染色情、暴力、权谋，不惜篇幅，津津乐道，就是不向真、善、美的方向引导。大众文化中平庸之作大量存在，亟须提高质量，向雅俗共赏的方向提升。我年少时听闻陶行知谈教育，教育能浅入浅出，那是通俗，浅入深出，最为可恶，最佳的境界应是深入浅出。受此启发，我以为大众文化要提升水平，就应从浅入浅出着手，进而发展到深入浅出。理所当然，大众文化为了扩展接触面，当然要尽量发挥高科技工具的功能，让广大听众、观众能很快接受。但是，大众文化更应关注精神内涵的提升，更多关注真、善、美。

大众文化作为我国文化主旋律的主导文化，应踵事增华，更上层楼。我们的主旋律文化若要保持主流文化的地位，就应一手伸向高雅文化，一手伸向大众文化，吸取高雅文化和大众文化之长，面向现实，敢于创新，高扬时代精神。主流文化，应是为最广大人民喜闻乐见、雅俗共赏的深入浅出、寓教于乐的文化。

我不是在空口胡说，我对文化艺术发展规律的领悟，是由亲身体验中引申出来，有感而发的。我这一生看过的电影有数百部，最密集的观看是在到深圳的最初两三年，我在那段时间竟一连观摩了上百部外国影片。那时深圳初创，没多少文化活动，在深圳湾畔粤海门清静的校园里，每天晚上就只得看香港的电视。那时经常播放美、英、法、德、意、西等国的电影，从卓别林主演的《淘金记》《摩登时代》到费雯·丽主演的《乱世佳人》，再到爱森斯坦导拍的《战舰波将金号》《十月》等，应有尽有，甚至还有希特勒亲自定名指令拍摄的《意志的胜利》。这就使我对国际上的电影发展水平有了一个概括的了解。但从我自己的切身体验出发，在我一生中，给我留下最深刻影响的一部影片乃是《一江春水向东流》，那是我在抗日战争胜利后看到的第一部国产电影。我记得，那是在1947年，我14岁，正在故乡梅村读初中，中华中学校长亲自带领我们，租了一艘小火轮船，开到无锡城里崇安寺附近的电影院看了这部电影。这部电影说的故事很引人入胜。张忠良，一位江南乡村的老师，在日本军国主义侵华之后被迫背井离乡，颠沛流离，和"原配夫人"（白杨饰）失散，遇到富家小姐（舒绣文饰），将后者纳为"抗战夫人"，从而进入了重庆的上流社会，投机取巧，左右逢源，大发国难财。等到抗战一胜利，这位已成了权贵的乡村教师又成了接收大员，迅即到上海劫收敌产，又纳了一位"接收夫人"（上官云珠饰）。正当这位接收大员青云直上、趾高气扬之时，当年的"原配夫人"出现在他眼前。她已沦为富家的佣人，受尽欺凌。当她知道丈夫早已成了忘恩负义、不忠不孝的负心汉，她自己的心也死了，就纵身一跳，投江自尽。面对一江春水向东流，张忠良默默凝视江水，若有所思。但影片至此结束，留下不尽余味，让观众自己去思索。

这故事之所以吸引人，依我的体验和领悟，乃是因为故事把个人的命运和民族的兴亡结合在一起，富有时代气息。日军入侵，奸淫烧杀，无所不为，广大中国人民则处在水深火热之中，过着苦难生活，对此，影片都有所展示。但在重庆的上层，仍有少数权贵、富豪，在趁机发国难财，"前方吃紧，后方紧吃"，令老百姓恨之入骨，影片对此亦有揭示。而影片更多的关注是放了展现张忠良这个人物的人生道路的变异上，并对此做出了诗意的评判，从而引发观众对人生、人性的思考。

当时我正年少，对抗日胜利以后的生活充满着憧憬，以为未来一片光明，无限美好。而这部影片触发我关注现实，思索今后的人生。当统治当局不顾人民死活，发动内战，苛捐杂税，抽壮丁强制入伍，贪污腐败等现象滋生之时，我也就在1948年投身于学生运动。

二

文化，在当今世界已日益泛化，以至于被嘲笑为"文化是个筐，什么都能装"。这就需要我们对文化的结构层次做些分析。

何谓文化？世上对文化的解释已有数百种，可谓众说纷纭。最宽泛的理解，是把文化说成人化，凡不是自然天成的而是经人促成的万事万物，都是文化，物质文化、社会文化、精神文化均包括在内。改革开放以来，对文化的这种宽泛理解甚为风行，衣、食、住、行等日常生活，都被称为文化，于是有了饮食文化、衣饰文化、居住文化、汽车文化等。这样，我们对文化的理解就比以前大为扩展了，我们以前所理解的文化其实只是精神文化，经济、政治、文化三分，文化区别于经济和政治，突出了文化的意识形态性质，其核心是价值观。把文化作宽泛的理解，这符合历史发展的必然，标志着文化在社会发展中的作用正在扩大，经济也好，政治也好，文化都参与其中，而且文明建设还要扩及社会文明和生态文明。但是，我们还是不能把精神文化和其他文化相混淆，文学艺术的创造属于精神生产的领域，不能将其等同于物质文化。

如今，精神文化也在扩展和分化。自改革开放以来，我国的文化现象发生了激烈的变化，给我印象最深的，一是大众文化的兴起，二是精神文化的产业化，三是日常生活的审美化。这三者相互联系又相互促进。大众文化的兴起，促成了日常生活审美化和文化的产业化，促进了大众文化的蓬勃发展，后者又进一步推动了日常生活的审美化。借助于大众文化的兴起，我国倡导的主旋律文化也在文化的产业化过程中得到了发展，但主旋律文化更多的是在向大众文化靠拢，而不是在向精美文化、高雅文化提升。我们的文化很繁荣，规模空前发展，但精美文化、高雅文化则正在走向边缘，我所接触的知识阶层，就不时发出此类感叹。

我们的文化产业大规模生产的是大众文化产品，目的是满足广大人民群众的日常生活审美。但是，西方发达国家人数众多的是中产阶级，其追求的是文化的多样性，因此在大众文化之外，也要有精美文化、高雅文化。经历了数百年的现代化，对精美文化、高雅文化的需求已成为传统被继承下来。大众文化的兴起要另辟新路，以满足更多人的文化需求。而在发达国家，对精美文化、高雅文化的需求已是根深蒂固，不仅上层社会，连中间阶层都有此需求。因此，中华文化要"走出去"，不仅要送出大众文化产品，更要着力于创制精美文化、高雅文化。

中国的现代化进程发展到如今，也正需要花更大的力气来发展精美文化、高雅文化。中国和西方不同，在向着现代化方向迈进之时，中国就迎来了大众文化的蓬勃兴起，改革开放之初的启蒙运动，呼唤"美的艺术"的建设，一下就被挤向边缘，不像西方发达国家，"美的艺术"已兴旺了数百年，大众文化统不了天下。如今，中国正在向全面小康迈进，全面小康之后，又要向中等富裕迈进，中国特色的社会主义建设正在高歌猛进，文化发展的多样性正要呼唤精美文化、高雅文化的培育。我们的文化发展格局，应是高雅文化、主流文化、大众文化的相互补充和促进，形成三者的良性循环，如此，中国特色的社会主义文化才能蓬勃发展，中华文化的伟大复兴才得以实现。

三

为了发展社会主义文化，在全球一体化中发展自己的特色，我们很有必要重温一下马克思关于精神生产的理论。

一个社会，物质生产是基础，马克思说得好："物质生活的生产方式制约着整个社会生活、政治生活和精神生活的过程。"（马克思、恩格斯，1972b：82）

但物质生产并不是一个社会生产的全部，在物质生产的基础上，社会还发展出了精神生产。无论是物质生产还是精神生产，二者都是为了人自身的生产而产生、发展的。物质生产是为了满足人的物质需要，精神生产是为了满足人的精神需要。人接受精神文化，就相当于是在生产自己的灵魂。所以，物质生产和精神生产都是以人自身的生产为本来目的的，都是以人为本的。

人自身的生产比起物质生产和精神生产来得更为根本，这是因为它不仅涉及个人生命的生产，而且涉及他人生命的生产，因而又发展为社会关系的生产。马克思、恩格斯在《德意志意识形态》一书中对此有过阐发，在谈到人自身的生产时说道：一个社会，"每日都在更新生产自己的人们开始生产另外一些人"。而一旦开始了"他人"的生命生产，社会关系的生产也就发生了。"这样，生命的生产——无论是自己生命的生产（通过劳动）或他人生命的生产（通过生育）——立即表现为双重关系：一方面是自然关系，另一方面是社会关系。"（马克思、恩格斯，1972a：34）

可见，人自身的生产，发展出了人和人之间的社会关系，这里的社会关系，不仅仅指生产关系，还包括政治关系、精神关系等多种关系。马克思主义的创始人说得好："这种联系是由需要和生产方式决定的，它的历史和人的历史一样长久；这种联系不断采取新的形式，因而表现出'历史'。"（马克思、恩格斯，1972a：34）

物质生产、精神生产和人自身的生产，这三大社会实践活动，各有自身的发展规律，但都应该而且都能够"按美的规律"来进行。近二百年前，马克思就在其《1844 年经济学哲学手稿》中提及，物质生产要按"美的规律"建造。如此，精神生产和人自身的生产就更应如此了。

我们生产出来的文化产品应该是美的，具有审美价值。文化产品不仅要在外表、形式上要求美，更重要的是要追求意蕴的美，具有美的内容。真、善、美应是人类共同的价值追求，文化艺术亦应有真、善、美的追求，这样才能创造出永恒价值。近年获得安徒生奖的曹文轩就一再地申明，他的一生创作都在追求美，即使是描写童年的苦难，亦是为了彰显美的追求。大众文化在我国兴起时，我就提出，要以美的标准来审视之，因而我竭力提倡文化美学。无论是高雅文化、主流文化还是大众文化，都应按马克思所说，按美的规律来创造。

中华文化源远流长，博大精深，我们要发展和建设具有中国特色的社会主义文化，就要充分利用传统文化这丰富的历史资源，开拓创新，按美的规律来创造新的文化产品。

应人民之所需

——新常态下探美学

美学，作为人文科学之一，和社会科学、自然科学一道，都承担着复兴中华民族的伟大使命，都要发挥各自的作用，做出不同的贡献。如今，生态文明的新时代来临了。我国进入新时代，更加要求物质文明、精神文明、政治文明、社会文明和生态文明的协调发展。美学应与时俱进，应人民之所需，面向当下现实，适应时代的要求，以马克思主义为指导，探索和回答建设美丽中国和创造美好生活的伟大实践中的美学问题。

美学不只是提升自我修养，培育美好人格的为己之学，更是应人民之所需，按美的规律来创造美好生活的为人之学。在我们已跨入新常态的当今时代，美学应大有作为。

一

真、善、美，这是人类的价值追求，具有不朽的永恒价值。正是源于对真、善、美的永恒追求，人类才有精神动力去从事改造世界的伟大实践，使世界变得更美好，并创造更加美好的生活。著名科学家爱因斯坦在回顾自己一生的人生道路时做了这样的总结："照亮我的道路，并且不断地给我新的勇气去愉快地正视生活理想的是善、美和真。"（爱因斯坦，2016：56）

自然科学要研究自然界不同物种的自然规律，社会科学要研究不同社会的发生和发展规律，人文科学也要研究不同人文现象的发生和发展规律，探索人和世界（含社会）的关系。但无论是社会科学还是人文科学，其最终的价值追求，还是人类和社会的协调，还是真、善、美的境地。美国哲学家艾德勒在《六大观念》一书中，对人类普遍常用的真、善、美和自由、平等、争议这六大观念做了全面的梳理，发现人类对真、善、美更为看重，此三者乃人类更为根本的价值理念。

哲学，作为人类的世界观，在探索人生的价值和意义方面义不容辞，哲学理当探讨真、善、美的辩证关系，考察三者应如何互动、互补，协调发展，才能使世界变得更美好。社会发展到生态文化，求美将成为更为重要的社会需要。正在向百岁高龄挺进的北大教授张世英，其晚年的哲学研究就转向了美学，并把美的哲学称为第一哲学。这位以研究西方哲学著称的哲学家之所以如此重视美的哲学，乃是对西方哲学发展历程做了全面反思，又对中华美学精神做了继承和发扬，经深思熟虑而做出的决断。如今，视美学为第一哲学者，已不乏其人。

中华文明源远流长，底蕴深厚，尊崇真、善、美，尤其富有美学精神。儒家文化倡导尽善尽美，由善入美，突出了美和善的关联，彰显人文之美。道家文化倡导返璞归真，由真入美，突出了美和真的关联，彰显自然之美（天地大美）。禅宗文化倡导内心修炼，色即是空，空即是色，由心生美，方为本色，突出了美和心的关联，彰显心灵之美。各家凸显的精神不同，但都趋向于对美的追求，共同构成了中华美学精神。中国要建设和发展美学，理所当然应高扬中华美学精神，吸取精华，剔除糟粕，使其为中华民族的伟大复兴做出应有的贡献。

美学，作为一门学科，虽然创建于德国，但在辛亥革命前就已传入中国，在中国已有一百多年的发展史了。经由蔡元培、梁启超、王国维等先辈的倡导，美学在新文化运动后逐渐兴起，在中国落地生根。美学在中国的启蒙运动中发挥了积极作用，使越来越多的人意识到，美的追求，乃是人生中不可缺少的一个价值维度，其作为一种精神动力，推动着人类不断向前进取。新中国成立初期，在"百家争鸣、百花齐放"之中，美学也发出了自己的声音，对精神解放起了积极作用。到了改革开放之初，在精神解放的鼓舞下，全国更涌现了美学热，推动了新启蒙运动的蓬勃发展。

尽管在文化研究兴起之后，美学在中国也走向了边缘化，但美学仍在反思中得到了逐步发展。中国美学史、西方美学史、马克思主义美学史等学术著作先后问世。在中国走向现代化的历史过程中，实际上已存在三类美学传统：中国的、西方的和马克思主义的。改革开放之后，西方美学大量涌入，中国的美学受强势文化的影响，西方化的趋势日益明显，一些先知先觉的明智之士已经发声：中国的现代化并非只是西方化，要借鉴西方经验，但不能"西方化"，而要"化西方"。但是，我们的美学怎样去"化西方"，则值得我们去进一步思考。在我国的美学发展中，中国美学、西方美学、马克思主义美学各自分立，各行其道，各说各的话语，不相与谋，长此以往，如何才能发展出中国特色的马克思主义美学？

随着我国全面小康即将实现，人民生活日益提高，大家对美好生活的向往将促进美学的进一步发展。在新常态下探索美学，美学应从各说各话、自说自话跨进相互对话、彼此交流的境界，进而对美学中的基本问题逐渐形成一些共识。

美学要研究些什么问题？朱光潜在《文艺心理学》一开头，就开宗明义："近代美学所侧重的问题是'在美感经验中我们的心理活动是什么样的'，至于一般人喜欢问的'什么样的事物才能算得上美'这个问题还在其次。第二个问题并非不重要，不过要解决它必先解决第一个问题；因为事物能引起美感经验才能算得上美，我们必先知道怎样的经验是美感的，然后才能决定怎样的事物所引起的经验是美感的。"（朱光潜，1997：203）他把审美的心理活动放在美学研究的首位，作为美学探讨的第一问题。他的《文艺心理学》就以美感为中心，对美感的心理因素如通感、联想、移情等做了探索。受当时西方盛行的审美心理学的影响，朱光潜把审美的心理过程视为美学最根本的问题，认为审美心理和常态心理不同，乃是一种变态心理，所以要将其从心理学中分出，单独研究与常态心理不同的审美心理。由此，朱光潜的美学成了心理学。对此，国内早就出现了不同的声音。

蔡元培在1934年为他的同学金公亮所写的《美学原理》作序，其中说了这样一番话："通常研究美学的，其对象不外于'艺术'、'美感'与'美'三种。以艺术为研究对象的，大多重在'何者为美'的问题；以美感为研究对象的，大多致力于'何以感美'的问题；以美为研究对象的，却就'美是什么'这问题来加以探讨。我以为'何者为美''何以感美'这种问题虽然重要，但不是根本问题；根本问题还在'美是什么'。单就艺术或美感方面来讨论，自亦很好；但根本问题的解决，我以为尤其重要。"（蔡元培，1984：449）

我最早接触美学是在20世纪40年代读中学时看了朱光潜的《给青年的十二封信》以及《谈美》，朱先生的文字吸引了我对文艺作美学的思考。但到了50年代，我在北京大学开始接触蔡元培的美学，才逐渐懂得，美学不仅要研究美感经验，还要研究现实中的美的存在，更要研究两者之间的连接，即主观和客观是如何联结起来的，而这里正存在着"美的规律"。苏联在斯大林时代之后，审美学派、文化学派兴起，受此启发，我对马克思所说的"美的规律"深感兴趣。

价值哲学的积极倡导者文德尔班在他的《哲学导论》中，归纳了西方美学发展的两种不同的道路。他特别提醒说："我们将自然中的美和艺术中的美区分开来，后者是人所创造的。因此，美学沿着两条道路发展。它要么从自然之美出发，然后去理解艺术美；要么从对艺术之美的分析中获得定义，然后再转向自然之美。第一条道路处理的是对美的享受；第二条道路处理的则是对美的生产和制作。"（文德尔班，2016：232）他对美的这种区别很重要：自然之美不是人的创造，我们人类面对自然之美，只是享受，而不是生产；艺术之美则是人类的创造，对于艺术之美，我们所要研究的是如何按美的规律来生产。

我的美学研究是走的第二条道路，先从文艺美学着手，探索文学艺术之美，进而探索更为广泛的文化之美。这些都是人类的创造，我认为，美学就是要研究文化艺术是如何按美的规律来创造的。但我晚年的关注，则更多的是对自然之美的思考，探索自然之美何在，如何享受自然之美。自然美并非人的创造，但自然向人而生，客观上符合了美的规律。我的美学研究虽然走了第二条道路，但我的审美经验的获得却与此相反，乃是先感受到了江南水乡的自然之美，进而又感受到了江南民间的风俗人情之美，然后才进入欣赏艺术之美，将江南丝竹、苏州评弹、吴中园林尽收眼底。我的审美经验符合了第一条道路，但还未进入美学研究的阶段。

在感受自然之美和艺术之美之外，我也感受到了风俗人情之美，这是一种人文之美。人和人的交往活动，人际关系本身，也能生成人文之美。马克思谈到工人阶级团结起来，发动共产主义宣传运动之后，"他们也因此产生一种新的需要，而作为手段出现的东西则成为目的，当法国的社会主义联合起来的时候，人们就可以看出，这一实践运动取得了何等辉煌的成果。吸烟、饮酒、吃饭等等在那里已经不再是联合手段或联络的手段。交往、联合以及仍然以交往为目的的叙谈对他们说来已经足够了；人与人之间的兄弟情谊在他们那里不是空话，而是真情，而且他们那由于劳动而变得结实的形象向我们放射出人类崇高精神之光"。（马克思，1979：93）踵事增华，日久生情，这种人情之美在民间习俗中不时涌现，我在年少时常有感受，至今难忘。

但我对自然之美情有独钟的追寻，在我的审美生活中，既是起点，又是终点。21世纪之初，我从喧闹的深大新村迁居到深圳湾畔、深圳河侧，得以天天和大自然亲近，这一机缘使我对自然之美的审美体验更深了一层。2010年夏，我和严家炎、李光羲全家到俄罗斯体验了一次文化之旅，先到莫斯科、彼得堡，然后登邮轮漫游伏尔加河，旅途中偶然发现了契诃夫在札记、书信中写下的一些话，过去没有见过。这些话深得我心，于是我便用笔记下。这位文豪坦言，他这一生在生活中所获得的享受，仅来自两个源泉：写作和大自然。他对大自然的评价极高："大自然的亲近和闲适乃是幸福的必要条件，舍此不能有幸福。"他称赞乡村美景，"不仅是好，甚至是美妙"，还说，"富足的人不在于他拥有很多钱财，而是在于他拥有条件生活在早春提供的色彩斑斓的环境中"（契诃夫，2015：108）。

体会这些精辟之论，我常想起马克思对大自然的评价。针对当时有人把劳动推崇为人类财富的唯一源泉，马克思旗帜鲜明地指出，自然也是财富的源泉，并非只有劳动才是。如若没有自然，人类就什么也创造不出来。自然和劳动不仅是人类财富的源泉，其还给人提供了精神享受，契诃夫就在写作劳动和大自然中深切感受到了此种精神鼓舞。

大自然的发展自有其规律，不以人的意志为转移。天晓不因钟鼓动，月明非为夜行人。但人有灵明，因而得以在实践中掌握自然规律，过着

"同已被认识的自然规律相协调的生活"（马克思、恩格斯，1979：110），诗意地栖居在大地上。生态美学是传统自然美学的拓展和提升，应大力倡导。但生态美学不能以"生态"为中心，仍然必须以人为本。面对生态危机，还是要发挥人的主观能动性，如恩格斯所说，人应成为社会的主人，自然的主人，更应成为人自己本身的主人，如此人才有能力来调节人和自然的关系，取得两者的动态平衡，使我们的世界更美好，人民生活更美好。

二

美学虽是从西方来的，但移植到中国后，确实需要中国化，就像马克思主义也来自西方，但融入了中国经验，便发展了，中国化了。这里的关键是要通过社会实践，吸收中国自己的新经验，解决中国的新问题，从而做出新的理论概括。

改革开放以来，西方的美学经典陆续得到阐释，中国的古典美学经典也都获得了新解。中国的美学，经历了"我注经典，经典注我"的发展路程，需要进入一个新的阶段，那就是要"经典解今，创新经典"。我们已经知道了那么多的中外古今美学经典，不能只停留在储藏知识的水平，而应面向当今现实，用经典来解释社会实践中出现的新现象，解决美学中的新问题，这样才能对经典作创新阐释，进而创造出新的经典，推进美学的创新发展。美学要创新，必须以问题为导向，抓住当今现实中的重大美学问题，促使马克思主义美学、中国美学、西方美学都关注现实问题，共同凝聚于问题的解决，做出新的理论概括。我期盼，我们的美学发展路径还是要走这样的路："马列指导，古为今用，洋为中用，解决问题"。

那么，美学应关注当下现实中的什么问题呢？

人民的生活，自改革开放以来发生了巨大的变化，那么，人民的审美需要又发生了什么样的改变？此问题至今还未得到很好的研究。

马克思说得好："人以其需要的无限性和广泛性区别于其他一切动物。"（马克思、恩格斯，1982：130）人民的需要应是丰富多样的，物质的需要，精神的需要，社会的需要都应得到自由发展。但是，在阶级压迫沉重的旧社会，人民连最基本需要也无法得到满足，所以鲁迅在 1925 年就喊出："我们目下的当务之急是：一要生存，二要温饱，三要发展。"（鲁迅，2005：47）人首先得活下来，吃得饱，穿得暖，然后才能谈到进一步发展。恩格斯的时代，远早于鲁迅的时代，但那时西方已在现代化，生存条件不同于旧中国，所以恩格斯就指出：人不仅要为生存而斗争，而且要为享受而斗争，再为发展而斗争。在《自然辩证法》一书中，他提出："生存斗争不再单纯围绕着生存资料进行，而是围绕着享受资料和发展资料进行。"（马克思、恩格斯，1995：372）从自己的经验出发，我认为享受的需要渗透在人生的整个发展过程中，物质生活、社会生活和精神生活中都存在享受的需要，无须专门突出享受，将其视为人生中一个独立的环节。

我对人生追求的体认，可以归结为三：一要生存，二要发展，三要完善。人来到这世上，首先得活得了，然后方能求活得好，而要活得更好，就要追求活得美。人在能够生存之后，就会要求发展，但发展到哪里去？还是要向完善的方向发展，完善的人生，就如马克思所说，追求的是人类的幸福和我们自身的完美。

人的审美需求乃从物质生活中产生，在物质生活中得到的物质享受引起了生理快感，由此逐渐上升到由心理享受引起的心理快感，再上升为由精神享受引起的精神快感。审美享受虽从物质生活中生发，但在社会生活和精神生活中得到了更高的发展和提升。审美需要在物质生活、社会生活和精神生活的不同领域中，都在不断变化。仅就衣食住行的物质生活领域来说，如何"行"的变化就是巨大的，人们所获得的审美享受因而也就有所不同。少年时代，我出行去苏州、无锡、上海都是乘船，乌篷船、敞篷船，后来又有了轮船。乘船有乘船的好。我的前辈与同乡钱穆家在靠近苏州的鸿声里，青年时代在我的老家无锡的梅村小学教国文，常乘船行走在伯渎河上，他就利用乘船的几个小时读起古书来，休息间歇，又兴致勃勃地观赏两岸风光，湖光树影，获得美的享受。我到十八岁时，才第一次乘上火车，从无锡去南京小汤山探望参军的学友。在宁沪线的火车上，远眺好似在旋转移动的平坦田野、树林山峰，别有一番风味，这是我第一次在火车上体验到窗外风光。三十年之后，我在北大，方有机会第一次登上飞机，从北京飞到昆明去参加中华美学学会的成立大会。飞机穿过云层，直上云霄，从窗口看去，只见白云舒卷，遍漫天际，我们好似行走在无际无边的棉花堆上，面对的是一片洁白的世界。十多年之后，我得有机缘亲身体验到了欧美在 20 世纪 70 年代兴盛起来的豪华邮轮海上游。我从深圳出发先到香港，在维多利亚港登上十多层高的邮轮，然后向东南亚前进。在这汪洋大海上漂浮的六星级酒店里眺望海上风光，更是全身心都投入了审美享受，兴味无穷。如今，深圳也已在太子湾建成了豪华邮轮母港，世界最大的邮轮都能停泊于此，由深圳出发，驶向更遥远广阔的世界。

时代的发展推动了人类审美需要的变化，从物质生活中的审美，提升到社会生活中的审美，精神生活中的审美，审美需要不断扩大和提升。早在两千多年前，思想家墨子就已经意识到：食必常饱，然后求美；衣必常暖，然后求丽；居必常安，然后求乐。我有幸在创建特区的初期就来到了深圳这块正待开发的处女地，得以亲历亲见了这座现代化、国际性、创新型大都市的飞速发展历程。我初次踏上这方热土，见到的只是一个从小渔村发展起来的边陲小镇，只有二三万人，加上周边的宝安、龙岗等地，也就是二三十万人。而仅仅过了三十多年，如今的深圳已发展成了人口近两千万的特大城市，超越性的发展，使这块开发不久的热土迅速从前现代发展到现代，又很快跨入了后现代。在这飞跃式的历史发展过程中，深圳人的追求，也在从追求物质享受向追求精神享受提升。深圳正在向图书之都、音乐之都、生态城市等高层次的城市定位发展。

中国地广人多，发展极不平衡，不少地方还正在从前现代迈向现代，少数地方则已在向后现代迈进。我国的当务之急，还是消灭贫困，以实现全面小康。全面小康实现之后，还需要进而向中等富裕水平提升，不仅满足人民的物质需要，还要进一步满足人民不断增长的社会需要和精神需要。在经历了数十年的超常发展之后，我国已进入了新常态，这是一个需要高扬真、善、美的伟大时代，美学应大有作为，紧跟时代的步伐，把握住人民的新的审美需求，推进美学面向当下现实，回答实践中出现的美学问题，提升美学研究的水平。

三

美学要创新发展，只能面向当下现实，把握时代脉搏，回答实践中涌现出来的问题。当今现实错综复杂，正如马克思所说，"包括了一个广阔范围的多样性活动和世界的实际关系"（马克思、恩格斯，1960：296）。而美学理当密切关注现实生活中的审美现象，德国美学家德索，早在《美学与艺术理论》中就提醒世人，"审美需要强烈得几乎遍及一切人类活动"

（德索，1987：53），美学研究应跟踪追寻人类的活动，并对此加以深入考察。

人来到这世上，就和这世界产生了千丝万缕的联系，进行着物质、能量和信息的交换，人的需要和对象密不可分，需要面向对象展开活动，通过活动又和世界建立了多种多样的关系，实践的关系、认识的关系、审美的关系，等等。马克思说得好："（人）积极地活动，通过活动来取得一定的外界物从而满足内心的需要。（因而，他们是从生产开始的）。由于这一过程的重复，这些物能使人们'满足需要'这一属性，就铭记在他们的头脑中了。"人通过活动满足了自己的需要，也由此而认识和体验到了这个世界，进而，"也就学会'从理论上'把能满足他们需要的外界物同一切其他的外界物区别开来"（马克思、恩格斯，1963：405）。美学也正是依据外界对象物能否满足人类的审美需要而区别美丑的。

人类为了追求美而展开的多种多样的活动，可被称为求美活动，以区别于求真活动和求善活动。求美活动，当然首先包括了审美活动。面对大千世界错综复杂的现象，人不仅要学会分别真假、善恶，而且要学会分辨美丑。美能引发人的审美快感，丑则使人产生审美反感。但归根结底，审美活动只是一种精神活动，只对人的心灵发生作用。审美活动要提升至教育实践的层次，用以培育人的品性，改变人的精神结构，使人具有美的人格。审美教育要以审美活动为基础，审美活动是精神活动，但由于教育已是人对人相互作用的交往实践，因此审美教育已经上升为精神实践，其按照"美的规律"来提升人的品位，因此又可被称为育美活动。人类为了求美，不仅需要进行审美活动和育美活动，还需要开展创美活动。育美活动是改造主观世界的精神实践活动，创美活动则是改造客观世界的精神实践活动。随着人类实践的拓展，审美领域在不断扩展，精神审美、人文审美、自然审美都在发展，但人类不会满足于现实的审美，而是会进一步按美的规律去改造客观世界，创造新美，更要按"美的规律"去改造主观世界和客观世界的关系，创建和谐世界。

依我看来，美学当然包含了审美学，但不只有审美学，还应有育美学和创美学。当初德国美学家鲍姆加登把感性学命名为美学，原本是要探索感性认识的完善，因而并未把感性活动包括进来，所以，那时的美学还只停留在精神学、心理学层次，称之为审美学未尝不可。但美学的发展日益超越了审美领域，黑格尔的美学，其重心已转向艺术美学，探索美的艺术的创造。尽管黑格尔突出了艺术的精神审美，但实际上美的艺术创造已是一种精神实践活动，内含着精神活动，同时又付诸了实践，生产了"意义"——通过符号实践来表达精神意蕴，成了生产"意义"的创美的实践活动。马克思在谈到物质生产时，更进一步提出，物质生产也应该按"美的规律"来创造，这就把美学推及物质生产这一领域了。艺术生产乃精神实践活动，物质生产则是物质实践活动。物质生产是人和物的互动，精神生产重在心和人的互动，而作为人的生产的教育实践，更多重在人与人的互动，但三者都需遵循"美的规律"。美学不能只研究艺术，也应研究如何按"美的规律"来改造主观世界和客观世界，更应探索建立主观世界和客观世界之和谐关系之路。

于我而言，美学首先是为己之学。在我的一生中，美学助我体验人生，领悟人生的价值和意义。由切身的审美体验出发，我自己的美学研究也就重在对人生价值的体验做些探索。因此，我追求的美学是人生美学、价值美学、体验美学的三位一体。

人生之美，乃是美学探索的应有之题。自美学传入中国，蔡元培、梁启超、王国维等的美学都致力于解决人生难题，探索人生的意义，这成了我国现代美学的一个传统。人生，乃是人的整个生命活动，人一生的生活，具有宽广的、丰富的、多层次的内容。马克思说："物质生活的生产方式，制约着整个社会生活、政治生活和精神生活的过程。"（马克思、恩格斯，1972：82）在这里已提出了物质生活、社会生活、精神生活的多个层面，并指出连生产活动本身，也是生产生活的构成部分。马克思把"劳动这种生命活动"称作"生产生活"。所以，马克思所说的生活，是一个包括了生产在内的宽广的概念。在德国哲学家文德尔班的价值哲学里，生活不仅包括社会生活、政治生活，而且包括"道德生活、宗教生活、科学生活和艺术生活"。这里所说的生活，也正是我所理解的整个人生。审美，渗透在整个人生的不同层面的生活中，只是，大量存在的是依存美，追求自由美的则为数不多。所以，美学不能只注视艺术美，还应关注人文创造之美和天地自然之美，进入天地境界。

美学关注人生，目的在于探讨人生的价值，追求真、善、美的统一。所以，美学探索必然涉及价值论范畴。生活中充溢着真、善、美，却也存在着假、恶、丑。美学理应成为审辨美丑之学，探讨审辨美丑之理。其实，从价值学的角度来研究美学现象、审美活动，这也是中国现代美学的另一个传统，不能丢弃。我生得晚，到1953年才开始接触蔡元培的美学，方知道他早在1915年就把美学放在价值论的视域来考察了。他所写的《哲学大纲》中专设了《价值论》一篇，其中一节就是探讨美学。《价值论》开宗明义："价值论者，举世间一切价值而评其最后之总关系者也，其归宿之点在道德，而宗教思想与美学观念亦隶之。"（蔡元培，2015：3）1927年，蔡元培还写了《真善美》一文，探索人生的最高目的。受蔡元培的价值论的影响，当20世纪50年代后期苏联的审美学派、文化学派也开始用价值论的视角来谈论美学、文化时，我就对此发生了浓烈兴趣，并进而对马克思的价值论做了些探索。我终于懂得了，如若没有价值分析，如何能审辨出真、善、美和假、恶、丑？美学要经常谈论生命、生活、存在、实践、现象、心灵、意象等，但这些都美吗？不见得。有美好的生活，也有丑陋的生活，实践能创造美，也能制造丑，有美好心灵，也有丑恶心灵，有美的意象，也有丑的意象。人类之所以需要美学，不正是要在审察世界万象的基础上进而探索美的规律，区分出真、善、美和假、恶、丑吗？

但要探索美的规律，又必先从审美体验着手。人是在生活实践中获得审美体验，在体验中分辨出真、善、美和假、恶、丑的。我所理解的审美活动，就是经由审美体验来掌握世界（包括外在世界和内在世界）。人在世界中，世界映心中；精神融实践，天地人互动。我们的生活世界，是天、地、人互动的世界，我们要从实践上去掌握这个世界，也要从精神上去掌握这个世界。但从精神上去掌握世界也有多种方式，科学的、道德的、宗教的，等等。审美活动是以体验的方式来掌握世界。我这也是有感而发。我看20世纪二三十年代的美学，在探讨美感时，大多趋向于移情说，审美者将自己的感情移植到了外界对象上，由此才产生美，继而引发美感。可是，蔡元培的美学却独辟蹊径，对移情说做了分析（特别是对立普斯的积极移入和消极移入有较深入的分析），提出了"有许多美感的情状，并不含有感情移入的关系"（蔡元培，2015：59）。因此，蔡元培说："感情移入的理论，在美的享受上，有一部分可以应用，但不能说明全部。"（蔡元培，2015：60）受此启发，我就开始思索审美活动区别于其他精神活动方式的特点，因而更多关注了心理学。20 世纪 60 年代初，我参与蔡仪主编的《文学概论》第一章的编写，特此请正在苏联留学的北京大学的同学孙美玲带回一本鲁宾斯坦的《心理学的原则和发展道路》的俄文本。书中有一个观点深深吸引了我："人的意识不只包含知识，而且也由于人的需要、利益等的关系，而对世界上对他有意义的东西的体验。由此在心理中就产生了动力的倾向和力量；由此也就产生了这样的能动性和选择性。由于有这样的能动性和选择性，意识就不单是消极的反映，而且也是关系，不只是认识，而且也是评价、肯定或否定，企求或排斥。"最后，这位世界著名的心理学家这样总结道："实在的意识以体验的形式包含着人的实践活动和理论活动的动机。"（鲁宾斯坦，1965：146）此后，我就转向对审美体验的思索，明白了审美体验是对人生价值的一种独特的体验，是对审美价值的体验。

人生、价值、体验就这样在我的美学探索中联结在一起，成为我的美学研究中心，我的美学研究也就由此而展开。

参考文献

〔德〕爱因斯坦（2016）：《爱因斯坦文集》，第三卷，许良英等译，商务印书馆。

〔德〕德索（1987）：《美学与艺术理论》，兰金仁译，中国社会科学出版社。

〔俄〕鲁宾斯坦：《心理学的原则和发展道路》，赵璧如译，三联书店。

〔德〕马克思（1979）：《1844 年经济学哲学手稿》，刘丕坤译，人民出版社。

〔德〕马克思、恩格斯（1960）：《马克思恩格斯全集》，第 3 卷，人民出版社。

——（1963）：《马克思恩格斯全集》，第 19 卷，人民出版社。

——（1972a）：《马克思恩格斯选集》，第 1 卷，人民出版社。

——（1972b）：《马克思恩格斯选集》，第 2 卷，人民出版社。

——（1979）：《马克思恩格斯全集》，第 46 卷上，人民出版社。

——（1982）：《马克思恩格斯全集》，第 49 卷，人民出版社。

——（1995）：《马克思恩格斯选集》，第 4 卷，人民出版社。

〔俄〕契诃夫（2015）：《可爱的契诃夫：契诃夫书信赏读》，童道明译著，商务印书馆。

〔德〕文德尔班（2016）：《哲学导论》，施璇译，北京联合出版公司。

蔡元培（1984）：《蔡元培全集》，第五卷，高叔平编，中华书局。

——（2015）：《精神与人格：蔡元培美学文选》，安徽文艺出版社。

鲁迅（2005）：《华盖集》，《鲁迅全集》第三卷，人民文学出版社。

夏志清（1955）：《中国现代小说史》，时代出版社。

朱光潜（1997）：《朱光潜全集》，第一卷，安徽教育出版社。

Two Theses on Aesthetics

Hu Jingzhi

The editor's Words：Pro. Hu Jingzhi has been in Peking University for more than 30 years from being a student to be a professor since his enrollment in Department of Chinese in 1952. He learned literature theories from Mr. Yang Hui, and then learned aesthetics from Mr. Zhu Guangqian, Mr. Zong Baihua, and Mr. Cai Yizhu, dedicating himself to combining literature theories with aesthetics, which can be called literary aesthetics. Pro. Hu Jingzhi is the witness of the development of Chinese contemporary aesthetics as well as the leading role in aesthetics area. Although Pro. Hu Jingzhi has been in his eighties, he is still indulged in aesthetics study. At the end of 2017, the editor visited Pro. Hu in Shenzhen and invited him to write an essay for *Chinese Forum*. Pro. Hu allowed us to edit and publish two of his essays finished in 2016. At the beginning of 2018, Pro. Hu spent much time on revising these two essays. These words are for the appreciation of Pro. Hu's rigorous academic attitude.

About the Author：Hu Jingzhi (1933 –), Professor at Department of Chinese, Peking University and Shenzhen University. In 1984, he was invited to create Department of Chinese in Shenzhen University with Tang Yijie and Le Daiyun, and then was appointed as Dean at Department of International Culture and Director of Culture Research Centre of Shenzhen Special Zone. He was appointed successively as Chairman of Shenzhen Writers' Association, Chairman of Shenzhen Literary and Artistical Critics' Association, Vice Chairman of Shenzhen Literary Federation, Director of Guangdong Society for Aesthetics, Director of Guangdong Society for Comparative Literature, Vice Director of Chinese and Foreign Literature Theory Association, Executive Director of Chinese Society for Aesthetics. His interests and specialties：aesthetics. Magnum opuses：*Collected Works of Hu Jingzhi*, etc.

关于中国当代美学的几点反思

张玉能 *

摘　要： 中国当代美学发展到今天已经将近 70 年了。现在，我国社会正处于一个多元共存、百家争鸣的时期，这也是中国当代美学进一步发展的最佳时期。中国第一次美学大讨论中的"四大流派"，从实质上来看，不应该是中国马克思主义美学内部的不同观点或者流派，其中只有客观派和实践派可以算作中国化的马克思主义美学。说蒋孔阳美学是"第五派"是特殊语境下的说法。实际上，现在中国还没有明确的"反马克思主义美学"流派。中国当代美学的生成和发展应该说是与西方美学分不开的，因此中国当代美学进一步发展也肯定离不开西方美学的思想资源。中国当代美学当然应该以中国传统美学思想为根基，同时批判继承中国古代传统美学思想。当前出现的马克思主义美学的"合法性危机"并不可怕，在中国当代美学进一步发展的过程中应该是可以克服的。

关键词： 中国当代美学　马克思主义美学流派　西方美学　中国传统美学思想

中国当代美学发展到今天已经将近 70 年了。现在正处于一个多元共存、百家争鸣的时期，也是中国当代美学进一步发展的最佳时期。因此，反思一下中国当代美学的几个重要问题，似乎有助于美学界同人冷静思考。

---

* 张玉能，华中师范大学文学院教授。研究方向为西方美学、西方文论、文艺学等。电子邮箱：yuneng@126.com。

一 关于中国当代美学的流派

一般认为，在新中国成立以后的第一次美学大讨论中，中国当代美学的四大流派就已经形成了。这种说法当然是有根据的，不过，这四大流派都说自己是真正的马克思主义美学，于是，它们好像就成为中国当代美学中马克思主义美学的不同观点，当然这也可以称为"流派"，只不过是一个大的思潮下面的流派，或者说是一个大流派下面的小流派。20世纪五六十年代的美学大讨论，是在新中国成立初期的特定历史条件下进行的一次美学大讨论。关于这次大讨论的看法，我在《我看"美学大讨论"及朱光潜先生》[《清华大学学报（哲学社会科学版）》2015年第6期]一文中做了比较详细的阐述。在当时的条件下，参加美学讨论的人都要努力在意识形态和阶级立场方面站对队，所以，大家的讨论文章都在引述马克思列宁主义、毛泽东思想的论说，并且都声称自己是真正的马克思主义美学的代表，驳斥其他流派是非马克思主义的或者反马克思主义的。所以，从表面上来看，美学大讨论中的四大流派，在一定意义上是可以视为中国马克思主义美学内部的不同观点的，叫作不同流派也是可以的。因为新中国成立以后，中国美学的主流就是马克思列宁主义和毛泽东思想的美学。这是当时的特殊条件所造成的学术局面，其影响一直延续到今天。比如20世纪90年代的实践美学与后实践美学的争论，实践美学是公开的马克思主义美学派别，但后实践美学的各派也没有公开声称自己是非马克思主义的或者反马克思主义的，无论是超越美学（存在美学、主体间性美学）、生命美学、体验美学、生存美学、生态美学、身体美学、网络美学还是其他种种美学类别，尽管其中有主张者并不遵循马克思主义，可在相应论述文章中从未明确对此做出过说明。因此，从这个意义上来说，新中国成立以后的美学讨论或者争论，都是在以马克思主义为主流意识形态的主导下的不同观点或者不同流派之间的讨论或者争论。这也是我在思考中国当代美学发展中遇到的一个问题。我本人是信奉马克思主义美学的，而且主张中国当代美学发展应该"打通中西马"，即应该以马克思主义美学为指导，以西方美学为参照，以中国传统美学思想为根基。不过，当下中国当代美学发展的多元格局中究竟有没有非马克思主义美学或者反马克思主义美学存在？如果有，他们敢于公开承认吗？我最近在《中国美学百年反思的几个问题——中国现当代美学与马克思主义美学》和《进一步发展中国当代美学的几个问题——中国当代美学与马克思主义美学》这两篇文章中，都表达了中国现当代美学发展过程中有一种"马克思列宁主义美学唯一化"的倾向，这一倾向好像并不有利于中国现当代美学的发展。那么，在改革开放新时期，中国当代美学还能否继续这样一元化地发展下去？是否应该允许多元化发展？如果允许多元化发展，那么，马克思主义美学、中国化马克思主义美学应该是多元化中的一元，还是领导多元化的更高层级的一元？这些问题，目前尚未有定论。中国当代美学进一步发展究竟是中国化马克思主义美学的不同流派的多元化发展，还是会有非马克思主义的或者反马克思主义的美学存在的可能？以我的个人浅见，似乎前者的可能性会大些。目前看来，非马克思主义的或者反马克思主义的美学存在的可能性似乎不大，即使有也不可能公开发表，更不可能名正言顺、大张旗鼓地宣传。因此我认为，中国当代美学进一步发展，最主要的美学思潮仍然应该是马克思主义美学或者中国化的马克思主义美学，说具体一些就是以新实践美学为主潮，形成不同的流派；在此主潮之外还会有其他的流派，比如超越美学、生存美学、存在美学、生命美学、生态美学、认知美学、身体美学、网络美学，等等。只不过，这些新实践美学之外的流派，要么表明自己的马克思主义性质，要么就这么不明不白地存在于中国现实之中。如果按照主流意识形态的观点来看，马克思主义的观点、立场、方法是放之四海而皆准的，那么这些美学流派，最终将不是归于马克思主义美学下属的一个流派，就是仍然这样不明不白地存在下去，或者慢慢就销声匿迹了。如果有一种敢于直接打出"非马克思主义"或"反马克思主义"的旗号的美学流派出现，那它就必须进行一番艰苦的争论，以争得合法地位，否则最后恐怕仍然不可能成为一种能自立于中国美学界的美学流派。所以我认为，在当前的情况下，中国当代美学在进一步发展中会出现马克思主义主潮下的不同流派，而不大可能出现公开的非马克思主义的或反马克思主义的美学流派。

如果要从美学思想的学理分析来看，中国第一次美学大讨论中的四大流派，从实质上来看，并不是中国马克思主义美学内部的不同观点或者流派。因为，这四大流派的划分标准是关于美的本质的观点的，也就是所谓的"美是主观的"还是"美是客观的",或者"美是主客观的统一"抑或"美是社会客观的"。依据此标准,不同的美学观点被划分为"主观派""客观派""主客观统一派""社会客观派"（后来成为"社会实践派"）。从美学是一种哲学性学科的角度来看,美的本质问题是美学的核心问题,以对这个问题的回答来划分美学流派应该是合理的、科学的、必然的。因此,从哲学的本体论、认识论、方法论的角度来看,这四大流派的分歧实质上就涉及了唯心主义和唯物主义、辩证法和形而上学的根本区别,而马克思主义美学应该是坚持实践本体论、辩证唯物主义和历史唯物主义、唯物辩证法的。因此,用马克思主义哲学和美学的实践本体论、辩证唯物主义和历史唯物主义、唯物辩证法这些标准来看四大流派,尽管它们都声称自己是马克思主义的,但仔细分析起来还是有区别的,似乎应该说:吕荧和高尔泰的"主观派"是主观唯心主义的,所以算不上马克思主义美学流派,尽管他们,尤其是吕荧先生引用了许多马克思、恩格斯的论述。我认为"主观派"具有主观唯心主义倾向是肯定的,也是错误的。尽管在西方美学史上,主观唯心主义的美学思想是占统治地位的,对美学发展的贡献也是最大的,但是,这并不能够证明它是正确的。而且我认为,在哲学本体论上划分唯物主义和唯心主义、主观唯心主义和客观唯心主义、机械唯物主义和辩证唯物主义,应该是一种根本的划分,也是必需的划分,否则就不能确定一种美学思想的根本性质,也就无从判别一种美学思想的是非对错。我们应该反对的是"文化大革命"中的"大批判"的政治化、阶级斗争式的划分。蔡仪的"客观派"按照上述标准则是机械唯物主义的美学思想,尽管蔡仪先生对中国化马克思主义美学发展做出了重要贡献,但是,从他所坚持的"自然美就在自然物的客观属性或者典型性"来看,他的观点应该是唯物主义的,但多少忽视了美学思想的人文科学性质和主体性特征,所以属于机械唯物主义或者直观唯物主义的范畴。朱光潜的"主客观统一派",其出发点是好的,即想辩证地解决美的本质问题,可是,从他的"物甲"和"物乙"的区分和说明来看,朱光潜早期的"主客观统一说"仍然是主观唯心主义的,因为"物乙"只有通过了人的意识作用成为"物甲"（物的形象）才有了美,所以美的根源还是在人的意识,所以是主观唯心主义的。只是到了后期,朱光潜转向了"实践观点",他的"主客观统一派"才通过"社会实践"走向了唯物辩证法的"统一"。至于李泽厚的"社会客观派",其坚持了马克思主义的历史唯物主义和辩证唯物主义（实践唯物主义）的观点，尽管他的许多解说是康德式的、西方现代派式的，但是其根本的观点、立场和方法仍是马克思主义的。不过，20 世纪 90 年代以后，他转向"吃饭哲学""情本体""心理化"等方向，此时其观点就不能被归入马克思主义美学了。所以我认为，从根本上来看，美学大讨论中的四大流派应该只有"客观派"和"社会客观派"（"实践派"）可以被称为马克思主义美学流派。从这个意义上来看，四大流派的美学思想分歧，就不是中国马克思主义美学内部的不同观点或者流派的分歧了。

至于将蒋孔阳的美学思想作为所谓中国美学的"第五派"，那是有特殊背景和含义的。第一，这是就美学大讨论中的四大流派而言的，目的是指明蒋孔阳美学思想是这四大流派之外的一种美学思想。第二，蒋孔阳的美学思想确实是不同于上述四大流派的。从他参加美学大讨论一开始，他的观点就不同于四大流派的各家观点。第三，这个"第五派"的提出是在 20 世纪 80 年代，蒋先生提出了"美在创造中""美是恒新恒异的创造""美是多层累的突创"以后，所以，蒋孔阳的美学思想确实是实践美学的集大成者，也是新实践美学的奠基者，所以，虽然从大体上来看，蒋孔阳的美学思想在 80 年代以前是属于实践美学派的，但是，到了八九十年代，蒋孔阳就已经开始了新实践美学的创新。所以，在这个意义上来看，实践美学这个范畴已经不能够涵盖蒋孔阳美学思想的新发展了，而由于李泽厚的实践美学（社会客观派的发展）已经被美学界公认为"实践美学"的正宗，因此当然就会出现要求重新命名发展中的蒋孔阳美学思想的声音，于是，蒋孔阳美学思想就被称为"第五派"。也正因为如此，蒋孔阳美学思想也应该被看作中国化马克思主义美学中的一个流派，我的"新实践美学"和朱立元的"实践存在论美学"就是在蒋孔阳美学思想的基础上做进一步思考的结果。今天，我们也没有必要再说蒋孔阳美学思想是"第五派"了，还是把蒋孔阳美学思想称为"实践创造美学"比较准确，蒋孔阳美学是中国当代美学中的一个重要流派，而且是中国马克思主义美学中的一个主要流派。实际上，现在再在第一次美学大讨论的框架下去排列中国当代美学的次序，好像没有什么实质性的意义和价值。

二 中国当代美学与西方美学

从中国近现代美学的发生学谱系来看，中国当代美学的生成和发展应该说与域外的西方美学是分不开的。众所周知，中国古代有丰富多彩的美学思想，但一直没有美学学科，中国的美学学科是在西方美学全球化的进程中逐步建构起来的，建构的第一步就是引进西方美学。1904 年王国维在《叔本华之哲学及其教育学说》中第一次从日本把译自 aesthetics 的"美学"一词引进中国，中国知识界由此知道了美学学科。自此，中国人分别由欧美、日本、苏联把西方美学、马克思列宁主义美学介绍到中国，同时形成了几种中国化的现代美学和文论话语：一种是中国化的西方美学话语（代表人物有梁启超、王国维、胡适、蔡元培、宗白华、朱光潜），一种是中国化的马克思主义美学（代表人物有李大钊、瞿秋白、鲁迅、周扬、胡风、冯雪峰、蔡仪、毛泽东、邓小平），还有一种就是中国化的民族主义和保守主义美学（"国故派""甲寅派""民族主义文学派"）。这就是中国现当代美学发展的第二步：融合中国传统美学思想与西方近现代美学思想。

然而，直到 20 世纪五六十年代的美学大讨论之前，中国实际上依然没有美学学科，正是美学大讨论真正确立了中国的美学学科。不过，在确立中国美学学科的同时，中国化的马克思主义美学也就随着新中国的意识形态的批判运动而成为主导的美学流派，而西方美学和文论就成为批判对象，充其量也就是一种洋为中用的资源。所以，第一次美学大讨论就是从批判朱光潜的唯心主义美学开始的。直到 80 年代解放思想，开始了改革开放新时期，西方美学思想和中国传统美学思想都是"洋为中用、古为今用"的资源，主要的美学学科应该说是在中国化的马克思主义美学的指导下建构起来的。所以，关于西方美学和中国传统美学思想的研究，主要集中于朱光潜《西方美学史》和北京大学哲学系美学教研室编的《中国美学史资料选编》等中西美学思想史的研究著作，而这些作品的写作目的还是完善中国化的马克思主义美学。这就是中国现当代美学发展的第三步，建构中国化马克思主义美学。

改革开放新时期初期曾经出现过一个西方现代美学思潮汹涌而至的局

面，最终形成了"美学热"，并且使得实践美学成为中国当代美学的主潮，由此又发展为实践美学与后实践美学的争论。后实践美学实质上就是要以西方现代主义和后现代主义美学来"终结"实践美学，可是，中国的现实状况不可能像"五四"新文化运动那样完全走向"全盘西化"，所以就形成了中国当代美学的多元化发展的格局，实践美学发展成为新实践美学，后实践美学的各种美学流派（主体间性美学、生命美学、生态美学、身体美学、认知美学等）都在力图成为中国当代美学的主导流派，各自寻求独立，相持不下。

现在，我们正处于中国现当代美学发展的第四步：进一步发展中国当代美学。要想进一步发展中国当代美学，只有面对多元化的现实，深入研究美学学科的根本问题和具体问题，广泛研究生活和艺术中的美学问题才有可能。在目前情况下，任何一个美学流派都不可能独霸天下，不可能独霸中国当代美学的话语权，只有共同努力，在各自的研究领域中发挥优势，相互补充，对话交流，才可能使各个美学流派得到发展，从而进一步共同推进中国当代美学的进一步发展，建设中国特色当代美学。在中国特色当代美学中，上述各个美学流派都应该有一席地位，优势互补，相互竞争，通过讨论和争鸣，自然会形成一种以某种流派为主导的、有中国特色的当代美学。就目前的情况来看，中国化的马克思主义美学仍是一种强大的美学潮流。因为从 20 世纪初到 20 世纪末，中国现当代美学发展的趋势就是：引进西方美学→融合西方美学→接受马克思主义列宁主义美学→建设中国特色马克思主义美学。那么，回过头来看，美学大讨论中的四大流派实际上就是西方美学、马克思列宁主义美学、中国传统美学的博弈、融汇，而最后还是中国化的马克思主义美学——实践美学占了主导。

三 关于马克思主义美学的"合法性危机"

的确，当前存在着马克思主义美学的"合法性危机"问题，其表现主要就是后实践美学以西方现代主义和后现代主义美学来"终结"实践美学。在中国当代美学界，马克思主义美学及其话语不像 20 世纪五六十年代那样时尚，在许多高等院校中，马克思主义美学课程不再像 80 年代那样受欢迎，还有一些美学家不大愿意把自己的美学思想叫作马克思主义美学或者以马克思主义美学为指导的美学思想，在许多美学学者的文章和论著中，像新中国刚刚成立以后那种频繁地引述马克思主义美学思想和话语作为权威论据和论证的特征也逐渐消失，一句话，马克思主义美学不那么时兴了，甚至有人再一次提出这样一种论调：马克思、恩格斯、列宁、毛泽东等马克思主义经典作家根本就没有什么美学思想，更没有美学体系。

马克思主义美学的"合法性危机"，当然有近现代美学和文论的根源，更重要的则应该是"文化大革命"的后遗症。从前一方面来看，中国现当代美学是在从俄国十月革命输入苏联马克思主义美学，即列宁主义美学的基础上，建构起中国化的马克思主义美学体系的。因此，当苏联、东欧社会主义国家解体以后，就直接产生了一个马克思主义美学的"合法性危机"问题。这个问题在改革开放新时期之初，尤其是福山的"资本主义终结了历史"的理论在全世界风行之时，就显得更加明显了。也就是说，既然苏联及东欧社会主义国家都已经解体了，那么，马克思列宁主义或者"正统马克思主义"就是错误的，其合法性就是大可怀疑的。这种认识好像是一种必然结论。加上当时西方现代主义和后现代主义思潮汹涌而至，席卷中国大陆，因此，新一轮"西方化"的潮流兴起了。就是在这个时候，后实践美学与实践美学的论战拉开了序幕。1994年到2010年，以实践美学为代表的中国化马克思主义美学、毛泽东思想美学的某些不足甚至错误都受到了质疑。因此，整个美学界都陷入了马克思主义美学的"合法性危机"之中。此一时期，大学的马列文论课由于内容和教法上的问题，普遍不受欢迎，甚至有些学校干脆就取消了这门课，因为没有人愿教也没有人愿学。这实际上就引发了人们对苏联马克思主义美学和中国化的马克思主义美学（毛泽东思想美学）的反思和质疑。的确，马克思、恩格斯、列宁、斯大林、毛泽东，这些马克思主义经典作家、领袖，都没有一本《马克思主义美学概论》之类的书，马克思主义美学是在苏联、东欧、中国等社会主义国家建构起来的。苏联不仅整理、出版了《马克思恩格斯论艺术》《列宁论文学艺术》《斯大林论文学艺术》之类的资料和书籍，而且建构了马克思主义美学、列宁主义美学，还规定了社会主义革命和建设中的文艺政策，开展了批判西方资产阶级美学的大规模运动。在中国，1942年毛泽东的《在延安文艺座谈会上的讲话》（以下简称《讲话》）继承和发扬了马克思主义，特别是列宁主义的美学和文论，确实发挥了美学和文艺在革命战争中的巨大作用。1944 年周扬编写的《马克思主义与文艺》可以说是建构马克思主义美学和中国化的马克思主义美学的一个尝试和成果。新中国成立以后，一方面从苏联大量翻译引进了马克思列宁主义美学和文论以及文艺政策，另一方面大张旗鼓地以阶级斗争的方式批判非马克思主义和反马克思主义的美学和文论以及文学艺术，同时又在周扬等人的直接领导下建构了马克思主义美学和文论。不过，在"文化大革命"之前的十七年中，我国更多地是在进行着"破"资产阶级美学的"大批判"，而建设马克思主义美学的成绩并不显著，大多是在宣传毛泽东的《讲话》精神。改革开放以后，马克思主义美学和文论的建设大踏步前进，改变了过去认为马克思主义美学就是马克思、恩格斯的几封信和列宁、斯大林的一些讲话的局面，形成了积极建立马克思主义美学体系的态势，并且中国高等院校普遍开设了马列文论课；逐步改变了把马克思主义美学抽象化、独立化的倾向，将马克思主义美学放回到世界美学发展的历史实践中，编写出了许多好的马克思主义美学和文论方面的教材，不仅把马克思主义美学体系化了，而且历史地把马克思主义美学和文论呈现出来，划分出了：马克思、恩格斯确立马克思主义美学和文论时期—列宁主义美学和文论时期—中国化的马克思主义美学时期—西方马克思主义美学和文论时期，明确了马克思主义美学和文论的基本原理和基本原则，以及它们在不同时间和空间中的发展形态，清除了"西马非马"等错误论调。这样，在21 世纪开始以后，就马克思主义美学和文论本身来看，应该说"合法性危机"已经缓解，因为马克思主义美学和文论、中国化的马克思主义美学和文论的体系及其历史发展脉络现在已经很清楚了。不过，一些年轻人对此还是存有许多疑惑。这个问题应该是一个普遍的社会问题，应该在解决"信仰危机"的过程中一并解决，单独解决是无法成功的。然而我认为，只要共产党执政的现实和社会主义道路在中国不会改变，那么，马克思主义美学和文论的"合法性危机"就一定会解除。但与此相对，新中国成立以来，文艺界、美学界、文艺理论界内部的阶级斗争，特别是"文化大革命"的"空白论""资产阶级文艺黑线专政论"，对马克思主义美学和文论产生了全面的、颠覆性的伤害。这个负面影响似乎需要一个相当长的时期才能逐渐消除。同时，我们还要不懈地在青少年一代中进行实事求是、科学、全面、系统的马克思主义美学和文论的教育，这就需要教师首先自己相信，否则就不可能消除马克思主义美学和文论的"合法性危机"。

四 中国现当代美学与传统美学的关系

关于中国近现代美学的生成与中国古代美学资源的现代转化之间，到底是一种什么样的关系，我以为应该是中国近现代美学完全颠覆了中国传统美学思想。其一，中国传统美学思想到了晚清民初（19世纪末20世纪初），就已经不能适应中国文化在西方文化冲击下的现代化进程了。不仅文言文被"五四"新文化运动和文学革命、白话文运动所颠覆，而且美学和文论的概念范畴也被西方美学和文论的一整套话语所代替，传统美学和文论的诗话、词话、评点、札记、书信之类的随笔形式也被西方的论说文的白话形式所替代。所以，似乎可以说，中国传统美学和文论，在西方文论的冲击下完全"失语"了。其二，与此同时，中国近现代美学思想和文论思想却并没有"失语"，而是以白话文的形式讲着一种西方化的话语。从王国维、梁启超、蔡元培、鲁迅等人开始，先是说着一种半文半白的、"洋泾浜"的美学和文论话语，后来，经过了"五四"新文化运动和文学革命，逐步就改说比较顺畅的白话文形式的中国化的西方文论话语，胡适、陈独秀、蔡元培、鲁迅、朱光潜、宗白华、郭沫若、茅盾等人都是如此。与此同时，经过苏联翻译传播进来的马克思列宁主义美学和文论话语也在中国兴起，李大钊、瞿秋白、鲁迅、周扬、冯雪峰、胡风、蔡仪、创造社、太阳社等，都在学着说马克思列宁主义美学和文论的话语。毛泽东的《讲话》则一锤定音，基本上将苏联的马克思主义美学和文论中国化了。自此直到新中国成立，西方美学和文论话语以及中国传统美学和文论基本上就被视为批判继承、"古为今用，洋为中用"的对象。新中国成立以后一直到"文化大革命"，人们说的就是这种中国化的马克思主义美学和文论的批判话语。其三，1978年改革开放以来，西方现代主义和后现代主义美学和文论的话语轰炸了中国美学界和文论界，经过反思"文化大革命"之前的十七年和当中的十年，反对"资产阶级自由化"，以及1989年政治风波，中国特色社会主义道路和理论得以确定，中国美学界和文论界逐步形成了建设中国特色当代美学和文论的基本共识。刘纲纪等人的"打通中西马"的主张得到认可。于是，以马克思主义美学和文论为指导，以西方美学和文论为参照，以中国古代美学和文论思想为根基建构起来的中国特色当代美学和文论，就逐步产生了较大影响。我认为，这种"打通中西马"的思路是具有可行性的较好的建设中国特色当代美学和文论的途径。其四，中国古代美学思想和文论思想，从整体上不可能进行现代转型。实践已经证明，中国古代美学思想和文论思想，从整体上来看，只能适应晚清之前的中国古代文艺实践，其文言文、诗话点评之类形式，感悟直觉的言说方式，模糊朦胧的印象式思维方式，诗意化的、不确定的概念范畴，都已经完全过时了。从新中国成立初期到现在出版的大多数中国古代美学和文论的史、论著作，都不过是在用西方的理论框架整理中国古代美学思想和文论思想。尽管也出现了一些试图还原中国古代美学思想和文论思想的本来面貌的创新著作，比如《意象论》《意境论》《原人论》等，但我认为这些著作都还不具有真正的现代性、体系性、完整性，不足以完全替代已经在中国流传了近百年的中国化的西方美学和文论体系以及中国化的马克思主义美学和文论体系。其五，要在当今中国建设中国特色当代美学和文论，我们不可能打破现有的中国化的马克思主义美学和文论体系以及中国化的西方美学和文论体系，回到中国古代文论的故纸堆里去重新建设一个"新的""中国的"体系。但我认为，我们可以进行一些实验，比如，可以以周扬主持、王朝闻主编的《美学概论》和以群主编的《文学基本原理》为基础和蓝本来进行中国特色当代美学和文论体系的建构，还可以把新时期以来中国各高等院校和社会科学院文学研究所编写的《美学概论》《文学概论》之类的著作搜集起来，进行整理、比较、选择，综合形成一个相对合理、科学、完整、系统的中国特色当代美学和文论的体系。当然，也可以另起炉灶，完全独立建构。但总而言之，我认为，不可能完全否定已经广泛流行的中国化的西方美学和文论体系和话语以及中国化的马克思主义美学和文论体系和话语，完全回到古代美学思想和文论思想的故纸堆，让中国当代美学和文论完全运用《文心雕龙》《文赋》《诗品》《沧浪诗话》《人间词话》等的框架和话语重新建构起来。其六，应该对中国古代美学思想和文论思想的范畴概念进行一番梳理、改造、确定和筛选，与现有的中国化的西方美学和文论话语以及中国化的马克思主义美学和文论话语融会贯通，审慎地建构起中国特色当代美学和文论的话语系统。这个工作应该是在"中西马"的比较、打通、融合、创新的过程中进行的，这是一个巨大的系统工程，或许需要几代人的辛勤劳作，协作努力，才能最终完成。

Reflections on Chinese Contemporary Aesthetics

Zhang Yuneng

Abstract：Chinese contemporary aesthetics has developed for nearly 70 years. Now in a period of pluralism and coexistence, it is the best time for Chinese contemporary aesthetics to make a further development. The "four schools" in Chinese first great aesthetic discussion, in essence, should not be on behalf of the different interior views or genres in Chinese Marxist aesthetics, in which only the objective and practice school can be regarded as Chinese Marxist aesthetics. That Jiang Kongyang's aesthetics is the "fifth school" is a special context argument. In fact, now China hasn't clarifiedthe "anti-Marxist aesthetics" school. The formation and development of Chinese contemporary aesthetics should be inseparable with Western aesthetics. Therefore, the further development of Chinese contemporary aesthetics certainly cannot do without the resources of western aesthetics. Chinese contemporary aesthetics should surelytake Chinese traditional aesthetics as the foundation, but should inherit Chinese ancient traditional aesthetics in a critical way. The current appearance of the "legitimacy crisis" in Marxist aesthetics is not terrible, which can be overcome in the process of the further development of China contemporary aesthetics.

Keywords：Chinese contemporary aesthetics；Marxist aesthetics；Western aesthetics；Chinese traditional aesthetics thought

About the Author：Zhang Yuneng, Professor in School of Chinese Language and Literature, Central China Normal University. Research interests and specialties：aesthetics, Western aesthetics, Western literary theory, literary theory, etc. E-mail：yuneng@ 126. com.

当代文艺思潮史上的周勃

——《周勃文集》代序言

汪正龙*

　　摘　要：周勃既是中国当代文艺思潮的参与者与见证人，也是新时期思想解放的先锋。其早期的现实主义研究重视现实主义作为美学规范的类型学特征，形象思维研究又彰显个性化与概括化的一致性，二者共同表现了其理论探讨的勇气和艺术自主性的诉求，对于当时流行的苏联式文学理论研究中的教条主义是一个重大突破。其后来的文艺伦理学研究则体现了对文艺与道德的关系的辩证思考。

　　关键词：周勃　现实主义　形象思维　文艺　道德

　　母校湖北大学要为德高望重的老一辈学者出文集，周勃先生名列其中。周先生编选好文集后，嘱咐我给文集写一篇序言。先生是我 20 世纪 80 年代就读文艺学硕士研究生时的授业恩师，按常理说，我作为晚生后辈是没有资格担当此任的，所以我开始并没有同意，而是建议周先生找一个学术前辈来写，这样效果会更好。但是当先生再次向我提出这个想法时，我还是应承了下来，不仅是因为我对先生的为学为人比较了解，而且我想这也是一个难得的学习和思考的机会。

　　周勃先生可以说是新中国成立以来历次文艺思潮的参与者与见证人。早在 20 世纪 50 年代关于现实主义和形象思维问题的讨论中，他就以论文

────────────────
　　*　汪正龙，博士，南京大学文学院教授，主要研究方向为文学基础理论及西方美学，著有《文学意义研究》《西方形式美学问题研究》《马克思与 20 世纪美学问题》《马克思美学的当代阐释》。电子邮箱：wangzhenglong@ sina. com。

《论现实主义及其在社会主义时代的发展》和《略谈形象思维》引人瞩目，在学术界引起了很大的反响。周勃先生后来虽然被错划为右派，历经坎坷，但仍然笔耕不辍。尤其是改革开放之后，多年蒙受的不白之冤得以平反，周勃先生不仅成为新时期思想解放的先锋，在改革开放之初就呼吁和倡导"思想再解放一点，胆子再大一点"（周勃，1979），而且再次焕发了学术的青春与活力，除了在新时期文艺思潮研究与文艺伦理学研究方面硕果累累，还在写作学教材建设等领域多有建树。

周勃先生的学术成就与学术地位，学生在此不敢妄加评判。据我所知，不少很有影响的中国现当代文艺思潮史或现当代文学批评史方面的著作，如朱寨先生主编的《中国当代文学思潮史》（人民文学出版社，1987）、许道明先生所著的《中国现代文学批评史新编》（复旦大学出版社，2002）、林曼叔等所著《中国当代文学史稿》（巴黎第七大学东亚出版中心，1978）等都给出了公允的分析与高度的评价。我在这里仅仅根据我对文学理论的研究历史和发展现状的观察，结合自己对先生的理解，谈一些粗浅的感想和看法，以求教于先生及广大读者。我的感觉是，就文学基本理论来说，周先生毕生关注的问题主要集中在两个方面：一是文学创作的美学规范与思维规律（主要是现实主义与形象思维），二是文艺与伦理的关系。我认为周先生的学术贡献也主要体现在上述两个方面。

现实主义是个老问题，在今天，大家可能觉得这个问题已经不新鲜甚至有些陈旧了。但是说它是老问题不等于说它已经得到了很好的研究，更不等于说它已经得到了很好的解决。据考证，在中国现代文学批评史上，"现实主义"一词原本是陈独秀在五四时期首先引入的（陈独秀，1915）①，其后人往往只一般性地把它作为创作方法或文学思潮，笼统地判定其经历了从 19 世纪批判现实主义到 20 世纪革命现实主义的转变，很少探究这个过程中观察视野的变化，尤其对现实主义美学规范的类型学特征关注不够。实际上从文学思潮和创作观念方面看，中国现代现实主义涵盖了写实主义、新写实主义、革命现实主义三种相互关联又带有差异的形态。五四时期把现实主义理解为写实主义，这种现实主义是自然科学精神

---

① 在《现代欧洲文艺史谭》一文中，陈独秀将欧洲近代以来的文艺思潮划分为理想主义（浪漫主义）、写实主义、自然主义。

对于文学的渗透与支配，它和西方近代现实主义一样，看重对社会的认识和批判。而20世纪20年代末30年代初在革命文学论争中形成的新写实主义则追随苏联的"拉普""唯物辩证法的创作方法"，把现实主义和唯物主义认识论联系在一起，视文学创作为社会科学的形象演绎。而我国20世纪三四十年代之后的现实主义，也被称作革命现实主义，又受到苏联对恩格斯现实主义理论的解释和毛泽东《在延安文艺座谈会上的讲话》的影响，强调世界观对创作方法的决定性作用和工农兵英雄人物形象的塑造。[①] 到了20世纪五六十年代，现实主义甚至被奉为唯一正宗的创作规范，我们自己所倡导的现实主义一度取法苏联，被称为社会主义现实主义。在1953年9月召开的第二次全国文代会上，周扬就从整体上指认"我们的文学艺术基本上是现实主义的"，并宣布，要"把社会主义现实主义方法作为我们文艺界创作和批评的最高原则"（周扬，1985）。连茅盾也在其《夜读偶记》中，将整个中国文学史说成是现实主义与反现实主义相互斗争的历史。在《论现实主义及其在社会主义时代的发展》一文里，周勃先生一方面对此判断做出肯定，作为一种尊重现实、描写现实的艺术精神和创作规范，现实主义是古已有之的，另一方面，他又认为，文学发展史，其实是多种文学规范和思潮相互交织的历史，以现实主义去概括或代替其他文学思潮或创作规范，是没有充分估计艺术创作规律的独特性的表现，是将马克思主义唯物论的反映论与现实主义艺术规范所要求的再现现实相等同的结果。他还指出，现实主义美学规范尽管在不同时代具有不同的表现形态，但又有着类型学上的一致性或延续性。只要作家忠实于生活并且写出"感动过他、激动过他"的事件，就可以走上现实主义的创作道路，创作出不朽的现实主义作品。一味地倡导社会主义现实主义，有将社会主义时代的现实主义与传统现实主义相割裂的危险，而在实质上，从写真实、典型化等现实主义基本原则上说，"前社会主义时代的现实主义与社会主义时代的现实主义在创作方法上，是没有、也不可能有什么区别的"。"苏联作家协会所规定的社会主义的现实主义的定义之所以不能为创作实践的检验

---

① 20世纪40年代之后，世界观问题在左翼文艺界占了核心地位，周扬在《艺术教育的改造问题》一文里，明确主张革命的现实主义文学"应当具有两个最显著的特点：一个是它是以马克思主义的世界观为基础，……再一个是它应当是以大众，即工农兵为主要的对象"（周扬，1984）。

所承认，首先在于它脱离了现实主义艺术创作的特殊性"（周勃，1956b：156）。这些见解在当时特定的历史条件下，可谓空谷足音，石破天惊。它在某种程度上与卢卡契的"伟大的现实主义"理论以及胡风强调的真实描写社会生活的现实主义理论构成呼应关系，反对了当时盛行于创作界和理论界的教条主义以及极"左"意识形态对文学艺术的不合理干预。正因为如此，在我们看来，姚文元批判秦兆阳（何直）、周勃所代表的"这种思潮强调现实主义的中心是'写真实'；强调现实主义是万古不变的；强调现实主义同过去的现实主义没有方法上的不同……强调现实主义方法对艺术的决定作用"（姚文元，1964：53），在某种意义上也可以说是抓住了要害：这恰恰是秦兆阳、周勃等人所倡导的现实主义的价值和意义所在。

周先生一度关注过的形象思维问题如今人们谈论得比较少了。但这不等于这个问题不重要，更不等于这个问题得到了解决。毫无疑问，文学创作的思维方式是一个十分重要的问题。在西方文学理论史上，把想象与文学联系起来，培根算是比较早的一个。培根根据他所认定的记忆、想象和理智三种理解力来区分历史、文学与哲学，认为"历史对应于记忆，诗歌对应于想象，哲学对应于理智"（培根，2007：64）。而根据笔者所掌握的文献，斯达尔夫人应该是最早在想象的意义上提出文学创作中的形象思维问题的人。她说："形象思维作品以两种方式对读者起着作用：一是给他们提供一些足以使之欢乐的生动活泼的场面，一是激起他们内心的种种情感。"（斯达尔夫人，1986：284）其后，别林斯基在《艺术的概念》中说："艺术是对于真理的直感的观察，或者说是寓于形象的思维。"（别林斯基，1996：510）别林斯基受黑格尔影响颇深，认为宗教是对于真理的直感的理解，哲学是对于真理的纯粹的思维，艺术是对于真理的直感的观察。别林斯基这个说法本身就是将艺术思维与科学思维相比较而提出来的，这就使我国20世纪50年代到80年代关于形象思维的讨论在很大程度上局限于认识论的视野，大多流于对形象思维与抽象思维的关系进行辨析，例如认为"通常称文学艺术家的思维为形象思维，是为了区别哲学、科学家的抽象思维——逻辑思维而说的。""形象思维的特点和'精义'在于创作过程中，思维不能脱离具体事物的形象和通过具体事物的形象进行思维。"（以群，1963：186~187）在这种简单的二元对立的思维框架中，艺术思维自身的特性得不到很好的阐发。周勃先生的《略谈形象思维》正是击中了上述做法在学理上的要害——将社会科学家与文学艺术家的思维过程相割裂。他认为形象思维"是贯穿在作家整个的思维过程中的"。在这个过程中，个性化是概括化的基础与前提，"作家越是创造出最具体、最鲜明、最完整的个性，就是进行了最高的概括"（周勃，1956a：41~42）。这些见解在当年可谓卓尔不群，十分难得。其价值我想不仅仅在于学术上的创见自身，还在于一个理论家争取艺术自主性的勇气与良知。由于形象思维的说法本身隐含了艺术思维的独特性，其在极"左"思潮愈演愈烈的社会氛围中受到打压，在"文化大革命"前夕更是发展到被彻底否定的地步。《红旗》杂志1966年第5期刊登了郑季翘的文章《在文艺领域里必须坚持马克思主义认识论——对形象思维论的批判》，认为"所谓形象思维论不是别的，正是一个反马克思主义的认识论体系，正是现代修正主义文艺思想的一个认识论基础……如果不彻底破除形象思维论这个反马克思主义的体系，那就等于还给反社会主义的文艺在认识论的根本问题上留下了一个掩蔽的堡垒"（郑季翘，1966）。

人们常常假设，如果那场旷日持久的争论能够用一个更加科学化的术语，比如"想象"，来展开讨论，我们对艺术思维规律的认识本来是可以更进一步的。但是我想，学术运思有着自身的轨迹，每一个时代都有着这个时代所特有的概念陈设和话语表达方式，它们是特定知识构型的产物。这些概念陈设和话语表达一经产生，就代表着知识与权力，构成了这一时期的学术主流思潮，甚至连与之对立的学术异端或潜流在提供不同于前者的研究路径的时候，也免不了打上这些知识构型、概念与话语的烙印。正因为周先生的思想所具有的超前的反思性，其才在20世纪五六十年代被视为异端，但在今天看，其思想则是代表当时讨论水平的新见，为我们进一步探究文艺自身的规律提供了宝贵的思想资源。

毋庸讳言，从学术史反思的角度看，关于现实主义、形象思维的论争也带有明显的时代局限性，即无论秦兆阳（何直）、周勃等人这一方，还是批判周勃等人的另一方，都拥有福柯所说的同一个知识型（episteme），即共同的知识模型或形态。表现在讨论中，则无论是对于现实主义，还是对于形象思维，双方都是在认识论文学的理论构架中思考问题的。这恰恰是应该引起我们深思的地方。就以双方都赞同的现实主义而言，它原本是一个断言共相本身就具有客观性的哲学术语，意思是实在论。由于现实主义强调观念的现实性，有时也指唯物论。启蒙运动时期的狄德罗明确将其朴素的唯物论精神移至文艺领域，形成现实主义的文艺观。而具有一定的现实主义美学倾向的黑格尔则把人的思维发展过程（理念运动）对象化为客观世界的发展过程，主张美是理念的感性显现。他说："艺术的功用就在使现象的真实意蕴从这虚幻世界的外形和幻相之中解脱出来，使现象具有更高的由心灵产生的实在。"（黑格尔，1979：12）而俄国革命民主主义者，特别是别林斯基等人，正是在黑格尔美学的基础上阐发他们的现实主义和形象思维的理论的。苏联建国后有浓厚的大俄罗斯民族文化中心论倾向，即将 19 世纪俄国革命民主主义的思想视为马克思主义之前人类思想的高峰，倡导现实主义和形象思维，这一思潮的影响进而延伸至我国，使现实主义和形象思维成为我国文学理论探讨的重要问题，对新中国成立后认识论文学的理论范式的形成起到了很大的作用。在 19 世纪末、20 世纪初现代主义取代现实主义成为文学主潮，以及语言学革命和形式主义文学理论崛起的背景下，如何跨越认识论的思维构架，在更大更广的视野中进行文学理论研究，显然超出了当时论争双方的思想维度和知识边界。

文艺与道德的关系问题，正如周勃先生本人一部著作的书名所昭示的，是一个"永恒的困扰"。文学作为一种精神存在方式，体现了作者对人的生存状态的深刻的道德关注甚至终极关怀。托尔斯泰说过，"艺术家的目的不在于无可争辩地解决问题，而在于迫使人们在无穷尽的、无限多样的表现形式中热爱生活"（托尔斯泰，1982：4）。因此，文学包含了追求完满的生活境界，创造永恒的许诺。从作家方面看，文学创作的触发常常包含着道德动机的因素，即作家在写作时往往具有某种道德诉求或道德承诺。文学体验所包含的对人类命运的关爱、对善与美的祈求，无疑是蕴含着道德诉求的。文学的道德关注还体现在对不合理的社会现象的针砭与批判上。无论是司马迁的"发愤著书"、韩愈的"不平则鸣"、欧阳修的"穷而后工"，还是西方谚语所说的"愤怒出诗人"，都说明了这一点。文学的道德内容还包含了作家的道德自省和反思。文学中的道德判断不同于伦理学中的道德判断的地方在于，它首先是以情感判断的形式表现出来的。情感判断是以好恶、褒贬的态度表现出来的一种判断。当作家面对被侮辱、被损害的小人物或某一优良的道德行为时，他就会生发出同情、赞美的情感反应和判断；而面对不合理的社会现实或某一恶劣的道德行为时，他便会流露出否定、疏远的情感态度，并做出相应的判断。此外，伦理学中的道德判断试图排除主观因素的介入，力求客观、公正；而文学中的道德判断是从主体出发，由情感而生的判断，个人的价值观念和主观好恶免不了渗透其中。

但是，我们对文学与道德的关系要有一个恰当的认识。一方面，社会生活是复杂的和多层次的，在很多情况下并不能简单地进行是非、善恶、好坏的道德区分和臧否。恩格斯说过，恶有时是历史发展的动力，他批评费尔巴哈"没有想到要研究道德上的恶所起的历史作用"（恩格斯，1972：233）。另一方面，道德评判是有一定的适用性和局限性的，这种判断常常是基于某个具体的人物和行为产生的，当涉及超乎日常经验的更高的、更为深邃的终极关怀时，道德判断有时便显得力不从心。所以优秀的作品常常超越道德判断的层次，把人物纳入多维价值系统进行立体的观照，从而做出更高的富于人生哲理意味的把握。鲁迅认为，《红楼梦》之所以把我国古代文学推向巅峰，最重要的是它打破了先前的文学"叙好人完全是好，坏人完全是坏"（鲁迅，1981：398）的简单化的人物处理方式，表现了人物美恶并举的性格的丰富性。文学史上那些让人难忘的人物形象常常是超越了道德判断的，如安娜·卡列尼娜、哈姆雷特、奥赛罗、于连·索雷尔、繁漪、阿 Q 等人就不能以好坏、是非、善恶来评价。

周先生的文艺伦理学研究，正是基于对文学与道德的上述复杂关系的辩证思考做出的。他在论述这个问题的时候，尤为重视我国伦理性的文化传统对古典作家的人格塑造，即我国的传统道德是怎样通过影响作家的人生取向进而对文学创作发挥作用的。不仅如此，先生还注意到五四以来我国公共伦理的变迁与分化在文学中的表现，这就使先生的研究充满了历史感与当代性。

写这篇文章让我想起 30 年前跟随周勃先生读研时的很多往事。周勃先生是程千帆先生新中国成立初年在武汉大学中文系执教时期指导过的弟子。先生毕业后到《长江文艺》当编辑，正是在这期间发表了导致他被错划为右派的关于现实主义和形象思维的文章。但是先生历经磨难而不忘初心，心胸豁达，乐观而睿智。我记得我求学期间，他对现当代文艺思潮中的各种论争都有自己的看法，对文坛掌故能一一道来，使我们在专业学习之外，对文学批评史上的人物多了一种感性的了解。尤其因为做过职业编辑，周先生对于我们这些弟子门生所作的比较稚嫩的文章能一眼看出问题所在，并及时地提出最恰当的改进建议。我后来在学术研究上能取得一些微不足道的成绩，首先应该归功于先生当年循循善诱的学术启蒙，以及后来持续不断的鼓励与督促。20 世纪 90 年代，我在南京大学中文系跟随赵宪章教授攻读文艺学博士学位时，曾经和当时已经在南京大学工作的程千帆先生说起和周勃先生交往中的点滴往事。程先生那时候听力已经不太好，得知我是周勃的学生特别高兴，对我多有鼓励。但是他又对我说，"你跟周勃读研究生，学知识只是一方面，你还要从他的人生经历中领悟到一些东西，那些东西对你可能才是更重要的"。后来我一直在南京大学工作，如果从周勃先生这一脉算起来，我勉强也可以说得上是程千帆先生的再传弟子了。我有时候会回味起程先生对我所说的这番话：像我这样一个差不多一生经历平顺的学人，究竟应当从周勃先生（以及程千帆先生）这些饱经沧桑的老一辈学者身上学到什么？坚韧与豁达？平淡与从容？程千帆先生为什么说后者比前者更重要？

如今文学理论研究又处于一个新的变革时期。在"泛文艺学"的"文化研究"等正在成为文学理论的热门话题的今天，研究文学基本问题似乎有些吃力不讨好，然而文学理论只有在基本理论研究上有所创新和突破才意味着研究取得了实实在在的进展。因此，《周勃文集》带给我们的启示是多方面的。它不仅体现了先生惯于将历史研究与理论思辨、文本的实证研究与抽象的理性分析相结合的学术旨趣，而且表现了先生沉潜学术、关注文学思潮演变、以不断发展的文学现实为中心探究文学基本理论问题的人文情怀，对矫正当下浮躁的学风、扎实推进文艺学学科建设具有重要的参考价值。

参考文献

〔俄〕别林斯基（1996）：《艺术的概念》，载《文学的幻想》，满涛译，安徽文艺出版社。

〔德〕恩格斯（1972）：《路德维希·费尔巴哈和德国古典哲学的终结》，载《马克思恩格斯选集》，第 4 卷，人民出版社。

〔德〕黑格尔（1979）：《美学》，第一卷，朱光潜译，商务印书馆。

〔英〕培根（2007）：《学术的进展》，刘运同译，上海人民出版社。

〔法〕斯达尔夫人（1986）：《论文学》，徐继曾译，人民文学出版社。

〔俄〕托尔斯泰（1982）：《致波波雷金的信》，载《列夫·托尔斯泰论创作》，戴启篁译，漓江出版社。

陈独秀（1915）：《现代欧洲文艺史谭》，《青年杂志》，1（3）。

鲁迅（1981）：《中国小说的历史的变迁》，载《鲁迅全集》第 9 卷，人民文学出版社。

姚文元（1964）：《现实主义是万古不变的吗？——同何直、周勃辩论》，载《文艺思想论争集》，作家出版社。

以群（1963）：《文学的基本原理（上）》，作家出版社。

郑季翘（1966）：《在文艺领域里必须坚持马克思主义的认识论——对形象思维论的批判》，《红旗》，（5）。

周勃（1956a）：《略谈形象思维》，《长江文艺》，（8）。

—— （1956b）：《论现实主义及其在社会主义时代的发展》，《长江文艺》，（12）。

—— （1979）：《禁区·荒区·闹区》，《社会科学战线》，（2）。

—— （1984）：《艺术教育的改造问题》，载《周扬文集》，第 1 卷，人民文学出版社。

—— （1985）：《为创造更多的优秀的文学艺术作品而奋斗》，载《周扬文集》第 2 卷，人民文学出版社。

Zhou Bo in the History of Contemporary Literature Trend

——A Preface of *Zhou Bo's Anthology*

Wang Zhenglong

Abstract：Zhou Bo is not only a participant and a witness of Chinese contemporary literature trend but also a pioneer of ideological emancipation in the new period. His early modernist studies emphasized the typological features of modernism being as the aesthetic norm, and imagery thinking studies focused on the consistency of individualization and generalization, reflecting the courage of discussing theories and the appeals of the autonomy of art, which was a breakthrough against the dogmatism in popular Soviet literary theory studies. His later studies in literature ethics showed his critical thinking on the relations between literature and morals.

Keywords：Zhou Bo; Modernism; Imagery thinking; Literature; Morals

About the Author：Wang Zhenglong, Ph. D. , Professor in School of Liberal Arts, Nanjing University. Research interests and specialties：literary theories and Western aesthetics. Magnum opuses: *A Study on Literary Significance*, *A Study on Western Formal Aesthetic Issues*, *Marx and Aesthetic Issues in the 20th Century*, *A Contemporary Interpretation of Marxist Aesthetics*. E-mail: wangzhenglong@ sina. com.

王元骧近期文艺美学基础理论研究述评

吴时红[*]

摘　要：2008 年以来，王元骧先生继续在文艺学和美学基础理论的研究领域辛勤劳作、笔耕不辍、新见频出，极大地推进了当前文艺学和美学基础理论问题研究的深入发展。这集中表现在：第一，在文艺学基础理论的研究方面，王元骧先生延续着从"审美反映论"到"文艺实践论"再到"文艺本体论"的逻辑线索，对文艺的"审美超越"观念与文学理论的性质和功能等概念范畴做了更加严谨的阐释；第二，在美学基础理论的研究方面，王元骧先生主张在对马克思主义"实践论美学"进行辩证分析的基础上，构建一种"人生论美学"的思想体系，力图综合推进我们对于文艺（审美）与人的生存的关系的理解以及当代马克思主义美学研究本土化与中国化的顺利展开。

关键词：王元骧　审美超越　文艺理论　人生论美学

基金项目：浙江省哲学社会科学规划课题"马克思主义实践论美学的当代构建研究"（14NDJC107YB）

　　王元骧先生是我国当代著名的文艺理论家、美学家。诚如有研究者在系统概述其文艺思想时所中肯评价的那样，王元骧先生有关文艺理论方面的学术研究"具有鲜明的问题意识、深厚的人文情怀和积极的综合创新三个明显特色"（郑玉明，2011：133）。此外，在我看来，王元骧先生有关

---

*　吴时红，博士，浙江财经大学中文系副教授，主要从事文艺学、美学基础理论研究。代表作有《"美的本质"的探询与思维方法的革新》《实践论美学的发展与人生论美学的构建》《再论"美的本质"问题的重要性》《"新实践美学"研究的哲学反思》。电子邮箱：wushihong@ zju. edu. cn。

美学基础理论方面的学术研究还呈现出崇高的理想信念、严谨的理论态度、辩证的思维方式这三个鲜明的特点。

一个不争的事实是：对王元骧先生前期有关文艺基础理论研究的学术成果，学界给予了较多的关注和很高的评价。特别是近年来的《文艺争鸣》《文艺报》《文艺理论与批评》等学术刊物，就分别以访谈和专题研究的形式，对王元骧先生前期在文艺理论研究方面的学术成果进行了较为集中的对话和探讨，其中所直接论述和涉及的文艺学、美学基础理论问题，引起了研究者们的高度重视。而这，对于在当前这样一个连文学理论研究都已被"逼到绝境"的理论危机时代和"文学理论批评化"甚嚣尘上的时期从事文艺理论研究的学人，重新找回和再度坚守对文艺学特别是文学基础理论研究的理论自信，毫无疑问是大有裨益的。

然而，一个令人十分遗憾的事实是：对于王元骧先生近期（有评论称其为"七十后现象"）在美学基础理论研究领域的原创性的学术成果及其所呈现出的创新性的理论价值，学界的关注似乎显得很不够。而美学和文艺学两者之间是有着天然的血肉联系的，文艺的根本特性就是审美，而美的最集中的体现和最典型的形态是文艺。所以，为了更好地理解王元骧先生后期的美学研究所具有的创新价值和理论贡献，我们就必须首先结合其后期文艺理论研究的内在线索来进行梳理。基于此，笔者试着选取了部分王元骧先生自 2008 年以来在文艺学和美学基础理论领域发表的用力颇深、新见频出的学术文章为对象，谈一点粗浅的阅读心得和感想，以就教于王元骧先生和学界方家，以期能为志同道合者沿着正确的方向来推动文艺学和美学基础理论问题的深入研究，提供一点抛砖引玉的启示。

一 对文艺的"审美超越"观念与文学理论的性质和功能的严谨论述

沿着"审美反映论"到"文艺实践论"再到"文艺本体论"的思路，自 2008 年以来，王元骧先生针对文艺的"审美超越"观念与文学理论的性质和功能问题，先后发表了一系列颇具创见的学术长文，包括《文艺理论：工具性的还是反思性的？》《"审美超越"与"终极关怀"》《文艺理论的创新与思维方式的变革》《对于文学理论的性质和功能的思考》《文艺理论的使命与承担》等，从而系统、有效地为我们阐明了文艺的"审美超越"的理论观念，极大地推进了我们对作为文艺学的基础理论问题——"文学"的性质和功能问题的深入理解与科学阐释。

（一）对文艺"审美超越"观念的深入阐述

在围绕文学艺术在本体论意义上究竟为何（"是什么"）与在伦理学意义上到底何为（"应如何"）两个问题进行了持续而深入的思考之后，王元骧先生发表了一系列探讨对"文艺的本质"这一问题的认识的文艺理论和美学方面的文章。其论述一如既往地具备"接地气"的问题意识、人文情怀和现实意义，从而越发地显示出先生对学术研究的崇高的信念意识和辩证、综合的理论研究特点。这一特点集中表现在王元骧先生近期对于文艺的"审美超越"观念的深入阐述上。

首先，在王元骧先生看来，学界关于"审美超越论"的相关论述，很多只具有精神思辨的色彩，而较为忽略"审美超越论"的文艺本体论和"人学"根基。因而，这样的"审美超越论"往往是凌空高蹈的、不接地气的。王元骧先生从一开始就不太赞同将"审美超越"作为一"论"从而构成"审美超越论"这样的理论表述。因为在王元骧先生看来，这样的表述除了炫人耳目之外，实在没有必要（王元骧、赵建逊，2009）。单从这种在理论观点命名上的求是严谨来看，王元骧先生在治学上的谦逊个性就可见一斑。

其次，在王元骧先生看来，之所以提出文艺的"审美超越"观念，实际上就是对其所倡导的"文艺本体论"的观念与内容的一种具体的展开。正如王元骧先生曾多次自述的那样，他在学术上提出一种观点、阐明一个问题，要么是基于推进现实问题研究的信念意识，要么是出于对理论自身发展变革的深入思考。这一点，在王元骧先生谈论"文艺理论创新"的途径时表现得尤其明显：为了求得理论自身的发展，一条路径是从理论和现实的关系维度展开，致力于回答当前现实中的问题；一条路径是从理论自身发展的规律的维度展开，即采用一种在变革中看待问题、思考问题的思维方式（王元骧，2009b）。可以说，王元骧先生在深入研究文艺理论问题时，之所以要提出文艺的"审美超越"的基本观念，在我看来，既出于关注现实问题的信念意识和创新精神，也出于完善理论体系的求是严谨。因为在王元骧先生看来，文艺的对象和目的都是"人"，所以"文艺本体论"是以"人学本体论"为哲学基础的。由于"人学本体论"作为研究人的存在本性的学问，实际上也就是一种研究人的生存价值的学问，这样一来，本体论与价值论和伦理学也就趋向合一了。这就表明"文艺本体论"是一种建立在对人的存在本性的科学认识的基础上的文艺价值论和文艺伦理学，它帮助我们在评价文艺作品时确立自己真正客观的、真理性的标准。所以，在我看来，王元骧先生的"文艺本体论"是一种旨在使我们的文学理论与批评活动避免陷于空疏和肤浅而能够顺利展开，用以确立起科学的思想依据和正确的理论前提的文艺观念。而要使这种"文艺本体论"的文艺观念真正落到实处、建立在坚实的人文地基上，就必须在观念上首先承认和认可文艺的"审美超越"观念。正是文艺的"审美超越"观念的存在，在根本上保证和承诺了文艺对于提升人的精神境界，确立和坚守人的信仰、信念世界，实现和完成人自身的本体建构等方面所应有的使命和担当。而这也正是我们相信文艺和审美能最终"使人作为人能够成为人"（冯友兰，1985：16），亦即使人成为真正的人，成为"作为人的人"，成为具有同情心并能设身处地为别人着想，致力于实现个人与类的统一意义上的"人"的根本原因。

再次，王元骧先生关于文艺的"审美超越"的基本观念的论述，其所谓的"超越性"，实质上是奠基于将"超越性"作为人的生存本性以及人生的意义和价值的理解之上的。在王元骧先生看来，"超越性"是以人的意识性为前提的，而意识不仅是指人对外界的意识，也包括人对自身的意识（反思）——思考自己为什么活，怎样活才有意义。这样他在经验生活（"经验世界"）中就找到了一个超乎经验生活之上的世界（"超验世界"）。在"经验世界"中，人所追求的是一种有限的、暂时的目的；而只有在"超验世界"中，人的生活才有了无限的、终极的目的（王元骧、赵建逊，2009）。这就表明，王元骧先生所提出的文艺的"审美超越"观念，正是对于客观形成的美与人的生存（人的生活不可能缺少超验的世界和终极的关怀）所固有的内在联系的直接揭示。王元骧先生对"超越性"的生存论（"人生论"）根基的探讨，即对"经验世界"和"超验世界"的区分和解释，在我看来是十分精辟而深刻的。这种区分和解释，不仅可以使我们借助人生论深度体悟人生的价值和意义"到底为何"和"究竟何为",更可以使我们在"经验世界"和"超验世界"两个世界中从容不迫、悠然转换——在理论(包括"认识论")上既承认"经验世界"的生存论根基(人对感性物质世界的依赖),又承认"超验世界"的价值论情怀(人对精神世界的关怀);在行动(包括"价值论")上既体验和享受"经验世界"的平淡快乐,又领悟和体味"超验世界"的"悦神悦志"(李泽厚,1999:536)。

最后,王元骧先生还结合西方美学史上关于"美"(实质为"优美")和"崇高"这两种"美"的基本形态的理解,明确将其所提出的文艺的"审美超越"观念划分为文艺的"空间性的超越"和"时间性的超越"两种类型。对于前者,我们理解起来似乎不很困难。学界关于"审美超越"的诸多论述,几乎都是围绕"空间性的超越"维度展开的。而在王元骧先生看来,后者似乎更为重要。因为如果我们能够对"美"与"崇高"这组有机统一的美学范畴和形态给予辩证的理解与解释,就不难发现:与"美"是一种空间的、静观的审美形态相反,"崇高"是一种时间的、动态的审美形态。这就把"时间性"的因素引入了审美的理论范畴,使人们从通过审美对人生意义进行"空间性"上的思考迈入通过审美对人生意义进行"时间性"上的思考的阶段。由于空间以"外经验"为形式,时间以"内经验"为形式,在人的"内经验"中,过去、现在、未来是不能分割的一个整体。所以,怎么设计自己的未来,使自己在短暂的生命中去实现人生永恒的价值,这就是对人生意义和价值的一种终极性的追问。唯有有了这种终极性的追问,人的行为才会有持久的精神动力。所以,"时间性"的思考必然导致更高一级的自我超越。在王元骧先生看来,按伦理学的观点来看,"空间性的超越"属于"经验伦理"范畴,"时间性的超越"则属于"信念伦理"范畴。从中我们不难看出,王元骧先生上述关于文艺的"审美超越"观念的两种类型的论述,是深深植根于其秉持的"人学本体论"、价值论和伦理学趋于合一的思想之上的。这样一种就文艺的"审美超越"观念所做的"一分为二"与辩证统一的综合解读,对于深化我们对美学理论和审美范畴的形态划分的理解,增强我们对文艺超越性的理论价值与现实意义的体认等方面,提供了多维度的思想启示。

（二）对文学理论的性质和功能的严谨阐释

为了更好地梳理文艺的"审美超越"观念的基本观念，王元骧先生进而对其所理解的关于文学理论的性质和功能这样一个一体两面的问题，做了十分严谨的理论阐释。特别是在当前这样一个文学理论疲软、文学批评横行的年代，如何科学地理解文学理论的性质和功能，并对其做出学理阐释，已然成为一个亟待深入解决的文艺学基础理论问题。

我们知道，作为文艺学三大分支之二的文学理论和文学评论，原本就是有机统一的。正如韦勒克、沃伦所指出的那样，文学理论、文学批评二者所指涉的"研究方式是不能单独进行的"，相反，"它们完全是相互包容的"。说"文学理论不包括文学批评……，文学批评中没有文学理论……，这些都是难以想象的"（韦勒克、沃伦，1984：32）。因而在任何时代，从事文学研究工作的学人都应力求将两者统一起来作为一个完整的知识体系来加以理解和阐释。然而近年来，文艺理论界似乎刮起了一股"文学理论的终结""文学理论批评化"的消解理论之风，王元骧先生对文学理论的性质和功能的深度思考和严谨阐释，正是在这样的时代和理论语境下应运而生的。在《文学理论能"告别"吗？》一文中，王元骧先生就旗帜鲜明地对他所理解的文学理论和文学批评的关系和联系做了严谨的学理阐述。他指出，文学理论作为理性层面上的知识，归根结底源于文学实践，是从对文学实践经验的分析、总结、评判升华而来的。那种完全没有创作或阅读经验，单纯基于对文学活动和文学作品的感性认识和体会的"蜘蛛织网式"的纯思辨的理论，必然是隔靴搔痒、干枯乏味、缺乏生命活力的。与此同时，文学批评又必须要有一定的理论指导，那种完全没有理论依据的批评必然是肤浅浮面的，甚至是不具有评判能力的。所以文学理论与文学批评各有自己的职能而不能互相取代，但二者又是互相联系、互相补充、互为前提的（王元骧，2009a）。这就从观念上启示了我们：文学理论在当今时代不应也不会"告别"和"终结"，而是从事文学研究工作的学人应付出更多努力去做的事情，是在增强理论自信心的前提下，不断提高自身的理论素养和训练自身的思维能力。

为了从学理上更加清晰地说明文学理论在文艺研究中的地位和作用，王元骧先生紧接着其对文艺的"审美超越"观念的文学观念的阐述，又对文学理论的性质和功能进行了深入的思考和严谨的阐释。在《文艺理论：工具性的还是反思性的？》一文中，王元骧先生明确指出，文艺理论或文学理论就其性质来说是反思性的，它为我们评价文学现象、从事文学批评活动确立起了一种立场、一种眼光、一种视界、一种评判的尺度、一种选择的标准、一种思想的依据。因而正确的、健全的文艺理论或文学理论观念在文学批评活动中起着十分重要的作用。对文学理论性质和功能的深度体认，是一个真正的批评家所应具有的起码的修炼和学养（王元骧，2008）。这就再度表明：在强调反思这一点上，文学理论与文学批评的性质是一致的，只不过二者是在不同层面上展开的而已。在《文艺理论的创新与思维方式的变革》一文中，王元骧先生明确指出，文艺理论作为一种理论，其性质是反思的、批判的，对于文艺的性质的理解，我们要从文艺对于完成人的本体建构应有其精神担当这一认识出发。在《对于文学理论的性质和功能的思考》一文中，王元骧先生对自古至今，文学研究模式发展出的"规范型"、"描述型"和"反思型"三种研究形态进行了认真梳理，在此基础上，先生提出"反思型"是文学理论研究最为成熟的一种形态。因为在王元骧先生看来，"反思"所直接面对的不是经验事实，而是现实发展过程中出现的问题。所以，根据"反思型"研究的核心，文学理论研究的操作规程从逻辑上来说就是发现问题、提出问题、分析问题，并通过对问题的正确回答来寻求和确立起既反映客观规律又合乎时代要求的文学观念，以推动文学实践和理论自身的发展（王元骧，2012）。可以说，王元骧先生对文学理论的性质和功能的创造性阐释，不仅极大地增强了从事文学研究工作的学人对于文学理论研究的自信心，而且也从科学的维度为我们正确地认识和理解文学理论的性质和功能这一基础理论问题，为我们顺利地开展文学批评和对于文学史的研究活动，提供了十分宝贵的理论启示。

综合来看，以上王元骧先生对于文艺的"审美超越"观念的深入阐释与其对于文学理论的性质和功能的严谨阐释，是一个有机的整体。我们不能将其随意地割裂开来。而这一"整体"的特性，更加鲜明地表现在王元骧先生近期对于美学理论的基础研究之中。这是因为，在王元骧先生看来，"理论不能只局限于描述现状，它更需揭示规律，让人们看清客观地形成的美与人的生存所固有的内在联系；要使文艺理论得以健康发展，很

需要加强美学的基础研究"。(王元骧、金雅，2012)

二 从马克思主义"实践论美学"到 "人生论美学"思想体系的构建

为了更深刻地阐明文学理论的性质和功能，推动文学理论研究的健康发展，王元骧先生又在美学理论的基础研究领域中找到了一条综合推进的有效途径，即从马克思主义"实践论美学"到"人生论美学"思想体系的构建路径。自 2008 年以来，通过对马克思主义"实践论美学"及其相关的文艺学、美学问题的透辟分析，王元骧先生颇具创见地提出构建"人生论美学"的思想体系，以期综合地推进我们对于文艺（审美）与人的生存的关系的理解和当代马克思主义美学研究本土化与中国化的顺利展开。

概括起来，如果说在 2007 年发表于《厦门大学学报》第 5 期上的《我看 20 世纪中国美学及其发展趋势》一文中，王元骧先生还只是为我们提出了将审美、艺术、人生三者统一起来进行研究这样一种"人生论美学"思想体系构建的初步设想的话，那么到了 2008 年发表于《学术月刊》第 5 期的《美学研究：走两大系统融合之路》、2009 年发表于《文艺研究》第 5 期的《再论美学研究：走两大系统融合之路》、2010 年发表于《学术月刊》第 4 期的《美：让人快乐、幸福》、2011 年发表于《中文学术前沿》第三辑的《关于"人生论美学"的对话》以及 2012 年 10 月 15日发表于《文艺报》第 3 版的《文艺理论的使命与承担》等文中，王元骧先生则步步深入，扎扎实实地为我们论述了其"人生论美学"思想体系构建的基本缘由、代表观点和现实意义，明确论证了要真正阐明文艺的性质和功能，就必须加强美学基础理论研究；同时清晰辨明了美学的研究对象应该跨出"艺术"的范畴限定，以便实现与整个现实人生接轨，进而建构起"人生论美学"，并认为这样才算是真正回到了美学的原点，也是美学发展所应努力和追求的方向（王元骧，2009c）。先生还鲜明地论述了"美"不是一种事实属性而是一种价值属性，旨在阐明"美"（包括崇高）对于人的生存所具有的意义和价值，在于它可以使人真正活得快乐、幸福，实现人的自由解放。（王元骧，2010）

首先，王元骧先生之所以要构建其"人生论美学"的思想体系，在我看来，大体基于这样三个方面的缘由：其一，出于对文艺理论和美学研究的观念进行完善的意愿。正如王元骧先生所认可的那样，其在不同时期对于文艺思想（包括美学）观念的理解和研究都是分别有所侧重的，概括起来，大体经历了"审美反映论"—"文艺实践论"—"文艺本体论"—文艺的"审美超越"—"人生论美学"这样几个阶段。这些不同阶段的不同侧重，显示出王元骧先生对文艺学、美学基础理论研究的综合推进，以及"人生论美学"顺利出场的内在逻辑线索。其二，基于对文艺理论研究的美学基础薄弱现状进行弥补的需要。在王元骧先生看来，美学中的许多优秀成果不仅没有在文艺理论的研究中得到必要、合理的吸取，反而遭到了种种误解和曲解，以致文艺理论界经常各说各话，不仅什么问题也没有解决，而且由于曲解而把问题引入歧途。所以王元骧先生明确指出，要使文艺理论健康发展，很需要加强美学的基础研究。这就需要我们联系人的生存、人与现实的关系来理解文艺和美。王元骧先生对"人生论美学"思想体系的构建，正是围绕这一需要展开的。其三，源于对"实践论美学"与"后实践论美学"对峙的深切思考。在王元骧先生看来，"实践论美学"主要是从宏观的社会历史的观点来理解审美关系的，所探讨的还只是审美关系产生的社会根源；而"后实践论美学"转向从微观的个人心理层面来理解"审美关系"，放弃和否定了对审美关系做社会历史层面的研究，难以揭示审美在人的生存活动中的重要作用。为了克服前者的不足和后者的片面，我认为应把宏观层面的研究与微观层面的研究结合起来，以"中观"的眼光来进行研究。因而，"人生论美学"的提出就可以看作王元骧先生以"中观"的眼光深化马克思主义文艺理论和"实践论美学"研究的重要创新。

其次，王元骧先生构建的"人生论美学"的思想体系的主要观点，在我看来，大体包括以下几个方面：（1）"人生论美学"指出，美学是一门探讨人与现实的审美关系，研究人的生存意义和价值的学问。美学和其他人文科学一样，不仅有知识的成分，而且有价值的成分，这决定了美学不只是一门科学，而且还是一种学说，美学兼具科学性与人文性的特点；美学不只是"艺术哲学"，它同时还应被视为"审美人生学"和"审美伦理学"（文艺报社，2013：209）。（2）"人生论美学"指出，美的基本范畴是优美与崇高。在这两种形态中，优美是外感的，以其感性形式直接引起人的快感；而崇高则是内省的，就像康德说的，它能从人的内心唤起人内在的道德使命（王元骧、赵中华，2011：126～132）。"人生论美学"力图把审美与人生态度、人生体验和人生境界联系起来，这就在根本上决定了美在性质上不只具有事实属性，而且具有价值属性，具有使人成为真正的人的目的属性。（3）"人生论美学"指出，围绕着提升人的生存的意义和价值这一中心主题，接下来可以对美学的研究领域进行全方位的拓展，因而包括崇高在内的美的功能就集中体现在它可以使人在生存中保有和坚守爱与敬的情感，从而驱使人无私奉献，激励人奋发有为。

最后，王元骧先生构建的"人生论美学"的思想体系所呈现出的理论价值与现实意义，在我看来大体包括以下几个方面。（1）在理论价值层面，如前所述，"人生论美学"可以看作对先生的文艺学、美学研究的贯通和照应，从而使先生在不同阶段"侧重"的文艺理论和美学观念最终合为一个有机的整体。在这个意义上，"人生论美学"的思想体系与其此前所提出的"文艺本体论"（准确说应为"文艺人学本体论"）和文艺的"审美超越"的基本观念，应该是相互补充和互相印证的。（2）在现实意义层面，"人生论美学"可以帮助大众认识到，包括文学艺术在内的"美"（审美），对于人走向自由自觉、自我完善，具有不可替代的重大作用。这是因为，"人生论美学"的"人生论"所理解的"人"，既不是作为社会历史意义上的普遍的人，也不是个体意义上的心理的人，而是二者统一的、现实的、"整体"的人。这样一来，从"人生论"的角度来研究美学就更能把审美与完善人格建构紧密地联系起来，进而最终使包括文艺和审美在内的所有人文科学所探讨和研究的人性、人的教化、人格的完善等这些与人紧密相关的"人文学问"真正落到实处，成为一种"接地气"的知识和智慧，在追求人的自由、快乐和幸福上实现伦理学意义和社会学意义的真正统一。

参考文献

〔美〕韦勒克・沃伦（1984）：《文学理论》，刘象愚译，三联书店。

冯友兰（1985）：《中国哲学简史》，北京大学出版社。

李泽厚（1999）：《美学三书》，安徽文艺出版社。

王元骧（2008）：《文艺理论：工具性的还是反思性的？》，《社会科学战线》，（4）。

—— (2009a)：《文学理论能"告别"吗?》，《浙江大学学报》（人文社会科学版），（1）。

—— (2009b)：《文艺理论的创新与思维方式的变革》，《文学评论》，（5）。

—— (2009c)：《再论美学研究：走两大系统融合之路》，《文艺研究》，（5）。

—— (2010)：《美：让人快乐、幸福》，《学术月刊》，（4）。

—— (2012)：《对于文学理论的性质和功能的思考》，《文学评论》，（3）。

王元骧、金雅（2012)：《文艺理论的使命与承担——文艺理论家王元骧访谈》，《文艺报》，10－15（3）。

王元骧、赵建逊（2009)：《"审美超越"与"终极关怀"》，《文艺争鸣》，（9）。

王元骧、赵中华（2011)：《关于"人生论美学"的对话》，《中文学术前沿》第 3 辑，浙江大学出版社。

文艺报社（2013)：《文学下午茶》，青岛出版社。

郑玉明（2011)：《王元骧文艺思想述评》，《中文学术前沿》第 3 辑，浙江大学出版社。

A Review of Wang Yuanxiang's Recent Research on the Basic Theory of Literature and Art

Wu Shihong

Abstract：Since 2008, Mr. Wang Yuanxiang continues to work hardin the academic area of literary theory and aesthetics theory, and has published a large number of original articles, in order to advance greatly the further development of the literary theory and aesthetic foundation theoretical issues. This is mainly displayed in that：first, Mr. Wang Yuanxiang has made a more rigorous interpretation tothe nature and function of literary theory and the concept of "aesthetic transcendence" of literature and art from the "aesthetic reflection theory" to "the theory of literary and art practice" to the "literary ontology" of the logical clues； second, in the aspect of the research of the basic theory of aesthetics, Mr. Wang Yuanxiang advocated that we need tobuild a "life theory aesthetics ideology which is based on the dialectical analysis of Marx's theory of "Practical Aesthetics", and try to comprehensively promote our understanding on the relationship between literature and art (aesthetic) and survival and the contemporary aesthetic study of Marxism localization and sinicization smoothly.

Keywords：Wang Yuanxiang；Aesthetic transcendence；Theory of literature and art；Aesthetics of life

About the Author：Wu Shihong, Ph. D. , Associate Professor at Department of Chinese, Zhejiang University of Finance and economics. Research interests and specialties：basic theory of literature and art and aesthetics.

中国诗学研究

楚歌体论略

孟修祥[*]

摘　要： 楚歌源远流长，有着丰富的文化思想内涵与独特的艺术魅力。它既不是"楚人之歌"，也不是"楚地之歌"，它是具有鲜明的荆楚地域文化色彩，在先秦时代就流传于诸侯各国的一种以即兴而歌为表演形式，以短章杂言为主要体式，词句多带有"兮"字的诗歌体裁。先秦两汉时的绝大部分楚歌主要留存于古代文献的叙事中，其创作者与歌唱者同一，并有特定的叙事背景，楚歌与叙事相互说明与印证。"以悲为美"的审美特性决定了其审美倾向，因此，其主体风格多为悲凉哀婉。汉以后，楚歌经历了一次重大转变，此后便失去了其音乐色彩而不再有特定的叙事背景，演变成一种与其他文学样式并行的书面化的楚歌体。

关键词： 楚歌体　即兴而歌　短章杂言　悲凉哀婉　诗歌体裁

楚歌是中国古代文学艺术园中的一朵奇葩。从夏禹时代第一首楚歌《弹歌》的诞生（孟修详，2015），[①] 到春秋战国、两汉时代楚歌的大量出现，历经魏晋至近现代，到梁启超的《祭六君子辞》、秋瑾的《宝刀歌》、于右任的《望大陆》的出现，楚歌可谓源远流长，作品数量多不胜数，且代有名家名作，具有丰富的文化思想内涵与独特的艺术魅力。然而，自古至今，人们对楚歌这一文学样式的特质缺乏统一的认识，很少有人将楚歌

---

[*]　孟修祥，长江大学楚文化研究院教授，研究方向为中国古代文学、荆楚文化。著有《楚辞影响史论》《中国古代文学与文化研究》《楚歌研究》《谪仙诗魂》《诗圣杜甫》《湖北隋唐五代文化史》等著作。电子邮箱：mengxiuxiang@163.com。
[①]　楚歌滥觞之作是《弹歌》，参见《吴越春秋·勾践阴谋外传》。另参孟修祥，2015b。

作为一种独特的诗歌体裁来看待，因此对于一些作品是否为楚歌无法界定。一些学者将其视为"骚体诗"或"楚辞体"，也有人将其视为民歌。其实，它与一般意义上的民歌区别甚大，只要把楚歌与历代民歌稍作比较，这一点就十分清楚了。楚歌与屈骚也存在着明显区别，楚歌的诞生远远早于屈原的骚体诗，并且始终保持着以短章杂言体式为主的特点，而没有《离骚》之类作品的宏大结构与磅礴气势，与《招魂》"外崇四方之恶""内崇楚国之美"的铺张扬厉更是相去甚远。因此，将先秦楚歌视为"骚体诗"或"楚辞体"，显然模糊了楚歌发展的源流关系与体裁特征。

那么，何谓楚歌？《辞海》《辞源》都说，楚歌即"楚人之歌"。这种定义源自古人对项羽"四面楚歌"之"楚歌"的解释，如《汉书》颜师古注"四面皆楚歌"曰："楚歌者为楚人之歌。"应劭则说得更具体："楚歌者，《鸡鸣歌》也，汉已略得其地，故楚歌者，多鸡鸣时歌也。"（班固，1986：9）司马贞《史记索引》亦引颜游秦语云："楚歌犹讴也，按高祖令戚夫人楚舞，自为楚歌，是楚人之歌声也。"（司马迁，1986：43）延续至今，"楚歌即楚人之歌"庶几为定论矣。也有人另提新说："楚歌是一种具有浓郁地方色彩的楚地歌曲，它既包括可供吟唱的歌辞，也包括吟唱时特殊的节奏声调。"（郭建勋，2004：21）"楚歌，顾名思义，即为流行于楚地域的歌谣。"（冯道信，1999）此两种说法都将楚歌视为楚地之歌，且包括"谣"。质而言之，作为定义，这两种说法都不正确，即使是先秦时代的楚歌也既不限于楚人，也不限于楚地（孟修祥，2010a）。将楚歌视为一种诗歌体裁的学者只有叶嘉莹先生，她在其《迦陵文集》卷八中最先确认了楚歌体的概念，[①] 但遗憾的是没有进而做展开论述，因而此说法并没有得到广大学者的认同。今从楚歌的体裁样式、抒情方式、艺术风格试为之说，以求教于方家。

---

① 叶嘉莹先生认为："楚辞主要分'骚体'与'楚歌体'两种形式，骚体的句法太长了，所以后世诗人用骚体写诗的人不多，这一形式主要被后来的赋所继承了。此外，古诗的歌行体偶尔也用一些骚体句法，总而言之，《离骚》对后代诗人的影响主要在内容方面而不在形式方面。那么后世的诗歌体式从哪里来的？我认为，他们中的一部分是从楚歌体发展而来的。楚歌体主要指楚辞里的九歌。"（叶嘉莹，1997：46）叶先生将楚辞分为"骚体"与"楚歌体"，说明其已经留意到二者的区别，如果再仔细比较，就会发现《楚辞·九歌》源于楚歌体，但又与楚歌体有所区别，且不论其来源的古远，单就其以十一篇连章的结构形式而用于娱神的仪式性场合，也是先秦时代一般意义上的楚歌所无的。

一 即兴而歌的短章杂言体式

古人认为研究任何一类作品，必先明确其体裁与体制。"凡为古文辞，必先识古人大体，而文辞工拙又其次焉。"（吴纳，1962：14）徐师曾在《文体明辨序说》中称："夫文章之有体裁，犹宫室之有制度，器皿之有法式也。""文章必先体裁，而后可论工拙。"（徐师曾，1962：77）在明确文学作品所属体裁之前所做的评说是很少言得其中的。准确地说，楚歌滥觞于楚地，但它经过了孕育、形成与发展的漫长历史过程，如果必须下一个定义，则楚歌是具有鲜明的荆楚地域文化色彩的，在先秦时代就流传于诸侯各国的一种以即兴而歌为表演形式，以短章杂言为主要体式，词句多带有"兮"字的诗歌体裁。

楚歌首先是歌。许慎《说文·欠部》说："歌，咏也。"徐锴系传："歌者，长引其声以诵之。"《说文·言部》又说："咏，歌也。"徐灏注笺曰："咏之言永也，长声而歌之。"可见"歌"与"咏"互训。《尚书·舜典》说："诗言志，歌咏言"，故孔传云："诗言志以导之，歌咏其义以长其言。"到后来发展为与音乐配合，而唱者谓之歌。所以，楚歌的最初形态是"咏"或"诵"，后来才逐渐合乐，便有了"曲合乐曰歌"之说。再往后发展，因地域之不同，种类之不同，古代"歌"的形式逐渐呈现出复杂多样性，而其中楚歌最早是以"南音"命名的。据《吕氏春秋·音初》记载：

> 禹行功，见涂山之女，禹未之遇，而巡省南土。涂山氏之女乃令其妾候禹于涂山之阳。女乃作歌，歌曰："候人兮猗"，实始作为南音。（吕不韦，1954：58）

《吕氏春秋》将古代各地始创的音乐分作"东音""南音""西音""北音"四大体系，各自代表一种地域音乐特色。四音产生，各有其背景，而"南音"产生的年代最早，也就是上述夏禹之妻涂山氏所做的"候人兮猗"。"兮猗"这种感叹音调，就是"南音"的突出标志。段玉裁注《说文解字》云："兮，稽叠韵。《稽部》云：'留止也。'语于此少驻也。"清人黄生《字诂》说："兮，歌之曳声也，凡风雅颂多曳声于句末，如'葛之覃兮'、'螽斯羽，诜诜兮'之类；楚辞多曳声于句中，如'吉日兮良辰'，'穆将娱兮上皇'之类。句末则其声必啴缓而悠扬，句中则其声必趋数而嗷杀。"（廖序东，1995：19）由此推断，《诗》《骚》中"兮"字的运用很可能都来源于"南音"。"兮"字是有声无义的语气词，语义至此稍作停顿，音调拖长，有一种迂徐舒缓之感。"兮"字增加了前两字的情感内涵，虽然"候人兮猗"的音调已无从考索，但想象当时涂山氏之女期盼大禹回家而不得随口而歌的情形，定然有一种余音回荡的悲怨之感。

其次，楚歌以短章杂言体式为主。从《弹歌》到南音形成后的《候人歌》，已显楚歌的即兴而歌特征，短章杂言体式也初见端倪。到春秋时代，楚歌大体遵循着这一特点而发展，以《史记·宋微子世家》[①] 中记载的《麦秀歌》为例：

> 箕子朝周，过故殷墟，感宫室毁坏，生禾黍。箕子伤之，欲哭则不可，欲泣为其近妇人，乃作《麦秀之诗》以歌咏之。其诗曰："麦秀渐渐兮，禾黍油油。彼狡童兮，不与我好兮。"[②]

箕子乃殷纣王叔父，生长于商代古都朝歌。据说他从当时的封地朝鲜返回国内去朝拜西周王朝时经过故都朝歌，看到曾经高大威严的王宫变成了一片废墟，荒凉败落、长满禾黍，即景生情而留下这首《麦秀歌》，以寄托自己的哀思。歌只有两句，也不拘语言修饰，却是一片深情的自然流露。同样是表达面对故国废墟之时的感时忧国之情，诗歌体式则决然有异。《诗经·王风·黍离》是整齐的四言诗："彼黍离离，彼稷之苗。行迈靡靡，中心摇摇。知我者，谓我心忧；不知我者，谓我何求。悠悠苍天，此何人哉？"《诗序》云："黍离，闵（悯）宗周也，周大夫行役，至于宗周，过故宗庙宫室，尽为禾黍，闵周室之颠覆，彷徨不忍去，而作是诗也。"

---

① 司马迁《史记·宋微子世家》载："箕子朝周，过故殷墟，感宫室毁坏，生禾黍。箕子伤之，欲哭则不可，欲泣为其近妇人，乃作《麦秀之诗》以歌咏之。"

② 此歌又名《伤殷操》，《琴集》曰："《伤殷操》微子所作也。"歌词稍有不同，曰："麦秀渐渐兮，禾黍油油。彼狡童兮，不我好仇！"《尚书大传》曰："微子将朝周，过殷之故墟，见麦秀之薪薪，黍禾之蝇蝇也，曰：'此故父母之国，宗庙社稷之亡也。'志动心悲，欲哭则为朝周，欲泣则近妇人，推而广之作雅声，即此操也，亦谓之《麦秀歌》。"

再如记载于《史记·伯夷列传》中的《采薇歌》:

> 武王已平殷乱,天下宗周。而伯夷、叔齐耻之,义不食周粟。隐于首阳山,采薇而食之。及饿且死而作歌,其辞曰:"登彼西山兮,采其薇矣。以暴易暴兮,不知其非矣。神农、虞、夏忽焉没兮,我安适归矣?吁嗟徂兮,命之衰矣。"(阮元,1980:330)

《采薇歌》通篇直赋,无曲折之诗法,无句式之讲究,正与伯夷、叔齐之人品相配,真实而质朴地表达出感时伤世的内涵。

再到战国时代《孟子·离娄》所载《孺子歌》,《战国策·齐策》载冯谖客孟尝君时所吟《长铗歌》,《战国策·燕策》载荆轲所吟《易水歌》,直到于右任的《望大陆》:"葬我于高山之上兮,望我大陆;大陆不可见兮,只有痛哭。葬我于高山之上兮,望我故乡;故乡不可见兮,永不能忘。天苍苍,野茫茫;山之上,国有殇。"皆出语自然天成,又大多为即兴而歌,体裁形式以短章杂言为主。

二　在叙事的关节点上

当我们从先秦两汉保存楚歌的文献中来审视其艺术特点时,不难发现,几乎绝大多数作品都留存于古代文献的叙事中。一方面,楚歌的创作者与歌唱者同一,并且有特定的叙事背景;另一方面,这些楚歌和叙事又是相互说明和印证的。无论它表达的内容为何,均是如此。楚歌可以说是严守了"歌、缘、情"的诗歌创作原则。以《楚人为诸御己歌》为例,这首楚歌载于刘向《说苑》卷九《正谏》:

> 楚庄王筑层台,延石千重,延壤百里,士有三月之粮者,大臣谏者七十二人皆死矣。有诸御己者,违楚百里而耕,谓其耦曰:"吾将入见于王。"其耦曰:"以身乎?吾闻之,说人主者,皆闲暇之人也,然且至而死矣。今子特草茅之人耳!"诸御己曰:"若与子同耕则比力也,至于说人主不与子比智矣。"委其耕而入见庄王,庄王谓之曰:"诸御己来,汝将谏邪?"诸御己曰:"君有义之用,有法之行,且己闻之,土负水者

平，木负绳者正，君受谏者圣。君筑层台，延石千重，延壤百里，民之衅咎血成于通途，然且未敢谏也，己何敢谏乎？顾臣愚，窃闻昔者虞不用宫之奇而晋并之；陈不用子家羁而楚并之；曹不用僖负羁而宋并之；莱不用子猛而齐并之；吴不用子胥而越并之；秦人不用蹇叔之言而秦国危；桀杀关龙逢而汤得之；纣杀王子比干而武王得之；宣王杀杜伯而周室卑。此三天子，六诸侯，皆不能尊贤用辩士之言，故身死而国亡。"遂趋而出，楚王遽而追之曰："己，子反矣！吾将用子之谏。先日说寡人者，其说也，不足以动寡人之心，又危（一作色）加诸寡人，故皆至而死。今子之说，足以动寡人之心，又不危加诸寡人，故吾将用子之谏。"明日，令曰："有能入谏者吾将与为兄弟。"遂解层台而罢民。楚人歌之曰："薪乎莱乎？无诸御己讫无子乎！莱乎薪乎？无诸御己讫无人乎！"（刘向，1985：246-247）

诸御己在"大臣谏者七十二人皆死矣"的境况下，勇敢面对楚庄王，凭借自己的智慧成功地达到了讽谏的目的，使楚人免除了修筑层台的徭役之苦，从而赢得了人们由衷的赞赏。《楚人为诸御己歌》成为对诸御己谏楚庄王故事的一种评价，而这一评价是对楚庄王拒谏，而诸御己却能成功劝阻楚庄王进而产生"解层台而罢民"的效果这一特殊境况激发的思想情感的真实反映，"薪乎莱乎？无诸御己讫无子乎？莱乎薪乎？无诸御己讫无人乎！"借用日常生活中的"莱"和"薪"之类必需之物对人之生存的重要性的比喻说明诸御己对民众生存的重要性，表明了人们对诸御己发自肺腑的敬佩，表达的是他们自然真实的价值观念与思想情感，不存在后世一些作品中存在的所谓情感作伪的现象。就像我们的祖先为了祭祀而借助于铜器铭文从而顺带保存了对典礼颂歌与人物事件的记录一样，许多楚歌就是这样借助古代文献的叙事保存下来的。记录楚歌的这些古代文献把歌辞文本直接作为叙事内容向我们讲述，使我们很容易就能感受到古代人民质朴的思想情感、心理活动、人格个性与生活状貌。它是现存的古代音乐文学作品中一种极为难得的文学体裁。按照"诗言志，歌永言"的原则，在叙述当中融合楚歌，不仅使历史文献留下了关于早期历史人物的歌诗作品的记录，在后来的历史意象中，对于这些歌诗的记忆也有助于保持历史叙述的表现力。

由于楚歌体与其语境的高度融合，它所表达的善恶褒贬的情感与道德上的强烈诉求等内容给人的心灵带来了强烈的冲击力，从先秦两汉时代的许多具有代表性的作品来看，这一特点非常突出。

楚歌既与其历史的现实语境高度融合，又常在叙事的关节点上出现，因此，其对于叙事所涉及的众多历史人物起到了极为重要的形象塑造作用，它不仅与叙事作品一道记录了当时的历史状貌，而且生动地刻画出了历史人物的真实形象。如为孙叔敖打抱不平，敢于面对楚庄王而唱《优孟歌》的优孟；楚国被吴国灭国之后，为救楚国哭于秦庭七日七夜而口不绝声，最后以一曲《申包胥歌》打动秦王的申包胥；对死去的丈夫忠贞不改而歌《黄鹄》的陶婴；为楚庄王荐贤而敢于批评令尹虞丘子的樊姬而有《列女引》；① 李陵送别苏武时表达国仇家恨、生不如死的矛盾心态的《别歌》；戚夫人哭诉悲剧命运的《春歌》，等等。通过这些歌曲，主体人物的个性气质、内在品格、心理状态等就被自然地凸显出来了。以大家熟知的申包胥与伍子胥的故事为例：

> 申包胥知不可，乃之于秦，求救楚。昼驰夜趋，足踵跖劈，裂裳裹膝，鹤倚哭于秦庭，七日七夜，口不绝声。歌曰："吴为无道，封豕长蛇，以食上国，欲有天下，政从楚起。寡君出在草泽，使来告急。"（赵晔，2006：88）

秦哀公最终为申包胥的真情与行为所感动，亲赋《无衣》，发战车五百乘，遣大夫子满、子虎解救了楚国之难。以《申包胥歌》为代表的许多楚歌就是如此伴随着无数历史人物的命运，演绎着家国兴衰等各种类型的思想主题与情感内容的。如果我们不联系其历史背景而单独看这些楚歌，便很难感受到它所具有的情感张力，同时，这些楚歌也为塑造真实的历史人物起到了很好的艺术渲染作用。

另一个引人注目的特点是，许多楚歌总是出现在生命即将遭遇毁灭的关节点上，如司马迁《史记》中的《易水歌》就出现在主人公与朋友诀别

---

① 逯钦立辑校《先秦汉魏晋南北朝诗》上册云："《列女引》者，楚庄王妃樊姬之所作也。……樊姬此事分见《列女传》、《韩诗外传》及《新序》等书。"（逯钦立，1983：305）

而即将赴死的高潮时刻，诗歌传达出一种震撼人心的悲壮之情：

> 太子及宾客知其事者，皆白衣冠以送之。至易水之上，既祖，取道。高渐离击筑，荆轲和而歌，为变徵之声，士皆垂泪涕泣。又前而为歌曰："风萧萧兮易水寒，壮士一去兮不复还！"复为羽声慷慨，士皆瞋目，发尽上指冠。於是荆轲就车而去，终已不顾。（司马迁，1986：284）

荆轲的"风萧萧兮易水寒，壮士一去兮不复还"生发于其无畏牺牲的精神，歌中的悲壮之情使我们沉浸在作者对这一历史情境的再现之中，而觉察不到作者所使用的文学写作技巧。宋代朱熹所著《楚辞集注·楚辞后语》卷一说："于此可见秦政之无道，燕丹之浅谋，而天下之势，已至如此，虽使圣贤复生，亦未知其何以安之也。且作于此，又特以其词悲壮激烈，非楚而楚，有足观者。"（朱熹，1979：221）荆轲以及所有为他送别的人都知道，荆轲此一行是有去无回了，而荆轲的明知非死不可而为之，又被一首《易水歌》将场面的悲壮氛围渲染到极点。故明代胡应麟说："《易水歌》仅十数言，而凄婉激烈，风骨情景，种种俱备。亘千载下，复欲二语，不可得。"（胡应麟，1979：42）这些人物在生命即将遭遇毁灭之前，以楚歌使后来人了解了他们的命运、记住了他们的名字。或者说，正因为这些作品与这些特殊的名字紧密相关，它们才得以流传下来，传唱后世而成为不朽之作。如同项羽的《垓下歌》，高帝之子赵王刘友被囚于长安，饿死之前所作的《幽歌》，武帝之子刘旦自杀之前所唱的楚歌，等等，均可视为与荆轲的《易水歌》相似的一类作品。

载于《史记·伯夷列传》中的《采薇歌》虽然早于《易水歌》，也无疑是该类作品中的代表之一，只是它的真实性曾引起过人们的质疑。就像司马迁认为屈原在自沉之前有"怀沙之赋"，伯夷、叔齐绝食而死之前而有《采薇歌》，按常理，这样的绝唱是无法保存下来的，但它们又确实记录于司马迁的《史记》之中，就此被保存下来了。这究竟是为了加强历史叙述的生动性而被记录者创造出来的诗歌，还是记录者围绕一首已经存在的诗歌来创造历史故事？对此，在没有任何历史文献资料与出土实物记载和证实的情况下，恐怕很难有一个令人满意的准确答案。一方面，司马迁在叙述历史人物时，把他收集到的所有包括文字记载、口头传说的原始材料，编撰为一个合乎逻辑的、含义丰富而又值得回味的历史故事；另一方面，他刻意把最宜于在叙事的关节点上出现的楚歌体《采薇歌》置于伯夷、叔齐临死之前，使其对这一历史故事的讲述产生一种震撼人心的艺术效果。细读《伯夷列传》，我们不得不佩服司马迁的匠心独运，这样的艺术化处理更符合这两个人物的性格逻辑，反映了人物命运的必然走向，是其情感与心理的必然显现。撇开对两首诗歌所体现的文化思想的价值评估，只从纯粹的艺术效果而论，《采薇歌》在《伯夷列传》中恰到好处地出现与《怀沙》在《屈原列传》中恰到好处地出现，[1] 都在塑造历史人物形象方面起到了增饰悲剧色彩、揭示人物性格的艺术作用。（孟修祥，2010b）

三　悲凉哀婉之声

楚歌体的主体风格是什么呢？根据后人的解释，它的主体风格当属悲凉哀婉之类。楚歌为南音，亦为楚声。李善在《文选》中为左思《吴都赋》中的"登东歌，操南音"之句作注云："南音，徵引也，南国之音也。"（萧统，1977：93）杜挚《笳赋》亦有"吹东角，动南徵"之句，五音中的"徵调"便是"南音"的突出表现特征。古人关于宫、商、角、徵、羽五音之论甚多，清人陈澧《切韵考》卷六认为，在音韵学上，"宫""角"属平声，"商""徵""羽"属去声。邹汉勋《五韵论》认为"徵"声应归去声。"去声分明哀远道"，这是音韵学家们的共识。又据《韩非子·十过》记载："（晋）平公问师旷曰：'此所谓何声也？'师旷曰：'此所谓《清商》也。'公曰：'《清商》固最悲乎？'师旷曰：'不如《清徵》。'"（王先慎，1956：43）如此，悲哀之音应是南楚之音的主调。所以，陈思苓《楚声考》说："楚声自灵王创为巫音以来，曲调以凄清为主，此是其显著特色。其音清之调，系采用清声之律。《乐记》郑玄注：'清谓蕤宾至应钟，浊谓黄钟至仲吕。'按《礼记·月令》自蕤宾至应钟，含有商、征、羽三声，其中又以商声居首。此三声既同属清音，且因变化而产

---

① 司马迁《史记·屈原列传》描绘屈原"被发行吟泽畔，颜色憔悴，形容枯槁"，与渔父有一段对白，屈原表白自己宁赴常流而葬乎江鱼腹之中，也不愿"蒙世之尘埃哉"，乃作怀沙之赋。

生。《淮南子·坠形训》：'变征生商，变商生羽。'"（陈思苓，1948）南楚之音产生于荆楚文化土壤，这注定了它悲怨的审美特性。早在春秋时代，就有"楚音多死声"的说法。《左传·襄公十八年》载："晋人闻有楚师。师旷曰：'不害。吾骤歌北风，又歌南风。南风不竞，多死声，楚必无功。'"杜预注云："歌者吹律以咏入风。南风音微，故曰不竞也。"（阮元，1980：1966）"南风"即为楚音，死声者，哀伤之声也。从我们现在所见到的大多数楚歌来看，其确实以悲凉、哀婉为主调。虽然汉代也有用于帝王祭祀的楚歌，也有文人用于颂世与讽世的楚歌，魏晋以降，楚歌逐渐脱离其音乐方面的特性之后则被用于各种抒情写意的主题，但从荆轲的《易水歌》写悲壮赴死、项羽《垓下歌》之"悲歌慷慨"、刘邦悲歌《大风》之后"慷慨伤怀，泣数行下"，再到刘彻的《秋风辞》、李陵的《别歌》与那些皇子、贵族、大臣们的《绝命辞》，直到于右任的《望大陆》等，我们仍然可以说，楚歌是以悲凉哀婉为其主体风格的。

楚歌从远古时代的"南音"诞生伊始，就已形成了悲凉哀婉的审美倾向，到战国末期，楚歌又为屈、宋所接受，以哀怨之音为主调的《楚辞》就反映了楚歌悲凉哀婉的审美倾向。清人刘献廷之《离骚经讲录》指出："《离骚》之体裁与调，虽与《诗》异，然观其所用之韵，多有楚韵，则是楚国一方之音，必先自有体裁，而后屈子为之，非屈子之特创也。"（李诚、熊良智，2003：369）所谓"必先自有体裁"，就是说在屈原之前，楚地的诗歌已经有了比较完善的形式与突出的艺术风格。近人王国维在其《人间词话》中也说："《沧浪》、《凤兮》二歌已开《楚辞》体格。"（王国维，2003：163）这说明了《沧浪歌》《楚狂接舆歌》等楚歌对楚辞的直接影响与内在联系。英国汉学家大卫·霍克斯在其《神女之探寻》一文中说："楚地诗歌作品中的这种哀怨忧郁的情调，可能源于巫术传统赋予祭神乐歌的那种忧郁、失意的特殊音调。这种乐歌是巫师们唱给萍踪不定、朝云暮雨的神祇们听的。然而，在这种哀怨忧郁的情调中，也融进了纯世俗、纯文学的成分。"（莫砺锋，1994：36）大卫·霍克斯既说明了楚辞与巫歌的关系，也说明了楚辞与楚歌所具有的那种哀怨忧郁的情调的渊源，但他忽略了这种哀怨忧郁的情调与楚民族精神的关系。楚人从"筚路蓝缕，以启山林"创业开始，在艰苦卓绝、坚忍不拔的创业过程中，逐渐养成了自由而又坚韧的性格，也养成了好勇轻死、不屈不挠的民族精神。古人从楚人的民族特性来论述"楚声"或"南音"的音乐特性，也说得很有道理，如阮籍《乐论》云："楚、越之风好勇，故其俗轻死。郑卫之音也淫，故其俗轻荡。轻死，故有火焰赴水之歌。"（严可均，1958：1313）明确说明楚人好勇轻死因而能创作出"火焰赴水之歌"。宋人黄伯思《新校〈楚辞〉序》云："楚辞顿挫悲壮，或韵或否者，楚声也。"（李诚、熊良智，2003：139）鲁迅先生在《汉文学史纲要·汉宫之楚声》中指出："盖秦灭六国，四方怨恨，而楚尤发愤，誓'虽三户必亡秦'，于是江湖激昂之士，遂以楚声为尚。"（鲁迅，1979：32~33）从秦末大泽乡起义的陈胜吴广，到自刎乌江的西楚霸王项羽，再到汉朝皇室贵族、后宫嫔妃、王公大臣，他们体内都流淌着楚人的文化精神血脉。"楚声"是当时高度成熟的音乐作品类型，它不仅代表了南楚最高的音乐成就，而且充分反映出楚民族好勇轻死、不屈不挠、悲凉慷慨的民族精神，著名的"四面楚歌"的故事，即说明南楚之音在楚亡后十几年仍然具有摄人心魄、使项羽军军心涣散的力量。

由此而论，楚歌在虞舜时代已具备基本雏形，到夏禹时代正式确定为"南音"，南楚之音产生于南楚独特的文化土壤，虽然混融了其他音乐文化的元素，却始终保持着自己非常鲜明的地域文化特性。人们常言"自古燕赵多慷慨悲歌之士"，但楚人于慷慨悲歌中更多几分哀伤、哀怨。所以，朱谦之先生说：

> 可见战国有一种合乐的歌，如荆轲之羽声慷慨，秦声之歌呼呜呜；也有一种以人声为主的徒歌，如秦青之抚节悲歌，韩娥之曼声哀哭，由现在看起来，这都可做"楚声"的旁证。……在文字方面，春秋时的歌辞都很"温柔敦厚"，而战国时的歌辞，便都是激昂慷慨，如无羁之马，其流风即所谓"楚辞"了。然《楚辞》一书所选录的，虽然只是战国的楚歌，而当时的"楚声运动"，却实不限于一国，在宋叫做"千钟"，在齐叫做"大吕"，在楚叫做"巫音"。（朱谦之，2006：129）①

---

① 《吕氏春秋·侈乐篇》云："宋之衰也，作为千钟；齐之衰也，作为大吕；楚之衰也，作为巫音。"（吕不韦，1954：48）

随着历史的演进变化，楚音可有不同的命名，或谓南音，或谓楚声，或谓楚乐，但就其审美的主调而论，则总是显现出"悲怨哀婉"的审美特性。后代着重抒写悲怨之情的楚歌又强化了这一审美特性。即便是在当代，人们在表达悲怨、悲凉、悲伤、悲愤、悲叹之类情感的时候，也多选择楚歌体，这也是由其"以悲为美"的审美特性所决定的。

余 论

先秦两汉时的楚歌毕竟属于音乐类的文学，它的文学体式决定了它与音乐的必然联系。宋代朱长文《琴史》卷六云："古之弦歌有鼓弦以合歌者，有作歌以配弦者，其归一揆也。盖古人歌则必弦之，弦则必歌之。"对照先秦两汉楚歌的具体情况来看，则并非"歌则必弦之，弦则必歌之"，更多的时候是徒歌。但除了徒歌，许多楚歌是由琴来伴奏的，这也反映了楚歌体抒情表意的基本特性。如"舜弹五弦之琴，造《南风》之诗"，孟子反、子琴张"或编曲，或鼓琴，相和而歌"，百里奚之妻唱《琴歌》时"抚琴而歌"，赵武灵王梦见处女鼓琴而歌《鼓琴歌》，以与钟子期为知音而名传后世的伯牙的《水仙操》，还有载于《庄子·大宗师》的子桑若歌若哭而鼓琴歌"父邪母邪！天乎人乎！"，等等，这些楚歌均以琴为伴奏。还有一部分楚歌，虽然在诞生之时是没有用琴来伴奏的徒歌，但后来也收入琴曲，如《麦秀歌》（又名《伤殷操》）后来为《琴集》所收录，楚歌《阳春》《白雪》后来改为琴曲一直流传至今，成为我国的经典琴曲，这些都说明琴的音乐特性与楚歌的文学情调有着特殊的艺术关联。故《旧唐书·音乐志》明确说："《礼记》、《家语》云舜弹五弦之琴，歌南风之诗，是知琴操曲弄皆合于歌。"（刘昫，1986：135）楚歌多用琴来伴奏的重要原因之一是古琴极具特色的音色与楚歌悲凉哀怨的情调相吻合。故《礼记·乐记》有"丝声哀"之说，《吴越春秋·吴王寿梦传》亦有"丝竹之凄唳"之言，嵇康《琴赋》认为琴"诚可以感荡心志，而发泄幽情矣。是故怀戚者闻之，莫不憯懔惨悽，愀怆伤心，含哀懊咿，不能自禁"（严可均，1958：1320），庾信《和张侍中述怀》诗亦云："操乐楚琴悲，忘忧鲁酒薄。"种种言说都描述了楚琴之音悲。近人陈思苓认为，屈宋时期的楚声有"丝竹之器、清声之律，其音高而激，其韵清而秀，其调哀而伤，音乐上的基本风格是悲怨凄美，哀婉动人"（陈思芩，1948）。当然，作为中华民族音乐文化中一种具有代表性的乐器，古琴所表达的情感并非只限于哀怨。只是古琴的音色其低沉处浑厚、古朴、苍茫，余音绵长不绝；其高亢处清亮而圆润，富有力度又内含悠扬之韵，极富穿透力，因此最适宜于楚歌的伴奏，而且最适宜于表现悲凉哀怨的情调。正因为古琴的这种音乐特性，所以古琴在楚地极为流行，楚地有关琴的典故也非常多，将楚歌改编为琴曲者亦不少，对后世影响也很大。《旧唐书·音乐志》说："自周隋以来，管弦杂曲将数百曲……唯弹琴家犹传楚、汉旧声。"（刘昫，1986：137）可见古琴与楚歌有着特殊的音乐关系。自从魏晋时代，楚歌逐渐疏离音乐而成为独立的诗歌，而楚声的音乐部分则主要由古琴演奏家来传播了。

汉代以后的楚歌经历了一次重大转变，与先秦两汉的楚歌相比，这一时期的楚歌已失去其地方性的音乐色彩而不再有特定的叙事背景，演变成一种用楚歌体写成的书面化诗歌，如魏晋时期曹植的《七启歌》、张翰的《秋风歌》，南北朝时期袁淑的《咏寒雪诗》、吴均的《玉山歌》，唐代宋之问的《下山歌》、韦应物的《王母歌》，宋代陈宓的《西湖歌》、陆九渊的《玉芝歌》，明代何景明的《剡溪歌》、宗臣的《昔思君》等就是其中具有代表性的作品。直至当代，以楚歌体创作的许多作品已脱离音乐而成为与其他文学样式并行的文学体裁。对此，宋代的郑樵曾在《通志》中指出其原因云：

> 浩歌长啸，古人之深趣。今人既不尚啸，而又失其歌诗之旨，所以无乐事也……凡歌、行虽主人声，其中调者皆可以被之丝竹，凡引、操、吟、弄虽主丝竹，其有辞者皆可形之歌咏。盖主于人者，有声必有辞，主于丝竹者，取音而已，不必有辞，而有辞者通可歌也。（郑樵，2012：887）

郑樵认为后来的人们不尚啸，不知道古之歌行"有辞者通可歌"，故逐渐丢失了楚歌的音乐特性，使其变为书面化的诗歌。先秦两汉之人尚啸是事实，"人有所思则长啸，故乐则咏歌，忧则嗟叹，思则啸吟"（王谠，1987：513）。而魏晋直至唐宋时代，人们仍然尚啸，如《世说新语·栖逸》云"阮步兵啸闻数百步",《世说新语·文学》言"桓玄尝登江陵城南楼……因吟啸良久,承受笔而下,一坐之间,诔以之成"。王维《竹馆》云"独坐幽篁里,弹琴复第啸",岳飞《满江红》云"仰天长啸,壮怀激烈"等(范子烨,2001),都说明是否尚啸并不是楚歌演变为有辞无歌的文学体裁的决定因素。自魏晋始,楚歌的音乐性便逐渐减弱,但从前的楚声、楚调也并非就此完全遗失,只是楚歌在先秦两汉时所倚所和的乐调,在此时发生了转变,这直接影响了后来魏晋至唐宋时期的音乐发展。据《旧唐书·音乐志》记载,唐代"惟弹琴家犹传楚、汉旧声"(刘昫,1986:137)。又云:"平调、清调、瑟调,皆周房中曲之遗声,汉世谓之三调。又有楚调、侧调。楚调者,汉房中乐也。高帝乐楚声,故房中乐皆楚声也。侧调者,生於楚调,与前三调总谓之相和调。"(郭茂倩,1979:376;丁纪元,1997)《晋书·乐志》曰:"凡乐章古辞存者,并汉世街陌讴谣,《江南可采莲》、《乌生十五子》、《白头吟》之属。其后渐被於弦管,即相和诸曲是也。魏晋之世,相承用之。"(郭茂倩,1979:376)由此可以看出,相和歌的来源主要有三个:其一是周房中曲之遗声,其二是楚声,其三是其他各地流行的所谓"街陌谣讴",而以上三个方面,正好与《汉书·艺文志》所载的歌诗来源相吻合。《庄子·大宗师》说:"子桑户死,未葬……或编曲,或鼓琴,相和而歌。"(王先谦,1956:44)相和歌作为一种音乐形式,其应起源于西汉时代,而它的最终完成则在魏晋时期。故《宋书·乐志》云:"相和,汉旧曲也,丝竹更相和,执节者歌。"(郭茂倩,1979:376)

魏晋以降,楚歌体逐渐失去其音乐或声调色彩,也不再镶嵌于特定的叙事背景之中,已然独立为纯粹书面化的诗歌,当然也就不再属于音乐文学,这是其形式上的变化。这种形式上的变化,符合音乐文学发展的规律。对此,公木先生曾明确指出:"在古代,诗不必是歌,所谓歌,包括诗歌和乐歌。凡成歌之诗谓之歌诗,凡不歌之诗谓之诵诗。诵诗从歌诗中分离出来,又经常补充着歌诗……诗歌与音乐相分离,是其基本趋势,在全部诗歌演变当中,诵诗是主流。因为只有诗歌从音乐的束缚中解放出来,成为语言艺术的一种独立形式,才能把语言的机能充分发挥,中国古典诗歌的语言诗化过程,是在诵诗出现,并经过唐、建安的高度发展,才完成的,建安、盛唐,两个高峰,主要成就都在诵诗方面……歌诗之路也是不容忽视的,因为诗歌与音乐的相结合,是另一趋势,汉魏乐府,唐宋词，元明曲都说明了这一点。"① 楚歌从歌诗中分离出来正符合了歌诗发展的必然趋势。后来又有新的歌诗产生，而后这些歌诗也与音乐脱离，这同样也是走了歌诗发展的必然之路。

汉代以后，随着时代的发展变化，楚歌体在内容上又不断有了新的开拓。如魏晋时代，人们受到玄学和老庄美学复兴的影响，开始欣赏自然山水，思考人的内心世界，"晋人向外发现了自然，向内发现了自己的深情"，②伴随着玄言诗乃至山水诗的出现，纯粹歌咏自然景物的楚歌也出现了，如王韶之的《咏雪离合诗》、袁淑的《咏寒雪诗》等。这是楚歌这种文学体裁繁荣发展的表现。虽然楚歌体自魏晋以降，逐渐失去其音乐旋律或声调色彩，独立为纯粹书面化的诗歌，但这并不意味着先秦两汉时期诗歌镶嵌于古代文献的叙事与铺陈过程的形式彻底消逝，如宋代苏轼《赤壁赋》在描绘了美妙的赤壁夜景之后，"于是饮酒乐甚，扣弦而歌之，歌曰：'桂棹兮兰桨，击空明兮溯流光。渺渺兮予怀，望美人兮天一方。'客有吹洞箫者，倚歌而和之"，就是对枚乘《七发》中的"麦蕲兮雉朝飞"，司马相如《美人赋》中的"独处室兮廓无依"，傅毅《七激》中的"陟景山兮采芳苓"，张衡《舞赋》中的"惊雄逝兮孤雌翔"等此类将楚歌镶嵌在赋文之中的形式的一种继承与创新。③

总之，无论楚歌在历史发展演进的过程中产生了怎样的变化，作为一种独特的文学体裁，"楚歌体"始终保持着它应有的文学特质。

参考文献

班固（1986）：《汉书》，《二十五史》第 1 册，上海古籍出版社。

陈思苓（1948）：《楚声考》，《文学杂志》，3（2）。

丁纪元（1997）：《相和五调中的楚、侧二调考辨》，《黄钟》，（3）。

范子烨（2001）：《中古文人生活》，山东教育出版社。

冯道信（1999）：《论楚歌》，武汉出版社。

公木（1984）：《〈诗歌之路〉序》，载张蔡《诗歌之路》，文化艺术出版社。

郭建勋（2004）：《先唐辞赋研究》，人民文学出版社。

---

① 张蔡：《诗歌之路》之"序"（公木作），文化艺术出版社，1984，第 1~2 页。

② 宗白华：《美学散步》，上海人民出版社，2009，第 215 页。

③ 参见孟修祥《接受与新变——汉代楚歌论之三》，《中文论坛》2016 年第 4 期，长江出版社。

郭茂倩（1979）：《乐府诗集》，第 26 卷，中华书局。

胡应麟（1979）：《诗薮》，上海古籍出版社。

李诚、熊良智（2003）：《楚辞评论集览》，载崔富章总主编《楚辞学文库》第 2 卷，湖北教育出版社。

廖序东（1995）：《楚辞语法研究》，语文出版社。

刘向（1985）：《说苑》，赵善诒疏证，华东师大出版社。

刘昫（1986）：《旧唐书》，第 28 卷，《二十五史》第 5 册，上海古籍出版社。

鲁迅（1979）：《汉文学史纲要》，人民文学出版社。

逯钦立（1983）：《先秦汉魏晋南北朝诗》，上册，中华书局。

吕不韦（1954）：《吕氏春秋》，高诱注，《诸子集成》第 6 册，中华书局。

孟修祥（2010a）：《先秦楚歌蔓衍的历史文化背景》，《三峡论坛》，（1）。

——（2010b）：《先秦楚歌的文学模式》，《江汉论坛》，（10）。

——（2015）：《先秦楚歌发展历程论略》，《中国楚辞学》第二十一辑，学苑出版社。

——（2016）：《接受与新变——汉代楚歌论之三》，《中文论坛》第 4 辑，长江出版社。

莫砺锋（1994）：《神女之探寻》，上海古籍出版社。

司马迁（1986）：《史记》，《二十五史》第 1 册，上海古籍出版社。

王谠（1987）：《唐语林》，卷五，周勋初校正，中华书局。

王国维（2003）：《人间词话译注》，施议对译注，岳麓书社。

王先谦（1956）：《庄子集解》，《诸子集成》第 3 册，中华书局。

王先慎（1956）：《韩非子集解》，《诸子集成》第 5 册，中华书局。

吴纳（1962）：《文章辨体序说》，罗根泽点校，人民文学出版社。

萧统（1977）：《文选》，第 5 卷，李善注，中华书局。

徐师曾（1962）：《文体明辨序说》，罗根泽点校，人民文学出版社。

严可均（1958）：《全上古三代秦汉三国六朝文》，影印本，中华书局。

叶嘉莹（1997）：《迦陵文集》第 8 卷，河北教育出版社。

阮元（1980）：《十三经注疏》，中华书局。

赵晔（2006）：《吴越春秋》，张觉校注，岳麓书社。

郑樵（2012）：《通志二十四略》，上册，中华书局。

宗白华（2009）：《美学散步》，上海人民出版社。

朱长文：《琴史》，第 6 卷，文渊阁四库全书本。

朱谦之（2006）：《中国音乐文学史》，上海世纪出版集团。

朱熹（1979）：《楚辞集注》，上海古籍出版社。

The Theoretical Study on Chu Ballads

Meng Xiuxiang

Abstract：The Chu ballads run a long history，which have rich cultural meaning and unique artistic charm. It is neither "the songs of Chu folks", nor "the songs of the state Chu", but a poem genre that marks distinct Jing Chu local culture, starting from pre-Qin, which was created improvisationally, using short and mixed poetic forms and the character "Xi" often. During the era of pre-Qin and Han, most of the Chu ballads were recorded in narrative documents. The improvisers were also singers, and the songs mostly had special narrative backgrounds. The songs and stories explained and demonstrated each other. "Sadness is beauty" explains its aesthetical tendency, and that is why its main style is sad and grievous. After Han dynasty, Chu ballads have changed their style, losing their musical color along with the narrative background, and becoming a genre which is equivalent with other literary genres.

Keywords: The genre of Chu ballads, Created improvisationally, Short and mixed poetic Form, Poem genre

About the Author: Meng Xiuxiang, Professor of Chu Culture Institution. Research interests and specialties: pre-modern Chinese literature, the culture of Jing Chu. Magnum opuses: *The Influences of the Songs of Chu*, *Chinese Pre-modern Literature and Culture*, *Chu Ballads*, *The Poetic Soul of Li Bai*, *The Poetry Saint Du Fu*, *The History of Hubei in Sui Tang and the Five Dynasties*, etc. E-mail: mengxiuxiang@163. com.

江湖诗人的典型形象及其意义

——以戴复古为代表

熊海英*

摘　要： 戴复古出身平民，终身布衣；以诗为业，以诗人自视；奔波道途，求利求名，符合"江湖诗人"最核心、最狭窄的定义。他兼擅唐律与古体，欲兼融"江西"派和"四灵"体，依凭才气性情，成为江湖诗人之翘楚。戴复古的诗歌创作实绩与其论诗主张有矛盾，这既表明诗歌风气在晚宋发生了阶段性的变化，也表明其主张综合了多方意见。"江湖诗人"群体的出现是南宋中期以后的新现象，戴复古及其诗歌的典型性为"江湖诗人"及"江湖体"的研究提供了一个起点和基准。"江湖诗人"概念的内涵可从诗人的身份、活动方式、活动空间三方面界定，"江湖体"的特征可从题材内容和体式风格两方面归纳。如何看待戴复古及其代表的江湖诗人，关系到如何认识晚宋至元代诗歌的嬗变轨迹。只有超脱于对个人节操、诗风雅俗的褒贬，才能对"江湖诗人"在诗歌史中的意义予以公允、全面的评价。

关键词： 江湖诗人　江湖体　戴复古

基金项目： 国家社科基金"南宋士阶层分化与文学生态之新变"（11BZW051）

对晚宋"江湖诗人"的研究一直在进行，但"江湖诗人"的外延与内涵还未有最终论定。不过，"戴复古是典型的江湖诗人"这一判断则是学

---

* 熊海英，博士，湖北大学文学院教授。研究方向为宋元文学，代表作有《北宋文人集会与诗歌》。电子邮箱：haizhiying31@163.com。

界无疑问、有共识的。观察剖析戴复古及其诗歌创作，发现和归纳其核心特质，可以为"江湖诗人"和"江湖体"的判定提供基本的对照标准。

一 作为典型江湖诗人的戴复古

戴复古是平民出身，且布衣终老。其父戴敏（1101～1171）自号东皋子，没有功名。据楼钥《跋戴式之诗卷》所言：其时士人为应举而重文轻诗，戴敏独能以诗自适，不为举子业（戴复古，1985：卷首）。从戴敏仅存的十首诗来看，戴家有小园、小池、花、树。戴敏日常要经营家业，料理俗事，如《楼上》云："终朝役役晚来闲，识破浮生一梦间"，暇时则作诗访友，有诗如《约黄董二亲与桂堂诸侄避暑》《西溪陈居士家》。交往的也是乡间地主富户，拥有鱼塘、竹园、耕牛的殷实人家，如《郑公家》："门墙多古意，耕钓作生涯。菽米散鱼子，莲根拔虎牙。弄孙时掷果，留客旋煎茶。颇动诗人兴，满园荞麦花。"（傅璇琮，1998：27067～27068）故可知戴敏是个薄有产业的小地主，过着耕读传家的生活。

戴复古四岁失怙，但他受过教育，其《沁园春》一词自述平生云："费十年灯火，读书读史。"（唐圭璋，1985：2303）他可能参加过科举考试，不过台州地区竞争一向非常激烈，据《嘉定赤城志》卷四《贡院》记载，嘉定年间，台州一次郡试参加者达八千余人，解额比例几乎是千取其一（陈耆卿，1990：7314）。戴复古年轻时曾游历京城，蹉跎十年，无功而返，写下"山林与朝市，何处着吾身"（《春日》）之句，表达进退无由、四顾茫然的心情。相比很多读书人来讲，他对于功名似乎并无执念，比较早就彻底放弃了科考一途，"不逐举子纷纷忙"。（《庐山》）

戴复古一生著有多部诗集，他在外漂泊近四十年，挟诗干谒以谋生处世。也许一开始他多少有一些经济压力，不像其父在世时尚有余裕，因此曾感慨"空馀豪气峥嵘，安得良田二顷耕。向临邛涤器，可怜司马。成都卖卜，谁识君平"。但后来他也的确获得不少馈赠，如在闽时有诗《谢王使君送旅费》："岁里无多日，闽中过一年。黄堂解留客，时送卖诗钱。"年届古稀被儿子迎归养老之际，经过扬州，淮东制帅赵葵特送其"买山钱"，还允诺为他刊诗。不过从他数次归乡所作的诗歌来看，他的儿孙成人后，实际并不依赖戴复古在外谋生养家。

所谓"四方奔走，求利求名"，相对于利而言，诗名也许更是其心念所系。嘉定三年（1210），年过不惑的戴复古携诗卷再次来到临安，干谒当世公卿，交接诗友名流。楼钥时任参知政事，为其诗卷作序。戴复古还拜访了巩丰、杨万里之子杨长孺、胡铨之孙胡榘（仲方）等。四年后（1214年），他又携新编诗卷前往武义，拜访奉祠居乡的巩丰（1148～1217）。巩丰阅石屏诗"为之废睡，挑灯熟读。仍为摘句，犹未能尽"（戴复古，1985：卷首），并为其第二部诗卷作跋。同年，起居舍人兼直学士院真德秀题戴复古诗卷云："戴君诗句高处不减孟浩然。予叨金銮夜直，顾不能邀入殿庐中使一见天子，予之愧多矣。"（戴复古，1985：卷首）著作郎杨汝明也为戴复古诗集题跋："陶元亮责子不好纸笔，杜子美喜其子新知句律，诗人之眷眷于传业如此。式之再世昌其诗，东皋子可无愧矣。"（戴复古，1985：卷首）因获得朝中位居清要的士大夫交口赞誉，戴复古从此拥有了诗名。《春日二首呈黄子迈大卿》其一有句云："白发半头惊岁月，虚名一日动公卿"，可看到其在自谦中也有几分自矜。大约在嘉定十二年（1219），赵汝谈为戴复古选《石屏小集》，之后戴获赵汝谈题跋（嘉定十七年），赵蕃序（宝庆三年）、赵汝腾序（绍定二年）。从嘉定三年携自编诗卷出游，到赵汝谈为其选《石屏小集》，再到归乡以后于淳祐初年（1241）纂成《石屏后集》，戴复古请人编选和刊印的诗集多至五稿，得到名流贤士大夫序跋品题多达二十三篇（张继定，2003；张继定，2017），在当世可谓首屈一指。他每向人"求一语"题跋，所求当然是褒扬称道之语，必定有助于诗名和诗集流传得广泛和久远。正如淳祐三年（1243）吴子良为《石屏诗后集》作序所称："石屏戴式之以诗鸣海内四十余年"（戴复古，1985：卷首），这正是戴复古不懈追求的结果。

戴复古有编刊个人诗集的明确意识，与此前和同时期的其他诗人相比，更特别的一点是：他愿意将编选和评价的权力完全交付于所谓的"名流贤士大夫"。在《衡山何道士有诗声杨伯子监丞盛称之以杨所取之诗求跋其后》中，他的这一意图就有所体现：

> 道人幽吟岩窦底，伴晓猿啼秋鹤唳。……一朝邂逅杨东山，诗声扬扬满世间。……是宝欲藏藏不得，总被东山手拈出。道人从此诗价高，石廪祝融争嵂崒。君不见弥明石鼎联句诗，千载托名韩退之。

诗歌作品是客观存在的，但是"诗声""诗价""诗名"则需要他人的助力，才能扬布"世间"，秀出众人，流传"千载"。这样看来，也可以说戴复古请人选编诗集、干谒求品题的重点并非在于单纯得到艺术上的知音共鸣，而在于这些社会地位和声望比他高的选编者、品题者能为其身份和诗歌成就背书，赋予他于文人社会交游的通行证。

既然放弃了科举，作为读书人，他又以何种身份、何种方式自处于世呢？戴复古自视为诗人，以诗交游。其《沁园春》上阕言四方奔走、蹭蹬归来，"闭门独坐，赢得穷吟诗句清。夫诗者，皆吾侬平日，愁叹之声"。虽然如此，却强自振起，不言失落，以"苦吟"为"诗人"之本分："分则宜然，吾何敢怨，蝼蚁逍遥戴粒行。开怀抱，有青梅荐酒，绿树啼莺。"同样的意思，徐似道曾在《呈周子充》（《梅涧诗话》卷中）中表达过：

> 翰林帐下饮羊羔，客子骑驴渡灞桥。莫似灵鳌笑浮蚁，戴山负粟各逍遥。

意谓诗人与大官，各有所乐，各乐所乐，可以分庭抗礼。戴复古曾向徐似道学诗，因而其诗作或许也受了徐似道的影响。戴敏《屏上晚眺》也说："不能骑马趁朝班，自跨黄牛扣竹关。无德可称徒富贵，有钱难买是清闲。"（傅璇琮，1998：27067）戴父虽然早逝，其对戴复古的影响却是深刻而长久的。戴复古对楼钥呈述自己学诗的动机乃是继承父志："或告以遗言，深切痛之，读书绩文，而尤笃意于古律。"又将父亲的诗歌加于自己的诗集之首，挟之出游；有场合辄"自诵其先人诗"及其佳句（刘克庄，2011：6820），体现其如杜甫称之为"诗是吾家事""吾祖诗冠古"的自豪自重心理，表明自己作为"诗人"有其家学渊源。戴复古于嘉定初年游谒临安，诗歌获得当世公卿名流好评，作为"诗人"的自我体认又获外界确认，因此才会吟出"或是或非尘里事，无穷无达醉中身。五陵年少夸豪举，寂寞诗家戴叔伦"（《春日二首呈黄子迈大卿》）之句吧。

戴复古第二次出游临安时已逾不惑，此前与何人交游，资料不多见。楼钥《跋戴式之诗卷》描述了戴复古请益多方的学诗经历："雪巢林景思、竹隐徐渊子，皆丹丘名士，既从之游，又登三山陆放翁之门，而诗益进。"

（戴复古，1985：卷首）他去临海求学于林宪，又回温岭师从徐似道，之后再至绍兴向陆游求教，学诗有成，此后便开始他挟诗漫游的人生。

大约在景定年间，戴复古侄孙戴颐带着戴复古的遗稿和自己的诗卷前去谒见退居乡里的刘克庄，刘克庄在《跋二戴诗卷》中回顾了年轻时与戴复古等诗朋结社交游的往事，云：

> 余为仪真郡掾，始识戴石屏式之。后佐金陵阃幕，再见之。及归田里，式之来入闽，又见之。皆辱赠诗。式之名为大诗人，然平生不得一字力。皇皇然行路万里，悲欢感触一发于诗。其侄孙颐橐其遗稿示余。追念曩交式之，余年甫三十一，同时社友如赵紫芝仲白、翁灵舒、孙季蕃、高九万皆与式之化为飞仙。余虽后死，然无与共谈旧事者矣。（刘克庄，2011：4525）

刘克庄为真州录事参军是嘉定九年（1216），其又于嘉定十年入李珏江淮制置使幕府。根据跋文可知，同一时期，戴复古游吟于真州、金陵一带，与赵师秀、赵庚夫、翁卷、孙惟信、高翥、刘克庄等诗人结为社友。

绍定二年（1229）至端平元年（1234），戴复古来往于福建和江西，主要活动也是结诗社，与诗友唱和。绍定二年戴复古入闽，曾与刘克庄拥被论诗。其《寄后村刘潜夫》其三回忆当时情形，云：

> 客游仙里见君时，拥絮庵中共说诗。别后故人知我否，年几八十病支离。

随后，戴复古去谒访浦城令陈昉（叔方）。陈昉是戴的浙东同乡，又是诗人，据《南宋群贤小录》载："永嘉之作唐诗者，四灵之后，则有陈叔方。"《石屏诗集》卷首戴敏诗后附有陈昉跋："绍定之己丑，叟来闽中，携其先人遗稿仅一篇一联耳，俾予题其后。"

绍定三年（1230），戴复古到邵武与李贾及其他诗友相聚，作了《过邵武访李友山诗社诸人》《李友山诸丈甚喜得朋流连日久月洲乃友山道号》等诗，离途中作《光泽溪上》，还写道："晓来新得句，寄与故人看。"随后至南昌，与避寇乱至钟陵的曾原一等江西诗人结成"江湖吟社"；戴复古与南昌的宋自适、宋自逊兄弟和黄行之兄弟更是交情深厚，往来唱和频繁，如《鹊桥仙》所云"西山岩壑，东湖亭馆，尽是经行旧路"，"相忘不寄一行书，元自有、不想忘处"（唐圭璋，1985：2309）。而据《论诗十绝》诗前小序可知，绍定五年、六年的某段时间，戴复古又到邵武与王埜、李贾、严羽等聚首论诗。在归乡养老之际的嘉熙元年（1237），戴复古还与高翥参加了平江府君方子万、通判翁际可（名逢龙，即吴文英胞兄）聚合诗人的雅集，即席赋诗。其《诸诗人会于吴门翁际可通判席上，高菊磵有诗，仆有客星聚吴会，诗派落松江之句，方子万使君喜之，遂足成篇》即述及此事：

> 客星聚吴会，诗派落松江。老眼洞千古，旷怀开八窗。
> 风流谈夺席，歌笑酒盈缸。杨陆不再作，何人可受降。

诗中所言"诗派"指与会诗人，也可以笼统说是江湖一派，大概是戴复古日常交往的诗友吧。此类事迹，不胜枚举。从嘉定七年（1214）诗名初步建立到古稀之年（1237）回乡，在漫游江湖、干求名利的二十多年间，戴复古的社会交往都是以诗歌为依托和纽带展开的。

综上所述，戴复古出身平民，终身布衣；以诗为业，自视为诗人；奔波道途，求利求名。从各方面来看，他都是最具"江湖"特色、符合"江湖诗人"最核心、最狭窄定义的典型代表。

二　作为典型的"江湖体"
——戴复古诗的风格与成就

戴复古一生著有 2000 多首诗歌，今存 1000 多首，成就之高，堪为晚宋诗人之翘楚。钱钟书先生云：

> 盖放翁、诚斋、石湖既殁，大雅不作，易为雄伯，馀子纷纷，要无以易后村、石屏、巨山者矣。三人中后村才最大，学最博；石屏腹笥虽俭，而富于性灵，颇能白战；巨山寄景言情，心眼犹人，唯以组织故事成语见长，略近后村而逊其圆润，盖移作四六法作诗者，好使

语助，亦缘是也。（钱钟书，2003：410）

　　王水照曾对钱钟书先生的判断加以阐释："他在每一个阶段中选出三位作家，即南渡初的陈与义、吕本中、曾几，南宋中叶的范成大、陆游、杨万里，南宋后期的刘克庄、戴复古、方岳，显然是从整个诗坛全局出发，又以基于艺术成就而具有的影响力和诗史地位作为选择标准的。"（王水照，2012）因此，以戴复古的诗代表江湖诗人的成就是无疑问的。

　　戴复古学诗之初师从林宪和徐似道。林宪擅长晚唐体五律，"作诗穷益工，寒瘦逼岛郊"（楼钥《林景思雪巢》）；徐似道人品秀爽，笔端轻俊，有"诚斋体"风韵。嘉定七年（1214）巩丰序戴复古诗卷称："江西胡都司、杨监丞，皆甚称其诗。盖二公导诚斋宗派，不轻许与"，"大抵唐律尤工，务新奇而就帖妥"。因此可知戴复古是从晚唐五律入手，其诗多清新写景之作。其集有诗题为"杜子野主簿约客赋一诗为赠，与仆一联云：生就石桥罗汉面，吟成雪屋阆仙诗"，加上杨长孺和胡槼的欣赏皆可为佐证。钱钟书先生也认为吴子良石屏诗后集序中"极口推尊石屏，正以'四灵'之后为晚唐体者，石屏俨然雄伯耳"。（钱钟书，2002：646）

　　嘉定十二年（1219），赵汝谈在湖南漕运使任上为戴复古选《石屏小集》。赵汝腾序云："懒庵于诗少许可，韦、陶之外，虽《辋川》、《柳州集》，犹有所择，今于石屏诗，取至百三十首，非其机有契合者乎？"（戴复古，1985：卷首）《瀛奎律髓》中，方回在《梅》诗后批语云："蹈中（赵汝谈）诗，至中年不为律体，独喜为'选体'，有三谢、韦柳之风，其所取石屏诗，殆亦庶矣。"（方回，2005：841）可见赵汝谈特别欣赏"陶谢韦柳"一脉的清新之作，而体式不局限于晚唐五律，所选《石屏小集》一百三十首诗皆属此类。戴复古的五律自晚唐入手，格律谨严、对仗工炼，写景入微自不在话下。例如《山中夜归》：

　　　　落尽一林月，山中夜半归。惊行群犬吠，破暗一萤飞。
　　　　举我赤藤杖，敲君白板扉。兴来眠不得，吟到晓星稀。

　　犬吠"惊"行人，萤火"破"暗夜，"赤藤"杖敲"白板"扉，遣字琢句，取景造境，无不见出诗人用心之精。但是相比"姚贾""四灵"，又并不那样清苦和拘束。

又如《麻城道中》：

> 三杯成小醉，行处总堪诗。临水知鱼乐，观山爱马迟。
> 林塘飞翡翠，篱落带酴醿。问讯边头事，溪翁总不知。

带着醉意的诗人，所至所见皆有诗趣。"临水""观山"一联，叙事带议论，简笔概括，"林塘""篱落"一联又细笔勾勒。以溪头老翁摇头不知边事作结，描绘出一个世外桃源。整个诗境比较开阔，意脉流动自然，并没有留下苦吟的痕迹。

再如《别邵武诸故人》：

> 白发乱纷纷，乡心逐海云。此行堪一哭，何日见诸君。
> 老马寻归路，孤鸿恋旧群。酒阑何处笛，今夜不堪闻。

抒情写照皆以简笔白描，直抒胸臆，无限悲凉之意溢于尺幅之外。大概也因此，真德秀、姚镛都看到其诗之"天然不费斧凿处"，而比为盛唐高适或孟浩然，认为"晚唐诸子当让一头"（戴复古，1985：卷首）。

戴复古并非只擅长晚唐五律和"陶韦"之风的诗歌。赵蕃看了《石屏小集》所选，有些不以为然，跋云：

> 学诗者莫不以杜为师，句或有似之，而篇之全似者绝难得。陈后山《寄外舅郭大夫》，此陈之全篇似杜者也。戴式之亦有《思家》用陈韵云："湖海三年客，妻孥四壁居。饥寒应不免，疾病又何如。日夜思归切，平生作计疏。愁来仍酒醒，不忍读家书。"此式之全篇似陈者也。蹈中所选，乃不在数，何耶？（戴复古，1985：卷首）

戴复古从被赵汝谈淘汰的诗歌中精择一编为《石屏小集补》，此集大概是近于江西派的。正如钱钟书先生所说：（戴复古）作品受了"四灵"提倡的晚唐诗的影响，后来又掺杂了些江西派的风格；他有首《自嘲》说："贾岛形模原自瘦，杜陵言语不妨村。"贾岛是江湖派所谓"二妙"的一"妙"，杜甫是江西派所谓"一祖三宗"的一"祖"，这两句词就表示戴调停两个流派的企图（钱钟书，2002：379）。例如《湖南见真帅》："以若所为即伊吕，使其不遇亦丘轲。"《夜宿田家》一联："身在乱蛙声里睡，心从化蝶梦中归。"《思归》："肉糜岂胜鱼羹饭，纨袴何如犊鼻裈。"这些七律亦化用典故，以文句对仗，语带议论，可归于宋调。其诗也常感怀时事，"守江、边事、所闻事机、时事之类，开卷即是"（钱钟书，2003：646）。如《庚子荐饥》组诗云，"有天不雨粟，无地可埋尸""官司行赈恤，不过是文移""到处闻愁叹，伤时泪满襟""人语无生意，鸟啼空好音""险淅矛头米，愁闻饭后钟""孰有回天力，谁怀济世能。嫠居不恤纬，忧国瘦崚嶒"等，皆有杜甫诗歌风神。因此王埜序云："近世以诗鸣者，多学晚唐，致思婉巧，起人耳目，终乏实用……。式之独知之，长篇短章，隐然有江湖廊庙之忧，虽诋时忌，忤达官，勿顾也。"（戴复古，1985：卷首）可以看出，戴复古及其诗作多少受到了杜甫和陆游的人品与诗歌的影响。

戴复古也擅长古体。包恢序石屏诗后集云："诗有近体，有古体。以他人则近易工而不及古，在石屏则古犹工而过于近。"如《毗陵太平寺画水》："何人笔端有许力，卷来一片潇湘碧。摩挲老眼看不真，怪见层波涌虚壁。天庆观中双黑龙，物色虽殊妙处同。能将此水畜彼龙，方知画手有神通。龙兮水兮终会遇，天下苍生待霖雨。"咏画中大水，绘形绘色，如幻如真；又牵合天庆观中黑龙图，寄寓深意，夹叙夹议，笔力矫健。事实上，戴复古所师从的林宪在晚唐五律之外就尤其看重和擅长古体，后者在台州所作七古《天台万年山罗汉树》长达38句，描写了古往今来、风云舒卷、阴晴变幻中的老树姿态，间见层出，辅以议论，笔力宏放。楼钥所作《雪巢诗集序》云："诗之众体，惟大篇为难，……君盖于此有得者，如罗汉岭头罗汉树、杨花飞后无可飞等篇，直欲与《渼陂行》《茅屋为秋风所破歌》相周旋。"

戴复古诗备众体，兼擅唐律与古诗，又"采本朝前辈理致，而守唐人格律"（戴复古，1985：卷首），欲糅"江西"和"四灵"于一炉。他在邵武所作《论诗十绝》可视为对其诗歌主张的系统表述。十绝涉及诗歌传统、诗坛之风尚与弊病、创作方法几方面。戴推崇伤时忧国之作，对"晚唐体"表示不满，将当下流连光景之作喻为乱蝉无数，为江西惋惜"时人不识有陈黄"；创作上重视"悟"和灵感，强调应严守格律、锻炼字句……

"子文（王埜）见之谓无甚高论，亦可作诗家小学须知"，《论诗十绝》所言的确与一般士大夫论诗的观点已没有什么分歧。戴复古晚年的创作也大体上实践了他的诗歌主张，因此，淳祐三年吴子良序石屏诗后集称："诗之意义贵雅正，气象贵和平，标韵贵高逸，趣味贵深远，才力贵雄浑，音节贵婉畅，若石屏者，庶乎兼之矣。"

综合戴复古的诗歌和诗论、各家序跋和诗评，可知其实际创作与所表述的诗歌主张之间存在的最大矛盾点集中于所谓"晚唐体"。戴复古作诗从晚唐五律入手，曾自道作诗甘苦，云"幼孤失学，胸中无千百字书，强课吟笔，如为商贾者乏资本，终不能致奇货也。又言作诗不可计迟速，每一得句，或经年而成篇"（戴复古，1985：卷首），可见"苦吟"五律乃是其本色当行。不过，他又屡次表达不屑晚唐之意，如《题东野农歌末》云"不学晚唐体，曾闻大雅音"。淳祐二年（1242）包恢序石屏诗后集，言"效晚唐体，如刻楮剪缯，妆点粘缀，仅得一花一叶之近似"，与古诗相比"犹黄钟之于瓦釜也"。戴复古《谢东倅包宏父三首癸卯夏》其一云：

> 诗文虽两途，理义归乎一。风骚凡几变，晚唐诸子出。
>
> 本朝师古学，六经为世用。诸公相羽翼，文章还正统。

诗意与包恢之说相合。

事实上，正如戴所作《祝二严》所言："小年学父诗，用心亦良苦。搜索空虚腹，缀辑艰辛语。"不用书典，依赖才情而苦吟成篇，这是戴复古与"姚贾""四灵"相近处，也是其诗优长或缺憾所自来。因此方回《跋戴石屏诗》云："早年读书少，故无事料。清健轻快，自成一家。在晚唐间，而无晚唐之纤陋。"（李修生：1999：195）钱钟书先生则云："石屏诗亦江湖派诗中之近晚唐体者，特才情较富，于小家中卓为雄长，终苦根据浅薄。"（钱钟书，2003：646）

作为江湖诗人，读书不多的戴复古依赖才气性情，"皇皇然行路万里，悲欢感触一发于诗"，这是与资书以为诗，以学问、议论为诗的江西派宋调最大的不同。戴复古实际的诗歌创作与其诗论主张存在矛盾之处，这一方面表明诗歌风气在半个世纪间有所变化：从庆元到嘉定初年，"姚贾""四灵"体五律盛行；发展到嘉熙、淳祐年间，"四灵"诗风的影响减弱，古体和七绝有所发展。另一方面也表明，戴复古自身的创作虽从五律入手，但随着其诗歌创作水平的提高和交游面的扩大受到了各方面的影响，其诗歌主张也不断发展变化，最后形成了一种比较中庸的态度，综合了多方面的观念。

三　戴复古的诗歌史意义

如果仅仅裁量戴复古个人的诗歌成就，则戴复古虽然跻身南宋名家，但一介布衣且并无为国为民的重大事迹，何以值得特别关注呢？特殊之处就在于戴复古是较早出现的江湖诗人。"江湖诗人"群体的出现是南宋中期以后的新现象，在这一诗歌发展转折和文学变革的关键时期，江湖诗人和"江湖体"诗驳杂多态，难以归纳特点和定义实质。戴复古的身份、生活方式、诗歌创作与观念的典型性为对江湖诗人及江湖体的研究、为观察这一群体及其创作的发展变化提供了一个起点和基准。

如前文所述，戴复古是典型的江湖诗人。拂去"诗歌艺术水准的高下，作诗目的是糊口还是求名"等表面现象，"江湖诗人"的核心实质可以抽象归纳为三点：一是身份；二是生存状态与活动方式；三是其身份的活动空间。

一个人的身份是什么，既关系个人的自我意识，也关系社会评价。倘若一个人以"致君尧舜"为职志、初心不改，那么即使他终身不遇，即使他作诗绝妙，他也并不会自我认同为诗人；相反，也有人身居高位却认为千首诗轻万户侯，投入很多心力在创作中，以诗人自许，但社会评价这种政治成就和地位较高的人，一般也不会强调他的诗人身份。成为"诗人"，必得如周必大所言"富贵不可致，择术复自苦"，如戴复古一般，自我意识与社会评价一致，方能成为"诗人"。

一个"诗人"可能游吟于道途，漂泊于地理概念意义上的真实江湖；也可能居住在地方，流落于文化概念所指的"江湖"之远，与庙堂相对。无论是这两种情况中的哪一种，无论是诗人的主观意愿还是客观条件的限制，都意味着诗人将自身从"三位一体"的士大夫群体中分化了出来，与政治权力疏离，在主流社会的地位跌落下移。事实上，最迟到嘉定初年，是官僚还是诗人——二者身份和社会地位间的区隔已是事实。这一点从楼钥《跋戴式之诗卷》中可以看得明白：

一日携大编访余，求一语。余于诗虽知好之，而不能工，老益废忘。无以答其意。夫诗能穷人，或谓惟穷然后工，笠泽称玉溪生是已。笑语之日，子惟能固穷，则诗愈高矣。余之言，顾何足为轩轾耶。

学诗难精，且无益于科举成功，所以在应举或业诗的选项中，诗人总被冷落。楼钥以参知政事的身份地位，当然清楚意识到自己是"达者"，也明确意识到诗人与入仕者人生异途，不过他对于戴敏"与世异好"、终穷不悔的选择抱有尊重。戴复古要求品题诗集，楼钥表达了推辞之意，说自己只是爱好而非专工，且年高不作，久已废忘。半个世纪以后，老年刘克庄面对更多的江湖诗人前来要求品题序跋，他的回应与楼钥惊人相似。刘克庄一再否认自己是诗人，说自己忙于起草词头制诰，久已不作诗了。他慷慨地把桂冠送与戴复古——"式之名为大诗人，然平生不得一字力"，这是非常耐人寻味的。无论作为"诗人"多么杰出，在世人眼中，"学而优则仕"，君子之"三立"先德行、次功业，再次才是"立言"，这是古代中国社会的主流价值观。因此，身为体制内精英的刘克庄也感慨戴复古未能向"立言"之上更进一步。

但是，从"诗人"这一方面来看，无论出于什么原因，他们毕竟接受了另一种价值观，即如戴复古所言："吟诗不换校书郎"（《思归》），"诗成胜得官"（《求安》），"分无功业书青史，或有诗名身后存"（《思归》），"风月生前梦，歌诗身后名"（《孙季蕃死诸朝士葬之于西湖之上》）。也许是为了追求诗歌艺术理想，也许是为了生前身后的诗名，即便是为了金钱财物以谋生也好，处在文人社会最外围、最边缘，有着平民出身和布衣身份的戴复古，也证明了不走仕途、离开官场，单做"诗人"这条路是行得通的。作为江湖诗人，他运用自身诗歌才能的方式和目的更加积极而明确："求名求利"。在场屋和仕途之外获得"诗人"的名声、得到达官贵人的馈赠，不仅仅是一种自我价值的确认，一种精神安慰和心理补偿，也实实在在发挥了诗歌在抒情言志、展现艺术美感之外的工具实用性。因此在戴复古之后，更有"诗料满天地，诗人满江湖，人人为诗，人人有集"的状况（刘克庄，2011：4539）。他的做法也开启了后来的江湖诗客干谒闻人、邀至浮誉之先河。

　　既然做了远离政治权力的"诗人","诗人"的活动空间也就发生了变化,这表现在两方面:一方面是诗人社会化,另一方面是诗人社会逐渐形成。追溯诗歌的本质和起源,是所谓"在心为志、发言为诗","情动于中而形于言"。对于作者来说,诗歌首先吟咏性情怀抱,是个人化、超功利的。从诗歌的社会功能来看,作为科举的敲门砖,文人又将诗才应用于讽谏和歌颂,服务于庙堂政治。而随着商业经济的发展,社会生活的领域和层次越来越丰富,在京城和农村之间,出现了很多城市;在个人与朝廷的政治关系之外,出现了更多的社会人际关系。"诗人"存身于社会,以诗歌作为与他人联结的纽带和依托,凭借诗歌获得社会认同、获得存在所需——包括价值感和钱物。"诗人"不再是超脱于世俗社会的人,诗歌也成了为人之学,这也是江湖诗人遭到士大夫批评的根源。

　　与此同时,随着以"诗人"为身份的人越来越多,通过诗歌传播,群体交游,诗人们联络得愈加密集,一个以诗歌为中心的社会空间也就逐渐形成。楼钥对戴复古说:"余之言,何足为轩轾",刘克庄对刘澜说:"诗必与诗人评",认为非"诗人"无评诗资格——这表明文人们已有专业领域意识,认为既然以"立功"为先,选择了官僚身份,就等于是自觉放弃了"诗人"身份,理应退出诗歌的专业领域。楼钥对戴复古还有所针砭:诗人要"固穷",诗歌才能"愈高"。在他之后的序跋者评价戴复古诗时,已不再联系人格,也渐少提及诗歌的社会教化功能,只是就诗歌艺术论诗。诗人专属社会空间的存在也吸引了更多人的加入,所谓"才能为里巷之咏,便自曰江湖之人"(姚勉《回张生去华求诗序》),虽然是贬斥之语,却也表明了事实。此前的江湖诗人研究往往会提到诗歌创作的专业化,或是诗人的职业化(这在宋代并未变成事实),其实都是以上述诗人社会化和诗人社会形成两方面的发展为基础的。

　　而因为晚宋正是诗人社会化和诗人社会形成的时期,相较于此前精英文人群体的诗歌成就,当时的江湖诗人群体的诗歌艺术平均水准是较低的,这一点毫无疑问。但是单纯褒贬江湖诗人群体的艺术成就其实并没有太大意义,关键在于归纳"江湖体"的特征,因为它关系到如何认识晚宋诗歌,以及宋元之际的诗歌嬗变轨迹。

　　江湖诗人如群分白小,来自社会各个地方、各个阶层。诗人个性不同、经历不同,读书多寡不同、学诗授受传统不同,艺术风格和水准必然也是驳杂不齐的。如果说江湖体有什么共性，当然首先是反映了晚宋时期的社会思潮如道学风气的影响。① 其次，从诗歌体式来看，受"四灵"影响，江湖体诗多从晚唐体五律入手。但是如果想进一步提升古体写作水平，则师法多方，可从中晚唐上溯至汉魏。钱钟书先生对此评论说："盖'四灵'不擅古体，学者欲为古体，须转益多师；近体则落其窠臼，入门不高。江湖派作者每如此，困于风气之害也。"（钱钟书，2003：712）

而谈到江湖体的风格，相对一致的评价就是"俗"。以戴复古诗为例，方回批评："石屏之诗，一言以蔽之，曰轻俗而已，盖根本浅也。"（方回，2005：841）钱钟书认为"石屏较为甜熟，且有伧鄙气"（钱钟书，2003：646）。"根本"之"浅"当然关乎读书多少，"轻俗""甜熟"大概是抒情写意、题材语言都近于世俗，缺乏深刻思索和用心。虽然山野林泉、风花雪月的自然景物和文人的逸韵清思仍是戴复古诗的重要题材，但较诸此前的诗歌，诗人更关注人与人的交接以及世俗社会的日常生活。戴复古诗涉及 351 名交游之人，交际应酬的诗歌数量保守计算也达到现存全部千余首的三分之一。他干谒官员时总是称颂其文章、吏能、仁心、功业，"一愿善调燮，二愿强加饭。三愿保太平，官职日九转"（《懒不作书急口令寄朝士》），善祷善颂；朋友生病则殷勤问候："石屏今老矣，梅屋病如何"，"共寻深处隐，此计莫蹉跎"（《寄梅屋赵季防县尉》）；朋友仕途不顺，即予以安慰："山林自台阁，文字即功勋"，"一官虽偃蹇，千载有知闻"（《寄栗斋巩仲至》）；朋友际遇坎坷便表同病相怜："红尘时在路，白发未离贫。吾辈浑如此，天公似不仁"（《寄沈庄可》）；对晚辈则殷殷叮咛、谆谆教诲："念尔衣裘薄，满怀风露悲"（《侄淑远游不得书》），"出门知所乡，在旅亦如归。道谊无穷达，文章有是非"（《送侄孙汝白往东嘉问讯陈叔方诸丈》）；贺人乔迁则曰"礼乐陈罇俎，诗书立户庭。一时勤卜筑，百世享康宁"（《侄孙子渊新居落成二首其一》）；贺人生子则曰"端的传书种，分明是福胎"（《侄孙景文多女贺其得雄》）；围绕对方的情况来着笔，无不细致妥帖，通情达理。写田园不再专注安宁恬适情趣，而是实写农家生活：诸如"深潴沤麻水，斜竖采桑梯。区别邻家鸭，群分各线鸡"

---

① 这一点其实并不局限于江湖诗人，钱钟书先生论及诗中"攀附洛、闽道学"，云"此乃南宋末年风气，不独虚谷为然，江湖派中人亦复如是"。下文言及"西江诗家已傍道学门墙"。（钱钟书，2003：712）

(《长汀寄李使君》)，"牛豕与人争径路"，"奔走儿童见客惊"（《石亭野老家》)，"雨后菜虫死，秋来花蝶稀"（《小畦》）等。写诗人自身处境也不仅是琴棋书画之闲雅、江湖漫浪之不羁，也有"堪笑江湖阻风客，却随蒿艾上朱门"（《扬州端午呈赵帅》）的尴尬羞赧，管教童仆"衣裳脱着勤收管，饮食烹鱼贵洁馨"（《僮约》）的琐屑叮咛。此外，由于毕竟是宋人，深受道学的影响，江湖诗人还爱思索、重议论，不免在诗中言理，但写就的不是士大夫参研佛、道，深刻思索后的哲学感悟、政治理念，而是处世的经验，议论世事人心和日常道理，如"一心似水惟平好，万事如棋不着高"（《饮中达观》），"坦途失脚溪山险，暗室萌心天地知"（《阅世其一》），"万事尽从忙里错，一心须向静中安"（《处世》）；也为国势日蹙时感忧心，但也知道"行藏两无策"（《无策》），"徒然成耿耿"（《有感》），终将"济世功名付豪杰"（《镇江别总领吴道夫侍郎……》），现实的做法是"隐居行素志，不负圣明君"（《侄孙亦龙作亭于小山之上》其三）。由此可知，江湖诗人的眼和口更多转向了世俗社会，江湖体诗歌的题材内容和表达方式更贴近日常生活。诗中表现的价值取向、情感和人格也并不一味追求卓越超拔。

诗人所写景物情事多是日常所处、所见、所感；所用字词句法，也多是常人所能道能解，既不像江西派那样用事用典，也不刻意追求用字造句的出奇脱俗。从汉语发展史来看，晚唐五代和宋元本是白话口语发展的两个关键时期。① 日本语言学家太田辰夫把汉语发展分为上古、中古、近古、近代、现代五段八期，把第五期唐五代、第六期宋元明同划入近古时段（太田辰夫，1991：2）。与语言学家的研究结果相印证，确实自中唐开始，口语白话就不断进入诗歌。杜甫多采俗语入古体，如爷娘、寡妇、鹅儿、狗儿、吃饭、肥肉、大酒等名词不断出现在他笔下，这被视为杜甫诗歌语言的一大特色。晚唐诗人为求诗语的新创，"以贾岛、罗隐、杜荀鹤为主，大量使用俚俗的白话入诗"（本丰田穰，1998：61），杜荀鹤《唐风集》中的诗语言极通俗，如"要知前路事，不及在家时""不觉里头成大汉，初看竹马作儿童"之句，前辈方之为"太公家教"（严有翼，1980：564）。从艺术创作的角度来看，俗字口语入诗，一方面能增加诗中情事的真实性

---

① 吕叔湘认为，"以晚唐五代为界，把汉语的历史分为古代汉语和近代汉语两个大的阶段是比较合适的。至于现代汉语，那只是近代汉语内部的一个分支"（吕叔湘，1985：序）。

和亲切感，另一方面也是为了追求诗语的陌生化效果，"有俗字更可映带益妍耳"（《唐音癸签》卷十一）。因此对于唐人来讲，诗中用俗语白话可被认为是一种自觉的艺术探索和追求。到晚宋，由于商业和都市的繁荣，社会生活极其丰富，很多新事物的出现，使得名词乃至各种词性的口语白话愈加发达。宋元以后，整个语法和词汇系统已经同现代汉语相差不远，这在杨万里的"诚斋体"诗中已经得到了体现。江湖诗人学"姚贾""四灵"体五律尚需精炼字句，而作古体和七言时，则常常不自觉滑入白话声口，如戴复古《咏梅投所知》："洁白无瑕美不娇，炯如珠玉粲林皋。独开残腊与时背，奄胜众芳其格高。欲启月宫休种桂，如何仙苑却栽桃。不将质量分优劣，痛饮花前读楚骚。"此诗无意用俗为雅，既不炼意，也不为求新求奇而雕琢字句，白话过多就造成了诗风的滑俚俗鄙。

值得注意的是，批评戴复古的多是后世论者，南宋的评者则并无贬斥其"俗"之微词，这其中虽然有人情的因素，但并不足以做完全的解释。只能说，这样的通俗诗风盛行而读者不觉，也有外在环境已经改变的原因。从诗歌写作者和接受者的身份来看，南宋社会受教育之人空前增多，何忠礼据嘉定三年（1210）吏部尚书章颖奏疏中所记载发解试士人的数量，估算全国应举之人达到六十万，"如果将全国应举和准备应举的读书人都统计在内，人数可能接近百万。至于受科举之风影响而读过书的人，更要多得多"（何忠礼，1990）。可见，有写作能力和阅读能力的人大大增多了，不过大多数只是社会中的普通人而已，相对于少数精英士大夫，他们的写作和阅读的动机与心态更接近常人，因此江湖体诗歌整体呈现通俗风格。

如贡布里希所言："人们不可能从零开始，必定要承袭某种整体观念，这种观念必定为人们提供一个出发点，即使人们会对它的真实性进行争论。……不过它仍是我们文化包袱的一部分。"（贡布里希，1991：295）晚唐体格卑，是宋人文学雅俗观念形成并强化后的评价，这表达了士大夫的人格观和文学观：人格决定诗格，二者都必须超脱于世俗。如果放下这个"文化的包袱"，也就不必特别贬斥江湖体的通俗。因为其代表了诗歌发展过程的另一侧面：宋代诗歌以去除晚唐五代的芜鄙之气开始，随着平民分享权力，文人占有知识，诗歌为精英文人专有，学诗者发展到"三熏三沐师黄太史氏，一语嗫不敢吐"的地步。到晚宋，祭司走下神坛、诗人撤出殿堂，漂泊于江湖、辗转于市井，融入世俗社会。超脱于对个人的品格节操、诗歌艺术雅俗的褒贬，在这个意义上看戴复古和江湖诗人，才能对他们的诗歌史意义予以公允、全面的评价。

参考文献

〔日〕太田辰夫（1991）：《汉语史通考》，江蓝生、白维国译，重庆出版社。

〔日〕本丰田穰（1998）：《中晚唐诗的二倾向》，转引自黄奕珍《宋代诗学中的晚唐观》，台北文津出版社有限公司。

〔英〕贡布里希（1991）：《理想与偶像：价值在历史和艺术中的地位》，范景中译，上海人民美术出版社。

陈耆卿（1990）：《嘉定赤城志》，《宋元方志丛刊》第七册，中华书局。

戴复古（1985）：《石屏诗集》，《四部丛刊续编》，上海书店。

——（2012）：《戴复古集》，吴茂云、郑伟荣校点，浙江大学出版社。

方回（2005）：《瀛奎律髓》，李庆甲集评校点，上海古籍出版社。

傅璇琮（1998）：《全宋诗》，北京大学出版社。

何忠礼（1990）：《科举制与宋代文化》，《历史研究》，（5）。

李修生（1999）：《全元文》，第七册，江苏古籍出版社。

刘克庄（2011）：《刘克庄集笺校》，辛更儒笺校，中华书局。

吕叔湘（1985）：《近代汉语指代词》，学林出版社。

钱锺书（2002）：《宋诗选注》，三联书店。

——（2003）：《容安馆札记》，商务印书馆。

唐圭璋（1985）：《全宋词》，中华书局。

王水照（2012）：《〈钱锺书手稿集·容安馆札记〉与南宋诗歌发展观》，《文学评论》，（1）。

严有翼（1980）：《艺苑雌黄》，载郭绍虞辑《宋诗话辑佚》，中华书局。

张继定（2003）：《石屏诗编选者及序跋作者考述（上）》，《浙江师范大学学报》，（6）。

——（2017）：《石屏诗编选者及序跋作者考述（下）》，《浙江师范大学学报》，（5）。

The Typical Image and the Significance
of Jiang Hu Poets
——Centered around Dai Fugu

Xiong Haiying

Abstract：Dai Fugu never took any official position throughout his lifetime, running around for fame and fortune as a Jiang Hu Poet. He becomes outstanding among Jiang Hu poets relying on his talent for regulated verse and classical poetry. His style is a combination of Yongjia and Jiangxi. There are contradictions between Dai's poetry creation achievement and the poetic theory, which not only shows the unique poetry atmosphere in the late Song Dynasty, but also indicates his theory combining multi-views. The emergence of "Jiang Hu poets" group is a new phenomenon after the mid-Song Dynasty. Dai and his poetry provided a starting point and benchmark for the study of "Jiang Hu poets" and "Jianghu style". "Jiang Hu poets" has three levels of meaning: identity, behavioral, social; and "Jianghu style" can be summarized from the subjects and the poetic forms. How to treat Dai and Jianghu poets is related to how to understand the evolution of the poems of the late Song Dynasty to the Yuan Dynasty. Only beyond the appraise of the moral compass and language style can we realize the historical significance of "Jiang Hu poets" in a fair and comprehensive way.

Keywords: Jiang Hu poets; Jiang Hu Style; Dai Fugu

About the Author: Xiong Haiying, Ph. D. , Professor at School of Chinese Language and Literature, Hubei University. Research interests and specialties: literature in the Song and Yuan Dynasties. Magnum opuses: *Literati Gatherings and Poetries in North Song Dynasty*, etc. E-mail: haizhiying31@ 163. com.

探究中国语言艺术奥义的词学研究

——寄语《词论的成立与发展——以张炎为中心》

内山精也[*]

摘 要: 近二十年来,日本对中国词学的研究取得较大进展,松尾肇子的《词论的成立与发展——以张炎为中心》是重要成果之一。该书有九章,研究内容包括《词源》编纂意图、当时的语言环境、理论构建与同时代词人创作实践之间的关系,分析张炎词论的关键词"清空"的要义,总结《词源》在文学史上的地位及其特征,考证《词源》历代版本系统等。张炎和被他奉为典范的姜夔属于晚宋时期的"职业词人",不同于"士大夫词人",他们依赖权贵精英的支持,以作词为业,提升了词的文化艺术品位。张炎的《词源》即在此背景下产生,其代表性的"雅词"主张融入江南文人精英的审美传统,经历元明时期,在清朝焕发新生,影响延续到 20 世纪初。

关键词: 雅词 张炎 词论 松尾肇子

当今的日本,喜欢中国古典文学的人可能大多知道"汉诗",但除此之外并不清楚中国还有其他为众人所喜爱的传统诗歌形式,比如"词"。词是在 11 世纪至 13 世纪的宋代流行起来的歌辞文学。举个最通俗的例子:苏东坡的《水调歌头》(明月几时有)这首词就十分流行,学历在初中以上的中国人几乎无人不晓,并且大多能哼唱几句。一千年前的古典诗歌为现代人哼唱的情景也许很难让人立刻相信,但这样的奇迹在当今中国确有

---

* 内山精也,博士,日本早稻田大学教育与综合科学学术院教授。研究方向为宋元文学,代表作为《苏轼诗研究——宋代士大夫诗人之构造》。电子邮箱: neishan@ waseda. jp。

发生。不过更准确地说，他们所唱的并非一千年前的调子，而是现代改编的流行歌曲。由于颇受欢迎，近几十年来领导中国流行乐坛的两位歌后邓丽君、王菲先后演唱过这首歌，且其中对于苏东坡所作歌词并未改动。因此，千年前的古典为现代人所哼唱这一说法并无丝毫夸张。另外，初高中语文教科书里也有许多"词"，有不少作品的知名度和日本的"百人一首"相当。正如"唐诗宋词"所概括的，当今中国，"词"被普遍认为是代表南北两宋时期约三个世纪的诗歌形式。

虽然"词"对当代中国人来说并不陌生，但熟知这一诗歌形式的日本人很少。汉文教科书上几乎没有"词"作品，因此担当日中交流者的青年一代大多不知其存在，这与日本缺乏鉴赏、创作"词"的历史背景有关。笔者既喜爱"诗"又喜爱"词"，对青年一代只能接触到二者之一的现状的确颇觉遗憾。"诗"与"词"，在中国文学抒情传统中的功能和表现存在着微妙差异。同为汉字创作的古典诗歌，尽管难以在两者间划分明确的界限，但笼统而言，二者给人的印象是刚与柔、显与隐、公与私、志与情、男与女……大相径庭的。比较起来，"诗"多直抒胸臆，诗人和诗歌之间易于建立起对应的联系，"词"一般不直接抒发情志，而长于以细腻的笔触描写缠绵之思，将缱绻之情融入作品整体的情调中进行表达。后者原本是写给乐坊歌妓演唱的歌词，所以作品和作者在最初也并不直接相关。这样看来，"诗"与"词"一方面有相近相通的地方，另一方面又保持着很好的对照性，分别在中国诗歌史上烙印下不同的抒情传统。因此，要更加深入、完整地把握当代中国人的语言感受和审美意识，笔者认为增加对"词"的理解是不可或缺的。

当然，普通读者对宋词作品的认知程度可暂置不论。其实词学研究方面，日本在战后也取得了一定成果，尤其是最近十多年来发展迅猛。先是日本近代词学研究的先锋村上哲见氏被授予日本学士院奖·恩赐奖，这可被视为日本词学研究繁荣发展的象征。更早之前，作为学界中坚力量的年轻研究者成立了一个研究组织——宋词研究会，并创办了雅名"风絮"的专业杂志，每年出版一期，从2004年至今未曾间断。而在该研究会成立之前，全国同好之士共同着手翻译了词学理论著作《词源》，并加以详细校注，以《宋代词论》之名问世（中国书店，2004年3月）。其他的单行本概论书和研究著作也有不少。

松尾肇子氏近期出版了新作《词论的成立与发展——以张炎为中心》。此一新成果，标志着日本的词学研究已逐步进入平稳发展期。细想近十几年间词学发展的进程，始终伴随着松尾氏奋斗的身影。她师事村上哲见氏，饱受熏陶，又勤奋钻研，除自己不断发表研究成果之外，还积极联络散布日本各地的同好，引导跨年龄层和跨地域的研究组织步入正轨，贡献实多。在运营研究会、发行会刊以及词学著作的译注出版等方面，松尾氏都担当了骨干，始终默默出力。

松尾氏的著作与其《词源》合译本互为表里、关系密切，结合起来阅读有助于加深对词学的理解。可以说，在日本今后的词学研究中，这两部著作是不容忽视的。自师从村上哲见氏的研究生时代开始，松尾氏在大约四分之一的世纪里始终与张炎的《词源》相伴而行。这本书是松尾氏倾注多年心血完成的力作，由以下九章和两篇附论构成。

序章　词论的确立

第一章　《词源》和《乐府指迷》

第二章　关于《词源》的结构

第三章　"清空"说探讨

第四章　咏物的文学

第五章　抒情的表达方式

第六章　姜夔的乐论和南宋末的词乐

第七章　关于《词源》诸版本

第八章　从文艺论看张炎词论的接受

附论一　李清照像的变迁——围绕两次婚姻

附论二　王昭君考——古代典籍中的汉族女性形象

除了从女性主义学说的视点撰写的两篇附论，其余各章节全是直接与《词源》相关的研究。序章中讨论了对"词"的批评，评论始于何时，又经过怎样的发展最终汇集为《词源》的过程。终章讨论了《词源》对后世的影响，正好与序章内容形成呼应，通读此两章便能了解《词源》在文学史上的地位及其特征。

第一章，作者将《词源》和另一部同样完成于宋末元初的词学理论书

《乐府指迷》进行比较，通过详述二者的异同，凸显了《词源》及其作者张炎的独特词学观。当然，在这本书收录的诸篇论文中，这一篇属于完成时间最早的基础研究。由"后序"可知，松尾氏的《词源》研究顺序与这本书的篇章排列顺序相同，是以这一篇论文为肇始的。

《词源》由论述音乐理论的上卷和论述词的文体理论的下卷构成。在这本书的第二章，作者即论述了《词源》的编纂意图和当时张炎所处的语言环境。关于后者，作者着眼于《词源》下卷中口语表达增多的现象，推论这是张炎当时结成词社，为同人作讲义的痕迹。《词源》的词学主张，其核心关键词是"清空"。因此，作者在第三章就通过用例分析，将"清空"的要义简明扼要地呈现出来。第四、第五两章则分析了张炎同时代的词作范例，具体论述了张的理论构建与同时代词人的创作实践之间存在何种关系。

第三章到第五章的内容主要是与《词源》下卷有关的表达方式论。而第六章的内容则对应于上卷的音乐论。姜夔是张炎极为仰慕的南宋后期词人，他不但专精于作词，也擅长作曲（其《白石道人歌曲》中有一部分附有乐谱，近年来有人尝试着解读，希望还原并演奏其曲）。不过，由于当时的乐曲流传无几，因此姜夔提倡的雅乐在其时的词乐界中处于何种地位无法确知。但作者已尽可能地从姜留下的文字中探幽发微，并且就其雅乐论是如何为《词源》纳入容摄的这一问题进行了探讨。在第七章中，作者考证了《词源》的历代版本及相互影响。

以上是对松尾氏新著的简单介绍。近十几年与松尾氏一道一直支撑着日本词学发展的荻原正树氏已从词学研究的特定立场出发撰写了专业的书评（立命馆大学中国艺文学会《学林》第49号），敬请参考。在余下篇幅里，笔者就《词源》所讨论的"雅词"在中国语言艺术中具何种特征和意义略陈管见，希望在这部新著和普通读者之间架起一座桥梁。

"词"作为一种文体的总称，其所涉及的具体作品的风格和内容还是存在很大不同的。按照村上哲见氏的分类，宋词可分为"士大夫之词"和"职业文人之词"两类（《宋词研究南宋篇》第一章"综论"，2006年12月）。"士大夫"指经由科举选拔而成为官僚的士人，在宋代作为传统文化的正统继承者，在文坛发挥着引领作用。而《词源》的作者张炎是属于后者一脉的文人，被他视为典范的姜夔也是南宋职业文人。士大夫和职业文人都对"词"的发展和流行做出了巨大贡献。为了让"词"登上传统文化殿堂，他们殚精竭虑地锤炼语言，塑造了更加典雅的文体。但普遍而言，"士大夫"的本职终究是政治，文学创作对他们而言并不是最重要的。当然，他们也常常需要进行文学创作，但社会所要求于他们的创作能力主要在更传统的文体——诗与文，而不是词。也就是说，他们中的大多数人都是优秀的业余"词"作者。

与士大夫相反，对姜夔和张炎这样的职业文人来说，他们以"词"谋生，并赖之以确认自己的身份。虽然士大夫也在歌词创作方面倾注了相当大的精力，但他们往往不在意乐曲。职业文人则通晓音乐，有人甚至会亲自作曲。他们不光对歌词进行推敲，在曲调方面也毫不马虎，创作歌词的同时也追求词与曲的和谐。文章开头介绍了苏东坡的例子，但实质上，后世批评家曾以为苏东坡的词与旋律不和。说到底，在职业文人苛刻的眼光里，伟大的苏东坡也不过是一个业余词人。

张炎和姜夔所标榜的"雅词"来源于北宋徽宗时期的雅乐。众所周知，徽宗是亡国之君，但其在文化方面则是将北宋贵族宫廷文化提升至纯熟之境的人物。随着北宋灭亡，这种宫廷文化一时间也烟消云散。王室辗转逃到江南，在浙江杭州建起皇宫。南渡之初，由于与异族交战，国家经常处于紧张状态。随着非常事态成为日常，胶着状态持续，皇室成员和部分权贵逐渐沉迷于享乐而逃避现实。以姜夔为首的一群职业文人，大多与权贵相交甚笃，他们直接影响了贵族阶层的趣味。暂且将道德判断放在一边，我们可以看到，在提升文化艺术品位方面，常常出现权贵们的身影，有他们作为无偿支持者，则结果往往是文化艺术水平被推到了新的高度。因此，张炎在《词源》中所提倡的"雅词"，可以被视为是在以皇室和权贵为中心的南宋精英文化背景下产生的，此类作品雅趣盎然，堪称展现了其时语言文化之精粹。

更重要的是，雅词一派的文化主张并未随着宋王朝覆灭而消逝，而是融入了江南士人的精英文化当中，在元明时期余脉犹存，并于清朝绽放一时。在汇聚天下财富的清朝江南地区，作为文人表达审美意识的诗歌，"雅词"重获关注，并被注入了新的生命力。清朝的江南文人或许将《词源》常置于座右，以此为教科书，这展现了语言世界里的文人式贵族趣味。这个传统一直持续到 20 世纪初的民国初期，可以说已完全融入了江南文人的血脉。

　　总而言之，如果想要了解从宋到清的中国文人精英的语言文化传统，松尾氏的这部研究《词源》的著作间接为我们提供了不可或缺的重要视点。这种传统在当今中国也并未完全消逝，在与日本一样商业大众文化全盛的中国，"词"随机应变，不绝其形，化身为中国流行乐的苏东坡的《水调歌头》便是绝佳例子。近年来，中国宋代文学学会对"雅词"也报以高度关注，青年研究者的相关论著不断刊发。笔者从相识的学者处听闻，姜夔和吴文英的词在女大学生中颇受欢迎，看来"词"和"雅词"对于当今中国那些年轻的精神贵族仍然有着持续的吸引力。

　　那么，不妨借由松尾氏的《词源》研究去接触和理解这种古老的语言文化精华吧，如此定能遨游于与"汉诗"风格迥异，充满崭新感觉的诗歌世界，也许在某个瞬间还能一窥中国语言文化之奥义呢！

A Study of Ci to Explore the Artistry of Chinese Language Art

——Writing for *The Establishment and Development of Ci*
——*Centered around Zhang Yan*

Uchiyama Seiya

Abstract: In the past twenty years, Japan has made great progress in the study of Chinese Ci. One of the important achievements is *The Establishment and Development of Ci*——*Centered around Zhang Yan* by Matsuo Hatsuko. There are nine chapters in this research, which include the compiling intention of *Ci Yuan*, the language environment at that time, the relationship between its theoretical construction and creation of contemporary poets. This paper analyzes the essence of the keyword "Qing Kong" in Zhang Yan's ci theory, summarizes the status and characteristics of *Ci Yuan* in the history of literature, and studies the system of versions of *Ci Yuan*. Different from "scholar-bureaucrat poet", Zhang Yan and his model Jiang Kui were professional poets appearing in the late Song dynasty. They relied on the support of the dignitary, making a living by poetry, and improved the cultural and artistic taste of the word. *Ci Yuan* came into being in this context, and Zhang's "Elegant Ci" advocated the integration into the aesthetic tradition of Jiangnan literati elites. About 400 years later, "Elegant Ci" gained vitality again in the Qing dynasty, and the influence continued to the early 20th century.

Keywords：Elegance Ci; Zhang Yan; Ci theory; Matsuo Hatsuko

About the Author：Uchiyama Seiya, Ph. D. , Professor atDepartment of Education, WasedaUniversity. Research interests and specialties：literature in the Song and Yuan Dynasties. Magnum opuses：*A Study of Su Shi's poems-The Structure of Scholar-Bureaucrat Poets in the Song Dynasty*, etc. E-mail：neishan@ waseda. jp.

论钱钟书的隐喻观

刘　涛[*]

摘　要：隐喻是钱钟书著述的核心论题之一。钱钟书对认知隐喻的论说与西方认知语言学有许多相合之处，但在时间上要明显早于后者。他认为隐喻是人类认知世界的一种基本方式，某些哲学概念和思想系统就建立在隐喻之上。隐喻既是文学语言的基本成分，也是说理文中一种重要的致知工具。钱钟书对隐喻内在机制的分析明显受到亚里士多德、理查兹以及中国传统典籍的影响。他将隐喻的"两柄"与"多边"结合在一起，并将各种复杂的情况分类论说，其中蕴涵了重要的学术创见。

关键词：钱钟书　隐喻　认知语言学　亚里士多德　理查兹　两柄与多边

基金项目：教育部人文社科青年基金项目"多维视野中的钱钟书文学语言论"（14YJC751025）；博士后基金资助项目"钱钟书的中国古典文论研究与民国学术"（2016M592355）

比喻是钱钟书著述中论说最多的核心论题之一。从早年的《说"回家"》《谈艺录》到中年的《宋诗选注》和晚年的《管锥编》，钱钟书都用了大量的篇幅来专门论述比喻。钱钟书不仅有大量对于比喻的理论分析，而且也有丰富的创作实践，将擅用比喻的才能发挥得淋漓尽致，可谓"妙喻连珠"。钱钟书所谓"比喻"，一方面当然是指传统修辞学意义上的"比喻"，另一方面则又切近西方认知语言学中"认知隐喻"（cognitive meta-

---

* 刘涛，文学博士，华中师范大学文学院讲师，主要从事文学理论基础问题和钱钟书著作的研究工作，代表论文有《论钱钟书的神韵观——兼与曹顺庆先生商榷》《揭秘与去蔽：钱钟书视域中的神秘主义言说模式》等。电子邮箱：ltccnu@126.com。

phor）这一概念。对于前者，近几十年来已经有很多文章讨论过；对于后者，近十余年来也有少数几位学者关注过。然而，目前学界对于钱氏隐喻思想的理论来源，或许梳理得还不够细致；对于其理论贡献，可能还存在一些争议。本文将尝试从认知语言学的角度来对钱钟书的隐喻观做初步的分析，追溯其理论来源并挖掘其学术创见。

一　无所不在的隐喻

从传统修辞学的角度而言，隐喻（metaphor）是指某种与其字面意义不符的表达式。隐喻普遍存在于日常语言和文学语言之中，常常仅被看作一种修辞格，与我们的思想和行为关系不大。认知隐喻理论则认为"隐喻在人类语言和认知中起必不可少的作用，各种形式的语言活动，包括日常会话，都是通过隐喻来体现世界观的（'概念隐喻'）"（克里斯特尔，2000：63）。在西方学术界，这种看法从20世纪80年代开始便受到广泛的关注。其实，钱钟书在1937年写的一篇文章中就表达过类似的看法：

> 其实一切科学、文学、哲学、宇宙观的观念，无不根源于移情作用。我们对于世界的认识，不过是一种比喻的、象征的、像煞有介事（alsob）、诗意的认识。用一个粗浅的比喻，好像小孩子要看镜子的光明，却在光明里发现了自己。人类最初把自己沁透了世界，把心钻进了物，建设了范畴概念；这许多概念慢慢地变硬变定，失掉本来的人性，仿佛鱼化了石。到自然科学发达，思想家把初民的认识方法翻了过来，把物来统治心，把鱼化石的科学概念来压塞养鱼的活水。（钱钟书，2007a：66）

这段论述表明，移情是人类认识世界的原初方式，而隐喻是移情作用的一种具体体现，因而隐喻应被视为一种基本的思维方式。这种观念在他后来的著述中又反复出现。《周易·说卦》："乾为天，为圜，为君，为父，为玉、为金，为寒，为冰，为大赤，为良马，为老马，为瘠马，为驳马，为木果。坤为地，为母，为布，为釜，为吝啬，为均，为子，为母牛，为大舆，为文，为众，为柄。"此处将天与父、地与母并举而分乾坤、阴阳，实为一种将男女、雌雄扩而充之的比喻的、诗意的认识，并引譬连类而旁及其他事物。钱氏指出："按此等拟象，各国或同或异。坤之为母，则西方亦有地媪之目，德国谈艺名家早云，古今语言中以地为阴性名词，图像作女人身。"（钱钟书，2007b：96）此等拟象并不仅限于《说卦》，"吾国旧说，于虹、雷、岁、月、草、木、金、石之类，皆分辨雌雄"（钱钟书，2007b：1394）。确切地说，这种将天地事物分阴阳雌雄的思维方式其实是一种"近取诸身"的隐喻思维的具体应用。

钱钟书指出，日常生活中的概念思维具有隐喻性的本质。例如，人类的时间观念建立在空间观念的基础上，所以我们会用描述空间的词汇来隐喻时间关系。"时间体验，难落言诠，故著语每假空间以示之，强将无广袤者说成有幅度，若'往日'、'来年'、'前朝'、'后夕'、'远世'、'近代'之类，莫非以空间概念用于时间关系，各国语文皆然。"（钱钟书，2007b：287）"前"与"后"、"往"与"来"词义相反而常常可以互训："前"可指过去（"前事不忘，后事之师""从前"），也可指未来（"江湖远适无前期""向前看"）；"后"可指未来（"后会有期""后来"），也可指过去（"银河半隐，玉蟾高挂，已觉炎光向后"）。"往"与"来"皆可指过去，也存在与上文类似的情况。钱钟书认为这种现象与我们的思维方式有关："自古溯游下至于今则为'来'，自今溯洄上及于古则为'往'，而皆可曰'向'。均一事之殊观或一物之两柄也。"（钱钟书，2007b：94）再如，古今典籍常将"战（争）"与"（游）戏"互为隐喻。"诸凡竞技能、较短长之事，古今多称曰'戏'，非止角觝；故曰博塞之戏，曰奕戏，曰叶子戏，曰酒令猜拳之戏，曰马将牌戏，曰赛球之戏。又以其判输赢，犹战斗之分胜负也，亦莫不可谓为'战'或'斗'：'棋战'、'斗牌'、'拇战'、'雀战'、'球战'，以至'茗战'、'文战'，比比皆是。"（钱钟书，2007b：319～320）表面看来，"战"与"戏"皆分胜负，故可以互为隐喻。"盖战与戏每为一事，特所从言之异路尔。危词耸说，戏亦战也；轻描淡写，战即戏也。当局者'性命相扑'，战也；旁观者'云端里看厮杀'，戏也。"（钱钟书，2007b：320）然而，二者互为隐喻更深层的原因在于事理相通："战"与"戏""取喻与本事之角度距离（metaphorical angle）逼而欲合、小而若无"（钱钟书，2007b：323），故"心理转易，语言遂可即可离"（钱钟书，2007b：321）。又如，中国古人将"弈棋"拟之

103

兵法、战阵，傅玄又将人生比作"弈棋"。傅玄《傅子》曰："人之涉世，譬如弈棋；苟不尽道，谁无死地，但不幸耳。"这些比喻背后的逻辑就是"弈棋"可通于"战争"，而"人生"亦可通于"战争"（钱钟书，2007b：1799）。在增订《七缀集》和《管锥编》时，钱钟书提到了莱考夫、约翰逊的《我们赖以生存的隐喻》（1980），然而钱氏提出上述观点的时间要明显早于后者。

《我们赖以生存的隐喻》是认知语言学隐喻系统研究领域的一部力作，在西方学界影响很大，国内学界近些年也引进并翻译了这本书。该书认为隐喻在我们的日常生活中无所不在。它不仅存在于语言中，还直接参与人类的认知过程。"我们借以思考和行动的普通的概念系统（conceptual system），从本质上是隐喻性的。"（Lakoff & Johnson，1980：3）我们此前可能没有意识到这个问题，但是我们的思考方式、行为方式和日常活动大多是在隐喻模式中进行的。例如，人类将空间概念施于时间体验，产生了"方位隐喻"："时间是一个移动的物体"（Time is a moving object）（Lakoff & Johnson，1980：43）。钱钟书后来注意到了这些观点，并征引原文来佐证自己此前的说法。"就人心之思感而言，未来为瞻之在'前'者，已往为顾之在'后'者，故忆曰'回'而望曰'期'；就时间之迁流而言，则已往居于'前'，未来续在'后'，序次晋然。直所从言之异路耳。"（钱钟书，2007b：94~95）再如，我们在概念系统中会认为"辩论是战争"（Lakoff & Johnson，1980：4），因此会说"你的论断并非无懈可击"，"他攻击了我论辩中的每一个弱点"，"他的批评正中目标"，"我从来没赢过一场辩论"，等等。其中，"无懈可击""攻击弱点""正中目标""赢"等说法都与战争隐喻相关。我们不妨把战争隐喻的范围扩大到日常生活中。比如"统一战线"，"在思想战线上，党的作用不容忽视"，"不要轻易放弃思想工作的阵地"，"考生们进入了临战状态"，"美国队昨天败下阵来"，"科学的堡垒很难攻破"，"全国人民打赢了抗击非典的战役"等诸种说法，实际上都暗含了战争隐喻。又如，我们还会把生命看成一段旅程，有起点也有终点。当某人去世了，英语会说"他走了"（He's gone），"他离开了我们"（He's left us），"他去了很远的地方"（He's gone to the great beyond）；汉语也会说"他离世了"，"他走到了生命的终点"，比较文雅的说法则是"他驾鹤西去了"，"他邃归道山了"。当某人的生命历程布满艰难困苦，我们会说"他的人生道路很坎坷"。其中，"终点"和"道路"的说法都与旅程的隐喻有关（Lakoff & Turner，1989：1～3）。这些隐喻被称作"死的隐喻"，我们对它们太熟悉了，以至于忘记了它们原本是隐喻。如果我们能摆脱"尊西人若帝天，视西籍如神圣"的观念，就会对钱钟书提出的这些理论刮目相看。

"比喻正是文学语言的特点"（钱钟书，2007c：45），比喻也是文学语言的基本成分。然而，在注重说理的哲学和思想著作中，我们也常常见到隐喻。先秦典籍如《周易》《老子》《论语》《孟子》中可以见到各式各样的隐喻。事实上，隐喻是先秦诸子说理论道的一种必不可少的方式。讲究名辨的墨子主张"异类不比"，却也"和大大小小的理论家一样，常常受不了亲手制造的理论的束缚"，无法避免在著作中使用比喻。古希腊思想家如柏拉图、亚里士多德等人的作品中也有不少著名的比喻。素以严谨著称的康德在《纯粹理性批判》的序言中，竟然也用了不少生动的隐喻："曾经有一个时候，形而上学被称为一切科学的女王"，"怀疑论者类似于游牧民族，他们憎恶一切地面的牢固建筑，便时时来拆散市民的联盟"，"现在我走上了这条唯一尚未勘察的道路"（康德，2004：1～2；Cazeaux，2007）。钱钟书的《说"回家"》（1947）认为"回家"是一个中西共有的比喻。"中国古代思想家，尤其是道家和禅宗，每逢思辩得到结论，心灵的追求达到目的，就把'回家'作为比喻，例如'归根复本'、'自家田地'、'穷子认家门'等等。……像'客慧'、'客尘'这些名词，也是从'回家'这个比喻上生发而出；作客就是有家不归或者无家可归，换句话说，思想还未彻底，还没有真知灼见。"（钱钟书，2007a：18）"回家"以隐喻的形式出现的例子在中国的古书中不胜枚举，在西方神秘主义那里也是个基本的概念。这一中西比喻的重叠并非偶然的巧合，因为这个贴切的比喻"表示出人类思想和推理时一种实在的境界"（钱钟书，2007a：19）。他进一步指出："许多思想系统实际都建立在比喻上面，例如中庸的'中'，潜意识的'潜'等等。"（钱钟书，2007a：21）这里顺带举一个例子。"主观"和"客观"是哲学中常用的一对术语，但"主—客"的分别难道不是来自隐喻吗？关于隐喻与思想的关系，钱钟书在 *The Return of the Native*（1947）一文中说：

根据霍布斯、洛克、里德，甚至柯勒律治的看法，机智是一种知性的力量（wit is an intellectual power）。像机敏的猎狗一样，它能够迅速地把握不同事物之间的相同点。这种能力与创造隐喻（metaphor）的才能是相似的，亚里士多德把后者看作是诗人创造力最确切的标志之一。诗歌由隐喻构成，这可能证明了哲学家的失败，然而许多哲学系统的产生也不过是某个隐喻的充类至尽而已（a metaphor worked to exhaustion）。致力于思想艺术的严肃作家们一直非常警惕图像思维的危险（the danger of picture-thinking）和推理中隐喻、类比的滥用。通过一种隐蔽的思维手段，思想家常常把两种事物或境况的并置转变为一个对另一个的替换。这一手段在诗歌意象（poetic imagery）的生成过程中可能是合法的——看看玄学派诗人的许多巧思妙喻（many conceits）和艾迪生所说的混合机智（mixed wit）。然而在哲学中，比喻不足为证（comparaisonn'est pas raison），而且隐喻介入（interference by metaphor）的有效性非常令人怀疑。（钱钟书，2005：350）

这段话中有几点值得注意：第一，隐喻与类比有密切关系，隐喻是类比思维的一种不合逻辑的运用；第二，在严谨的逻辑推理中，隐喻不足为证，滥用隐喻会导致逻辑错误；第三，哲学家创造的哲学系统可能是由隐喻生发出来的，因此隐喻也是哲学思辨的一种方式。当代哲学家德里达在其著作《哲学的边缘》（*Margins of Philosophy*，1972）中也认为哲学概念具有隐喻的性质，哲学不可能使自己摆脱隐喻（张隆溪，2006：51~59）。与德里达不同，钱钟书认为哲学中的隐喻仅仅是一种说理的工具，一个比喻无论如何贴切，它终归只是比喻。"思想家的危险就是给比喻诱惑得忘记了被比喻的原物，把比喻上生发出来的理论认为适用于被比喻的原物。这等于犯了禅宗所反复警告的'认权作实'，'死在句下'，或方法论者所戒忌的把'假如'认作'真知'。"（钱钟书，2007a：21）所以，隐喻只能是一种说理致知的工具，在哲学领域不具有本体论的地位（刘涛，2016）。

对于在非文学的说理著作中使用比喻的原因，钱钟书解释说："理赜义玄，说理陈义者取譬于近，假象于实，以为研几探微之津逮，释氏所谓权宜方便也。古今说理，比比皆然。甚或张皇幽渺，云义理之博大创辟者，每生于新喻妙譬，至以譬喻为致知之具、穷理之阶，其喧宾夺主耶？

抑移的就矢也!"（钱钟书，2007b：20）这段话包含了两层意思：第一，深奥玄妙的道理无法直接说出，则须"立象以尽意"，即将形象化的隐喻作为致知穷理的工具；第二，某些博大的义理源自对譬喻的发挥，这不是喧宾夺主，而是手段僭夺了目的。

二　隐喻的内在机制

古往今来，中外学者对"隐喻"的理解不尽相同、各有侧重。西方学术界自亚里士多德至今对于"隐喻"的性质的认识大概分为四种：替代论（亚里士多德）、比较论（亚里士多德）、互动论（I. A. 理查兹）和创新论（布莱克）。鉴于问题本身的复杂性，此处只选取两位（事实上有很多位）对钱钟书产生明显影响的理论家亚里士多德和理查兹的隐喻理论来做参照，并兼而谈及佛教中"引喻取分"的观点。

亚里士多德是西方最早从修辞角度全面论述隐喻问题的学者。他的语言修辞观在 20 世纪之前一直占据着统治地位。在《诗学》第 21 章中，亚氏将隐喻定义为："用一个表示某物的词借喻他物，这个词便成了隐喻词，其应用范围包括以属喻种、以种喻属、以种喻种和彼此类推。"（亚里士多德，1999：149）这个定义包含以下几层意思：隐喻是一种词语之间意义的转移和替代；隐喻的功能主要限于对词的命名；隐喻依词义转移的方向可分为四大类（束定芳，1996：13）。亚氏认为隐喻的主要特点是：第一，隐喻具有"谜语"的性质，本体和喻体之间必有相似之处，也必须要有差异。"隐喻应当来自与原事物有固有关系的事物，但这种关系又不能太明显，就好像是在哲学中一样，只有眼光敏锐之人才能看出相距甚远的事物之间的相似来。"（亚里士多德，1997：522）也就是说，用来作比的两个事物差异越大，比喻就越新奇；反之，比喻的吸引力就要减小。第二，隐喻具有"生动性"，能够使听话者仿佛亲眼看到某件事物。第三，不同的隐喻可以用来描述同一个事物，其效果和使用动机有一定的差异。隐喻的功能在于"使用语变得明晰、令人愉快和耳目一新"（亚里士多德，1997：498）。总的说来，亚氏对于隐喻持"替代论"和"比较论"，将隐喻仅视作一种修辞手法。

20 世纪的学者们对亚里士多德的隐喻理论提出了质疑和批评。理查兹

"突破了传统修辞学将隐喻仅仅作为一种辞格来研究的局限，提出了人类思想和行为的隐喻性的概念，并对隐喻陈述的结构进行了详尽的分析，提出了隐喻研究中著名的'互相作用理论'，奠定了其在隐喻研究史上无可替代的历史地位"（束定芳，1997：24）。理查兹在《修辞哲学》的"隐喻"部分首先批评了亚里士多德"能制造好的隐喻意味着有一双能发现相似性的眼睛"的说法，也批评了仅将隐喻看作一种修辞技巧的观点。他认为：第一，隐喻无所不在，不仅是一种语言现象，更是一种思维方式。我们在日常交往中所使用的语言中，平均每三句话就有一个隐喻。即使是在确定性科学（the settled sciences）所使用的严谨语言中，我们要想彻底清除或拒绝使用隐喻，也会面临巨大的困难。在一些半技术性的学科（the semi-technicalised subjects），如美学、政治学、社会学、伦理学、心理学、语言学中，我们遇到的最主要的困难也是寻求如何使用隐喻，去探索我们意想中确定的词怎样转移了它们的意义（Richards，1936：92）。第二，隐喻意义的产生有赖于本体和喻体的互相影响、互相启示，这就是所谓的"互动论"。理查兹认为隐喻是本体（tenor，也被译作喻旨）和喻体（vehicle）相互作用而构成的特殊语言现象，本体和喻体的相似性被称作"喻底"（ground）。因此，要确定句子中是使用了一个词的字面义还是其隐喻义，并无一成不变的规则。当本体和喻体通过相互作用形成了一种包容性的意义（an inclusive meaning）时，我们便可以确定该词被用作隐喻。如果无法将本体和喻体区分开来，那么我们就可以临时认定该词用的是其字面意义；如果我们可以区分出至少两种相互作用的意义，我们就说它是隐喻（Richards，1936：119）。[①] 第三，隐喻作用的发挥来自本体与喻体之间的张力。"放在一起的两个东西相距越远，产生的张力当然越大。这种张力就像弓的弦，是发射能量的源泉，但是我们不应当把弓的力量误以为是娴熟的射箭技巧，或者是对目标的苛求。"（Richards，1936：125）这里，理查兹已经在用隐喻说明道理了。本体与喻体之间的种种不同之处使得两者的相同之处被反衬得分外夺目，同与异之间的巨大反差产生了有效的张力。

理查兹隐喻理论的贡献在于："（1）拓宽了对隐喻本质理解的视野。把语言中的隐喻看作是思想和行为的派生物。（2）强调了隐喻意义产生的

---

① 按：上文中的一些术语参照了束定芳的译文（束定芳，1997：24），并据原文有所改动。

方式和过程，把隐喻意义与语境密切联系了起来。(3) 把隐喻作为一种述谓现象，使得我们得以从句子层次来理解隐喻的特点。"(束定芳，1997：26) 理查兹的隐喻理论在新批评流派中占有重要的地位，布鲁克斯曾说："我们可以用一句话来总结现代诗歌的技巧：重新发现隐喻并充分运用隐喻。"(赵毅衡，1988：351)

对"隐喻"性质的各种界说又影响到学者们对隐喻作用的认识。"在这场持久的理论拔河赛中，形成两个对立的阵营。一方认为隐喻的基本作用是组织我们的概念系统，以认知为中心；另一方认为隐喻仅起变异的效应，在隐喻理解中仅起到妆饰和情感作用。"(胡壮麟，2004：17) 亚里士多德的隐喻理论可归入后者，而理查兹的隐喻理论可归入前者。钱钟书的比喻理论对两者皆有所借重。钱钟书多次引述亚氏的《修辞术》，也曾直接借用过理查兹对本体与喻体的划分 (钱钟书，2007b：903)。① 从他对隐喻问题的论述来看，二者的影响是显而易见的。

钱钟书在《读〈拉奥孔〉》中比较集中地谈到了隐喻的作用机制问题。他认为文学使用语言所制造的比喻无法转化为物质的画，原因在于造型艺术很难表达比喻所制造的"似是而非，似非而是"的效果。他说：

> 比喻体现了相反相成的道理。所比的事物有相同之处，否则彼此无法合拢；它们又有不同之处，否则彼此无法分辨。两者全不合，不能相比；两者全不分，无须相比。所以佛经里讲"分喻"，相比的东西只有"多分"或"少分"相类。不同处愈多愈大，则相同处愈有烘托；分得愈远，则合得愈出人意表，比喻就愈新颖。古罗马修辞学早指出，相比的事物间距离愈大，比喻的效果愈新奇创辟。中国古人对比喻包含的辩证关系，也有领会。(钱钟书，2007c：47)

这段话集中体现了钱钟书对比喻的内在机制的看法。第一，本体和喻体不是同一事物，否则无须相比；二者必须具有某种相同之处，否则同样无法相比。"夫二物相似，故以此喻彼；然彼此相似，只在一端，非为全体。苟

---

① "夫不论所喻 (tenor) 为谁，此句取以为喻 (vehicle) 之'美好之人'称'余'者，乃女也。"此处 tenor 与 vehicle 两个术语应来自理查兹的《修辞哲学》，但钱氏未注明出处。在《容安馆札记》中，钱氏数次提到《修辞哲学》。

全体相似，则物数虽二，物类则一；既属同根，无须比拟。"（钱钟书，2007d：133）钱钟书多次引用《翻译名义集》中的"雪山似象，安责尾牙？满月况面，岂有眉目？"（钱钟书，2005：351；2007b：69、1774；2007d：32、133）① 一句来说明这个问题，即所谓"以彼喻此，二者部'分'相似，非全体混同"（钱钟书，2007b：69）。第二，隐喻是以本体和喻体性质的不同之处来烘托相同之处，所以二者分得越远，烘托的效果就越明显，比喻也就越新颖。隐喻能够"撮合语言，配成眷属。愈能使不类为类，愈见诗人心手之妙"（钱钟书，2007d：477）。"取譬有行媒之称，杂物成文，撮合语言眷属。释书常言：'非一非异'，窃谓可以通于比喻之理。"（钱钟书，2007b：1481）这种观点来自佛经，与理查兹的"张力理论"也一脉相承。此处试举钱钟书的一个妙喻为例："正如某些女人一样，中国文学有太多的过去"（Like certain ladies, Chinese literature has too much past）（钱钟书，2005：281）。本体"中国文学"与喻体"某些女人"之间似乎很难产生联系，二者分得很开；但它们的共同之处或曰"喻底"是"有太多的过去"，合得突如其来，着实夺人耳目。

虽然比喻中的本体和喻体只是部分相似，但如果将某一部分的相似扩展至其他部分或全体的相似，就成了文学中常见的"曲喻"。

> 显拟二物，曰"如"曰"似"，则尚非等同，有不"尽取"者在；苟无"如"、"似"等字，则若浑沦以二物隐同，一"边"而可申至于他"边"矣。虽然，文章狡狯，游戏三昧，"取"物一节而复可并"从"其余，引喻"取分"而不妨充类及他，……斯又活法之须圆览者。（钱钟书，2007b：70）

"引喻'取分'而不妨充类及他"指的是"就现成典故比喻字面上，更生新意；将错而遽认真，坐实以为凿空"。"诗人修辞，奇情幻想，则雪山比象，不妨生长尾牙；满月同面，尽可妆成眉目。"（钱钟书，2007d：32）钱钟书指出黄庭坚、李贺等人的诗中擅用"曲喻"，并非无理。"长吉乃往往以一端相似，推而及之于初不相似之他端。"（钱钟书，2007d：133）《天

---

① 按：钱氏引文有误漏之处。

上谣》云："银浦流云学水声"，流云比水，因二者皆可流动；流水有声而流云无声，但李贺因流水有声而推至流云亦有声。《秦王饮酒》云："劫灰飞尽古今平"，劫是时间概念，平是空间概念；李贺以空间拟时间，空间中可有灰，则劫中亦可有灰，时间中之"灰"亦如空间之灰而可扫平。

比喻的本体与喻体的类比推理不具有严格的逻辑关系，所以钱钟书说："按科以思辨之学，即引喻取分而不可充类至全也。"（钱钟书，2007b：254）

> 比喻是文学语言的擅长，一到哲学思辨里，就变为缺点——不谨严、不足依据的比类推理（analogy）。……逻辑认为"异类不比"，通常口语以及文学辞令相反地认为"反喻必以非类"。流行成语不是说什么"斗筲之人"、"才高八斗"么？……所以，从逻辑思维的立场来看，比喻被认为是"事出有因的错误，因而也是逻辑不配裁判文艺的最好证明"。（钱钟书，2007c：48）

从这段话可以看出，钱钟书认为说理隐喻不同于文学隐喻，尽管我们在说理时总是反复地使用隐喻。

三 喻之两柄与多边

钱钟书认为比喻有"两柄"，其判断的根据是本体与喻体相互作用而产生的情感色彩。"同此事物，援为比喻，或以褒，或以贬，或示喜，或示恶，词气迥异；修辞之学，亟宜拈示。斯多葛派哲人尝曰：'万物各有二柄'，人手当择所执。刺取其意，合采慎到、韩非'二柄'之称，聊明吾旨，命之'比喻之两柄'可也。"（钱钟书，2007b：64-65）"二柄"之说出于《韩非子·二柄》篇："明主之所导制其臣者，二柄而已。二柄者，刑、德也。何谓刑德？曰：杀戮谓之刑，庆赏谓之德。"（王先慎，1998：39）慎到之"二柄"指的是威、德。钱钟书所说的比喻之"两柄"指的是喻体的情感色彩，即褒贬、喜恶、毁誉、抑扬等区分。例如，"水中映月之喻常见释书，示不可捉搦也。然而喻至道于水月，乃叹其玄妙，喻浮世于水月，则斥其虚妄，誉与毁区以别焉"（钱钟书，2007b：65）。再如，"以秤作喻"也有两柄。诸葛亮曰："吾心如秤，不能为人作轻重"，用秤比喻没有私心成见，处事公平；佛教中又有"秤友"的说法，用秤比喻人之权衡利害、趋炎附势。又如，曹植《蝙蝠赋》取"蝙蝠"为喻，"按言蝙蝠之两头无着，进退维谷，禽兽均摒弃之为异族非类也。然今日常谈，反称依违两可、左右逢源之人曰'蝙蝠派'；……二西之说亦同后义。……彼言其乖张失所，此言其投合得计，而出于同本，一喻之具两柄也"（钱钟书，2007b：1678～1679）。另外，在不同的时代和国家，同一个比喻会呈现不同的感情色彩，即"世异时殊，执喻之柄，亦每不同"（钱钟书，2007b：66～67）。例如意大利语和英语中都有"使钟表停止"的比喻，但褒贬色彩大相径庭。意大利语用这个比喻来赞叹女性容貌之美，英语则用其比喻人形貌丑陋。

钱钟书将"比喻"中的"取分"总结为"喻有多边"。此处的"边"与释典中"引喻取分"的"分"异名而同义。"盖事物一而已，然非止一性一能，遂不限于一功一效。取譬者用心或别，着眼因殊，指同而旨则异；故一事物之象可以孑立应多，守常处变。"（钱钟书，2007b：67）同一事物有多重性质，横看成岭侧看成峰。例如，月既圆且亮，喻镜为月，既取其圆，亦取其亮；喻饼为月，则只取其圆，不取其亮。月还可以喻目、喻面、喻女君。"一物之体，可面面观，立喻者各取所需，每举一而不及余；读者倘见喻起意，横出旁申，苏轼《日喻》所嘲盲者扣盘得声、扪烛得形，无以异尔。"（钱钟书，2007b：68～69）

"《管锥编》发凡论比喻有两柄复有多边。按此为《管》书重要见地之一，贯穿全书，比喻有两柄多边，其变确不可胜穷也。"（张文江，2005：13）"两柄"与"多边"之间又形成了错综交叉的关系。第一，选取同一事物的某一边为喻，而这"一边"可以归入"两柄"中的任何一柄，因此可能出现"同边而异柄"的情况（钱钟书，2007b：1473）。例如，《郑风·出其东门》云："有女如云"，郑《笺》："'有女'谓诸见弃者也；'如云'，如其从风，东西南北，心无有定。"陶渊明《归去来辞》云："云无心以出岫。"二者皆以"云如心而无定准"为喻，"郑谓云'心无定'，乃刺荡妇，陶谓云'无心'，则赞高士，此又一喻之同边而异柄者"（钱钟书，2007b：191）。再如，古人取"车轮之圆"为喻边，既可以说"随世而轮转"（董仲舒语），指圆滑处世；也可以说"中不方则不能以载，外不圆则室拒而滞"（柳宗元《车说赠杨诲之》），指智圆行方。前者取贬义，后者取褒义，但均取"轮之圆"为"边"。第二，同一事物的"多边"都可以分别用作比喻，"多边"基本也可以归入"两柄"中的某一柄，因此也可能出现"同柄而异边"的情况。例如，以"覆水难收"为喻，或戒莫误时机，或戒莫背信誓（如俗语"说出去的话，泼出去的水"），二边所比拟的事物的性质不同，但同为训诫（钱钟书，2007b：406）。第三，还有一种"同柄同边"的情况。例如，《法言·渊骞》篇："（或问）'货殖'。曰：'蚊。'曰：'血国三千，使将踈，饮水，褐博，没齿无愁也。'"（汪荣宝，1987：460）扬雄以"蚊"嗜血来比喻嗜利之人轻身殉财、趋死若鹜。"又一哲学家谓吾人心智遭文字语言蛊惑，不易摆脱，如蝇处玻璃瓶中，哲学乃所以除蛊破惑，示痴蝇以出瓶之道。"钱钟书认为前者指处世，后者指治学，"然瓶中蝇与器中蚊立喻同柄同边"（钱钟书，2007b：616）。① 蝇不同于蚊，但二者可取同边。我们或许可以推断，钱氏所说的"喻边"是指某种性质而不局限于某物，近于理查兹所说的"喻底"。但笔者对此仍有疑问，此处两个比喻的"边"分别指"嗜利如命"和"不得其解"，喻"边"不同而喻"柄"亦不同，不知钱氏是怎样将二者统一起来的。

钱钟书的隐喻观的理论来源非常复杂。除了本文提到的各家之外，钱氏之论还受到诸如尼采、皮尔斯等西方理论家以及中国传统学术思想的影响，并非闭门造车的发明。有学者认为钱钟书的比喻理论"发前人之所未发，迄今可以说是独一无二的了"（李忠初，1994：42），这恐怕言过其实了。但是需要特别说明的是，钱氏在青年时代就提出了与西方认知语言学近似的隐喻理论，在时间上比后者早了几十年；后来又反复论说而自成一家，其思想中确实蕴含着丰富的学术创见。前人曾对喻之"多边"有过论说，钱钟书将这些观点纳入了自己的理论；但是，前人似乎较少涉及喻有"两柄"的观点。钱钟书将比喻的"两柄"与"多边"结合在一起，并将各种复杂的情况分类论说，这是其学术创见之所在。总的说来，钱钟书对隐喻有着一以贯之的认识和理解，其论述对当代的隐喻研究仍具有重要的启示意义。

---

① 此处所说哲学家指维特根斯坦，钱氏所引原话为："你在哲学中的目的是什么？——给捕蝇瓶中的苍蝇指明飞出去的途径。"（维特根斯坦，1996：155）

参考文献

Clive Cazeaux（2007）：*Metaphor and Continental Philosophy*：*From Kant to Derrida*，New York & London：Routledge Press.

George Lakoff & Mark Johnson（1980）：*Metaphors We Live By*，Chicago：The University of Chicago Press.

—— （1989）：*More than Cool Reason*：*A Field Guide to Poetic Metaphor*，Chicago：The University of Chicago Press.

I. A. Richards（1936）：*The Philosophy of Rhetoric*，Oxford：Oxford University Press.

〔奥〕维特根斯坦（1996）：《哲学研究》，李步楼译，商务印书馆。

〔德〕康德（2004）：《纯粹理性批判》，邓晓芒译，人民出版社。

〔古希腊〕亚里士多德（1994）：《修辞术》，颜一译，载苗力田主编《亚里士多德全集》第九卷，中国人民大学出版社。

—— （1999）：《诗学》，陈中梅译，商务印书馆。

〔英〕戴维·克里斯特尔（2000）：《现代语言学词典》，沈家煊译，商务印书馆。

胡壮麟（2004）：《认知隐喻学》，北京大学出版社。

李忠初（1994）：《喻苑巨擘——浅论钱钟书在比喻理论上的杰出贡献》，《湘潭大学学报》，（1）。

刘涛（2016）：《指示意义之符与体示意义之迹——钱钟书论"〈易〉之象"与"〈诗〉之喻"的差异》，《华中学术》，（1）。

钱钟书（2005）：《钱钟书英文文集》，外语教学与研究出版社。

—— （2007a）：《人生边上的边上》，三联书店。

—— （2007b）：《管锥编》，三联书店。

—— （2007c）：《七缀集》，三联书店。

—— （2007d）：《谈艺录》，三联书店。

束定芳（1996）：《亚里士多德与隐喻研究》，《外语研究》，（1）。

—— （1997）：《理查兹的隐喻理论》，《外语研究》，（3）。

汪荣宝（1987）：《法言义疏》，中华书局。

（清）王先慎（1998）：《韩非子集解》，中华书局。

赵毅衡（1988）：《"新批评"文集》，中国社会科学出版社。

张隆溪（2006）：《道与逻各斯》，江苏教育出版社。

张文江（2005）：《管锥编读解·增订本》，上海古籍出版社。

On Qian Zhongshu's Theory of Metaphor

Liu Tao

Abstract：Metaphor has always been one of the key issues in Qian Zhongshu's works. There are many similarities between Qian's ideas and western cognitive linguistics on cognitive metaphor. Apparently, Qian brought up the ideas earlier than the western scholars. He believes that metaphor is a fundamental way for human beings to know the world as some philosophical concepts and systems are established based on it. Metaphor, therefore, is not only a basic element of literary language but also a vital cognitive tool in argumentative essays. Qian's analysis on the inner mechanism of metaphor has been greatly influenced by Aristotle, I. A. Richards, as well as some Chinese classics on literary theories. Qian combines "two ends" and "many characteristics", and categorizes many complicated contexts, which contains some very important and creative academic ideas.

Keywords: Qian Zhongshu, Metaphor, Cognitive linguistics, Aristotle, I. A. Richards, Two ends and many characteristics

About the Author: Liu Tao, Ph. D. , Lecturer inSchool of Chinese Literature and Language, Central China Normal University. Research interests and specialties: literary theory and Qian Zhongshu's works. Magnum opuses: *Qian Zhongshu's Theory on Shenyun-To Discuss with Professor Cao Shunqing* and *Expose and Aletheuein*: *Qian Zhongshu's View of the Speech Pattern of Mysticism*, etc. E-mail: ltccnu@ 126. com.

师者与文心

——读《中国古典小说戏曲研究存稿》

柯 琦[*]

摘 要：《中国古典小说戏曲研究存稿》是朱伟明老师选取其在古典小说戏曲研究领域所发表的 37 篇学术论文集结成的论文集，充分展现了朱伟明老师在近三十年来的各种思潮中，对文学的"审美体验"及其背后深层机制的持续关注和深入探讨。该书以"小说文本研究""戏曲作品与戏曲理论研究""戏曲学术史、文学史研究"为线索分为上、中、下三编，时序上大体前后相继，清晰地显示出其学术重心的转向，内中所隐含的轨迹变化，实则是个人兴趣、学术思潮以及学科理路的综合反映。而贯穿在这数次转向之中的，是将文学的"审美体验"作为主要研究对象的坚守，这种坚守是建立在对中文学科的特性的理解之上的，这也为当下的文学研究提供了一种有益的参照。

关键词：审美体验 戏曲结构 喜剧理论 文学教育

朱伟明老师长期从事中国戏曲与民间文学艺术的研究工作，三十多年来一直笔耕不辍，在明清小说及戏曲研究领域均颇有建树。2014 年，朱伟明老师选取其在古典小说戏曲研究领域所发表的学术论文 37 篇集结成书，以"小说文本研究""戏曲作品与戏曲理论研究""戏曲学术史、文学史研究"为线索，厘为上、中、下三编。这数十篇论文充分展现了朱伟明老师在近三十年来的各种思潮中，对文学的"审美体验"及其背后深层机制

* 柯琦，文学博士，现为中国艺术研究院梅兰芳纪念馆博士后，研究方向为戏曲结构和戏曲艺术形态。电子邮箱：196064174@ qq. com。

的持续关注和深入探讨。

笔者先前曾于湖北大学跟随朱伟明老师攻读古代文学硕士学位，从朱伟明老师的研究和教学中受益颇多。学生给老师的著作写书评，本难持正，但是具体到这一本《研究存稿》，笔者来写，反倒因为身份而有些许优势。盖因本书是朱伟明老师历年研究成果的一个汇总，①收录的文章时间跨度较大，从1983年到2011年，且涉及明清小说、元杂剧、明清传奇、戏曲学术史等诸多方向，内容庞杂。笔者作为学生，将此书通读一过，书中的许多观点与老师平日的耳提面命产生一种奇妙的共振，使笔者更直观地领会到朱伟明老师的用力之处、轻重之别与学术理路，于庞杂中窥见些许线索，故而借此机会形诸笔墨，希望能对大家理解这本《研究存稿》有所帮助。

一　个人兴趣与学术轨迹

这本论文集虽然以"小说文本研究""戏曲作品与戏曲理论研究""戏曲学术史、文学史研究"为线索分为上、中、下三编，但这三编在时序上大体是前后相继的，清晰地显示出了朱伟明老师学术重心的转向，如朱伟明老师在"自序"中所言："刚开始写文章的时候，常常既写小说的，也写戏曲的，只要兴趣所致，有感而发即可，并无厚此薄彼的倾向。大约在90年代末期以后，学术兴趣开始变化，主要致力于戏曲研究，这部文集也体现出个人学术经历变化的轨迹。"然而笔者认为，这部论文集所隐含的轨迹变化，实则是个人兴趣、学术思潮以及学科理路的一个综合反映。

论文集中年代较早的几篇论文，如《从诸葛亮的形象看罗贯中的审美理想》《两种生命的存在方式——林黛玉、薛宝钗形象及其文化意义》，都是从人物的文学形象出发来进行美学探讨的，这也是20世纪80年代的文学研究从过去几十年板滞的文学研究中突围的路径之一。

20世纪50年代至80年代这段时期，戏曲小说领域的研究成果大多为偏重文献考据的历史研究；而在较为薄弱的理论研究方面，"文化批判研究"（针对作家或作品的思想性进行批判）又是其中的绝对主流，如1956年的

①　虽然在《研究存稿》外尚有《中国古典喜剧史论》《汉剧史论稿》等专著出版，但这本《研究存稿》中已经收录了喜剧、汉剧等专题研究中部分有代表性的内容。

《琵琶记》大讨论，1958 年的关汉卿纪念活动。这些活动固然壮大了学科的声势，把戏曲研究推至台前，但是这些成果在多大程度上推动了学科的进一步发展，这些论题是否有足够的延续性和启发性，是大可存疑的。及至 80 年代，学术界的空气也随着政治经济环境的逐步开放而活跃起来，戏曲小说研究领域在研究方法和理论探讨方面也表现出"解放思想"和探求新理论、新方法的强烈愿望。然而，越是这种空前开放的学术环境，越是没有可供参考的现成路径可以确然地推进这一学科的研究。这一时期，研究者们所面临的问题包括：如何摆脱庸俗的思想性批判和机械的社会决定论？我们借以摆脱旧路径的那些新理论，是否真的适合戏曲小说研究的研究对象？我们该如何用新理论去消化 20 世纪 50 年代以来所积攒下来的文献成果？那些与研究对象有着一定隔膜的西方理论，究竟有没有参考意义，或者说在多大程度上有参考意义？新理论所取得的诠释效果不理想，是研究者对于新理论囫囵吞枣没有吃透，还是该理论与研究对象本身不匹配？上述关于理论与研究对象的一系列新问题，摆在了每一个想在新时代突围的研究者面前。

然而即便是在这一草创时期的研究中，朱伟明老师的文章也显示出了其"体用分明"的研究取向，朱老师笔下驱策各种美学、心理学理论，但始终围绕着作品所带来的审美体验展开，绝不喧宾夺主。通观书中 20 世纪八九十年代的论文，可以明显感觉到其中的"教学"意味。朱伟明老师在《文学史：问题、现状与思考》一文中对于"文学教育"的强调，其实也呼应了她早期的研究。在这些研究背后，朱老师的立场更接近一个进行文学研究的传统"教员"，而非我们所熟悉的 21 世纪以来的研究者形象。以此为基点，这些早期研究不应该随着学科的持续发展而被看作"落伍"之作，而应当被视为对当下文学研究的一种有益的参照。

而随着研究和教学的深化，朱伟明老师在戏曲和小说领域都开始进行专题性质的"结构研究"。这种在综合比较的基础上形成的理论视野自然会生发出许多新的见解，如朱老师在《孔尚任戏剧结构理论初探》一文中谈道："如果说诗的结构基础是情绪，小说的结构基础是人物性格发展的逻辑，那么戏剧结构的基础则是独特的人物关系。"此种论断因论题过大而不易坐实，但确实是文学研究中需要进行的那种判断：在比较中对特定文体的审美机制进行深层次的探讨。

二 对"戏曲研究"自身的探索

此后的数篇论文，也反映了朱伟明老师在世纪之交时的又一次学术转向，即转向"对戏曲研究之研究"。这一阶段，老师的文章以王国维为发端和中心，对 20 世纪的几位戏曲研究者进行了回望与评述。但朱伟明老师并没有止步于对研究史的整理与归纳，而是在王国维的悲剧研究的启发下，开始系统地对中国的喜剧作品和相关理论进行梳理。

解玉峰在《百年中国戏剧学刍议》一文中提到：

> 中国戏剧作为客观事物是应当被"尊重"的，并非可任意被剪裁、被分析，并非所有的理论视角或解释框架都有助于我们对中国民族戏剧的理解……原本健全自足的中国戏剧最易被肢解、扯破为"文明的碎片"。半个世纪以来，西方戏剧或话剧体系中"复杂性格"、"人物形象"、"矛盾冲突"、"悬念"、"高潮"、"结构"以及"悲剧"、"喜剧"概念范畴等成为中国戏剧研究的关键词，皆当作如是观……中国戏剧学科的建立，理论研究最为关键，也最为困难。站在中国民族戏剧自身的立场上，建立一套合于其自身实际的理论体系，这是我们的"古人"、学界前辈，留给当代中国戏剧学人最为迫切、也最为重要的研究课题。（解玉峰，2006）

而在上述东西方戏剧话语体系的对撞之中，又以"悲剧""喜剧"两者最为棘手，对"悲剧""喜剧"的区分可以说是西方戏剧话语体系的根基之一，这种区分方式及其对应的理论体系的确与中国戏曲中的大部分作品有着明显的隔阂。然而，"悲"与"喜"又的确是中国戏曲乃至世界上大部分戏剧的基本元素，若要借助这些元素去构建属于中国民族戏剧自身的理论体系，则该理论体系又该与西方戏剧话语体系中的"悲剧""喜剧"保持何种关系？这是每一个试图以"悲""喜"概念切入戏曲研究的研究者所要面对的问题。朱伟明老师在她的喜剧研究中，则以"解释的有效性"为标准，论证了以"喜剧观念"来切入古典戏曲研究的合法性。朱伟明老师于 2001 年撰成《中国古典喜剧史论》一书，系统地梳理和分析了中国古典戏曲中的喜剧作品和喜剧观念，并把"喜剧性"从庸俗的"可笑性"中剥离出来，使之成为一个立体的、具有历史纵深的戏曲文学概念。

在 21 世纪进入第二个十年的时候，朱伟明老师又把目光投向了汉剧研究领域。中国戏曲这一研究对象，本身即包含了两种不同的研究路径。具体到学科建制中，两种研究路径又被分别划入"中国语言文学"和"艺术学"这两个不同的一级学科之中。打通这两种研究路径，固然是戏曲研究者的一种期待，但终究要依据研究者本身的知识结构，借助特定的研究对象，才可能实现，不然只能是若即若离的两张皮面，而非对研究对象的深入体察。而朱伟明老师的汉剧研究，正是面向具体的研究对象，打通这两种研究路径的一次尝试。

地方戏的研究热潮肇始于 20 世纪 50 年代。1979～1986 年，文化部会同国家民委、中国文联等多家组织单位先后发起"中国民族民间文艺十大集成志书"的编写，中央和地方的各级文化系统中，大量熟悉戏曲舞台的研究人员将地方戏的研究热潮推向了高峰。及至 90 年代，地方戏的研究热潮渐趋回落，高校和文化系统两个研究阵营都有各自的困难：地方文化系统人才储备不足，而高校的戏曲史研究人员普遍对戏曲舞台和戏曲生存现状不熟悉。

故而朱伟明老师在地方戏研究渐趋冷落的 21 世纪初，以传统高校戏曲史研究者的身份去开展地方戏研究，自然有不一样的视野与意义：以中文系传统的文献思路去搜集、整理汉剧相关资料，又将之前为传统文学研究所较为忽视的戏剧形态作为研究标的，借此，朱伟明老师先后编撰了《汉剧研究资料汇编（1822－1949）》《汉剧史论稿》两书，最新的这本论文集也收录了其中颇具代表性的《汉剧与中国戏剧史的雅俗之变》一文。

三　思潮中的坚守

朱伟明老师是在 20 世纪 80 年代踏上求学、研究和教学道路的，因此其研究倾向当然也受到了 80 年代"美学热"的影响。这种影响在她于八九十年代所撰写的诸篇戏曲小说论文中均有很明显的体现：重视人物塑造，重视书写笔法，以审美体验为中心，运用各种美学、心理学的理论去解释、分析作品。学术发轫期的这股风潮，无疑影响了朱伟明老师后来三十年的研究，但随着研究的推进，这种对审美体验的重视也逐渐转化为一种主动的体认，进而在各种思潮风起云涌的时代，变成了一种学术上的坚守。朱伟明老师在这本论文集的"自序"中便写道："从学术史角度看，80年代的学术或许也不无可检讨之处；但从精神史的角度来说，80年代应该是一个值得特别推崇的时代。怀念80年代，也成为我们这一代学人的一种情感的共鸣。"

这种对审美体验的坚守并不是一种顽固的守旧，而是建立在对中文学科特性的理解上的。而且，这种坚守还在对当下研究的反思中显示出了一种"主动性"，正如朱老师在《文学史：问题、现状与思考》一文中提到的：

> 随着文学史的体系化与制度化，文学研究与文学教育也越来越强调知识性、理论性与学术性，文学本身所具有的感性化、个性化、生动性与独特性——文学的鲜活生命与趣味，却渐行渐远，淡出了人们的视野……一方面，在日益物质化、功利化的时代，不仅青年一代美感缺失，语言、文化感悟力缺失，研究者们也由于情感的匮乏，其审美感觉正变得越来越粗糙，审美经验也越来越贫乏。枯燥的说教、空洞的话语，充斥着我们的教材与课堂；另一方面，日益细密琐碎的专业分化使得文学成为"拆碎的七宝楼台"，生命的精华与人生的丰富在技术化的考据与模式化的话语中被肢解得支离破碎。人们在不断刷新的论文与专著数字中，难觅思想的锋芒与创造性的灵光。

把文学视为社会文化史的一部分，视为人类社科知识体系的一个分支，这当然是一种研究路径，但一个文学研究者的研究若仅止于此，则不能不说是一种退缩。陈国球在《文学的力量——陈国球教授访谈录》一文中谈道：

> 现在还把文学放在教育体制里，在大学里，文学作为知识来传授……实际上，把文学变成知识之后，文学反而会成为非必需品，是可以随时被拿掉的。文学研究者一定要有更大的关怀和思考，这可以帮助一代代人彼此沟通和理解。文学承载一个发挥象征意义的系统，它负载的世界远大于我们生活的物理世界。文学的意义可以是实用的，但它

要承载更大的责任。(陈国球，2013：105)

从这些论述里，我们看到的是对文学研究本身的"合法性"的一种反思和追索。这种追索不指向具体答案，也不曾给研究者提供路径或庇佑，只是对文学研究本身的一种体认，在此基础之上，研究者便可以理直气壮地说：我们在进行的是一种在人类精神生活中无可替代的独特研究。

苏珊·桑塔格的《反对阐释》已经出版了半个世纪了，但智力对艺术的复仇显然没有终结，反而愈演愈烈，以至于在当下的文学研究中，坚持对"审美体验"本身的挖掘、分析，已然像是一种老派作风。但朱伟明老师在这本论文集里对审美体验的论述，并没有那种拄杖击地式的愤世嫉俗的色彩，反而体现出了一种"体用分明"的研究思路，即在广泛吸收新理论、新方法的前提下，以研究对象的审美特征为中心进行研究。朱老师没有用新方法给后来者铺就一条现成的路径，而是用其论述为我们反思、整理现有研究从而继续前行提供了有益参考。

以上三点，是笔者在通读全书之后的一些感受：朱伟明老师的研究立足于文学教育，立足于作品；同时一直对更宏观的学科建设保持关注，力求在文献准备充分的前提下审慎地推进理论研究；并且在数次学术转向中一直坚持将文学的"审美体验"作为基本的研究对象。这些也是朱伟明老师在日常的教学过程中教给笔者的东西，希望能对读者们理解这本论文集有所帮助。

参考文献

陈国球（2013）：《文学如何成为知识？文学批评、文学研究与文学教育》，三联书店。
解玉峰（2006）：《百年中国戏剧学刍议》，《文艺理论研究》，（3）。

Literature Education and Literary Mind
——A Review of *The Collected Papers of Chinese Classical Novels and Dramas*

Ke Qi

Abstract：*The Collected Papers of Chinese Classical Novels and Dramas* consists of 37 academic paperspublished in the research field of classical novels and dramas. It fully demonstrates the continuing concern and discussion of the literature "aesthetic experience" and its underlying mechanism among the various trends of theoretical thought that Professor Zhu has experienced in the past 30 years. The book is divided into three parts: "research on novel text", "research on drama works and drama theory", "academic history and literature history of Chinese drama". The three parts are in succession in the sequence of time, which clearly shows the transfer of her academic focus. These trajectories are, in fact, an integrated reflection of personal interests, academic trends and the internal logic of the subject. And through all of that, it's a kind of persistence of the literary "aesthetic experience", which is based on the understanding of the characteristics of Chinese literature discipline, and also provides a useful reference to the literature study of the present.

Keywords: Aestheticexperience; Drama structure; Comedy theory; Literatureeducation.

About the Author: Ke Qi, Ph. D. , Postdoctoral Fellow in Mei Lanfang Memorial Museum of the Chinese National Academy of Arts. Research interests and specialties: drama structure and drama art form.

五四研究

英语世界五四运动研究的追踪与反思（二）

——纪念五四运动100周年

李　松　　舒萌之[*]

摘　要：近七十年来，五四运动研究是英语世界现代中国史领域的热点问题，也是海外中国学研究的重要组成部分，成果丰富、新论迭出，对国内的五四研究产生了不可忽视的影响。通过深入梳理英语世界的专著和期刊文献，可以发现主要的研究内容包括如下六个方面：历史过程、地区研究、思想观念、知识分子、文学与语言研究、文献编撰。主要的研究特点是：华裔学者是研究主体的重要组成部分；以美国著名高校为单位形成了师生传承的学缘关系；海外中国学的研究随国际政治格局的错动相应产生盛衰冷热的变化，五四研究亦然。全球化时代的五四运动研究的推进需要加强中西互动交流，追踪与反思英语世界五四运动研究的历程，最终目标是让五四研究成为多学科、多视角、多种方法交汇碰撞的重点研究领域。

关键词：五四运动　中国学　英语世界　去中心化

基金项目：武汉大学人文社会科学"70后"学者学术团队项目"海外汉学与中国文学研究的新视野"暨武汉大学自主科研项目（人文社会科学）；"中央高校基本科研业务费专项资金"资助项目

---

* 李松，博士，武汉大学文学院副教授。主要从事文学理论与中国现当代文学史研究。主要著述有《文学研究的知识论依据》《红舞台的政治美学》《文学史哲学》等。电子邮箱：diamond1023@163.com。

舒萌之，硕士，湘潭大学外国语学院讲师，主要从事跨文化及比较文学研究。主要著述有《略谈我国现实题材电视剧翻译及输出——以〈士兵突击〉为例》。电子邮箱：smzmi2am@126.com。

一 知识分子

五四运动的思想内核是新文化的思想启蒙运动，启蒙者的人生经历、社会活动、思想来源以及思想内容是学术界的关注重点。吴原元根据其针对美国博士论文所进行的考察，发现："从研究内容来看，美国有关五四运动史研究的博士论文主要聚焦于知识分子的意识形态发展，并且绝大多数都集中于北京和上海的那些处于领导地位的精英知识分子。"（吴原元，2010）京沪在近代中国门户洞开，最早接受欧风美雨的洗礼，是知识分子的聚居地，新思想的策源地。此外，也有研究者关注的是五四运动的辐射地区，例如，夏海就关注武汉的恽代英、金建陵，张末梅则关注苏州的南社。

孙隆基（Lung-Kee Sun）生于重庆，在香港长大，就读于台湾大学历史系并于1970年获得硕士学位。1976年孙隆基于明尼苏达大学获得东欧史硕士学位，1984年于斯坦福大学获得历史学博士学位。博士在读期间，他出版了自己的第一本专著《中国文化的深层结构》，该书在海峡两岸及香港、澳门产生了很大的反响，成为文化反思领域的畅销书。从2004年开始，孙隆基在台湾中正大学教美国史、俄国史和比较文化。他关于民族文化与国民心理研究的专著还包括《历史学家的经线：历史心理文集》《未断奶的民族》《中国的国民性：从国家格局到个体性》。孙隆基探讨了五四后中国知识分子关于"时代"概念的认识，他认为："中国进入现代社会的过程曲折艰难，甚至现在也未告全功。中国近代史的百年革命激变说明，要克服传统的阻力何其艰难。不过，中国知识分子在过去一个半世纪里对'现代'这一观念的执迷也同样强大。儒家意识形态所致力效忠的'古代'范式在鸦片战争后期渐渐画上了句号。有史以来第一次，在中国人的意识中，'现代'以摧枯拉朽之势袭来，终于取代了神秘的'古代'，成为观念的最高权威并以此指导他们未来的行动。"（Lung-Kee Sun，1986：2）孙隆基从"后五四"的历史视点重新考察了社会与文化转型的复杂性与艰巨性，认为"古代"与"现代"这两个概念所包含的矛盾与冲突未必能按照字面意义进行绝对清晰的区分，从而也就指明五四启蒙之路并未终结，而作为文化基因中的一部分的"古代"意识也并未完全消失。

不同于胡适认为五四运动是中国的文艺复兴运动，余英时认为五四运动更接近于启蒙运动。对此，许倬云赞同余英时的看法，他进一步提出作为中国的启蒙性质的文化运动，其影响在今天及其未来的中国具有长期性和持续性。"文化运动是永远没有尽头的，不是抄袭西方，也并不是超英赶美。因为美英都在改变，如果这样我们只能永远追着时间走。时间往往改变了内容，面貌，文化改造运动是一个永远不能停止的工作，日新，又日新，一个没完没了的旅程。"（许倬云，2010）如果追溯中国近现代历史发展的实际状况，并且立足中国语境寻找文化出路，那么我们就会发现，启蒙在中国依然是一项未竟的事业，五四的价值还需要在新时期不断发掘和重估。许倬云睿智地指出，五四运动之于中国的价值，不在于线性时间意义上的追赶，而在于思想改造意义上的超越。西方之于中国，不仅仅是一个赶超的目标，中国应该有自己的基于近代历史经历的坐标和方向。

南社成立于1909年，其发起人有柳亚子、高旭和陈去病等，除此之外的主要作家有苏曼殊、马君武、宁调元、周实、吴梅、黄节等。这些成员支持资产阶级民主革命，提倡民族气节，反对满清王朝的专制统治。中国本土学者金建陵和张末梅在英文刊物《中国的历史研究》（*Chinese Studies in History*）上发表的《南社和五四运动》中"分析了晚清的南社和现代史初期的五四运动之间的联系。当南社的创建者刚开始考虑建社时，他们关注的主要有两点：第一，民族主义和爱国主义；第二，民主和反封建。五四爱国运动是晚清爱国和民主情绪在新时代的延伸。五四运动既是1911年以前学生运动理念的'自然发展'，也是主动自觉的改良提升"。（Jin Jian-ling & Zhang MoMei，2014：82～97）这一社团研究牵引出的是一个庞大的文人雅集的集团，南社成员为五四运动直接或间接地贡献了思想和理念。

耶路撒冷希伯来大学亚洲研究系的学者夏海（Shakhar Rahav）于1993年到1995年在中国学习汉语，2007年毕业于加州大学伯克利分校，获得中国现代史博士学位，此后在海法大学任教至今。他的研究兴趣主要是20世纪中国知识分子的政治角色。夏海出版了《现代中国政治知识分子的崛起："五四"社会与多党政治的基础》（Shakhar Rahav，2015）一书，该书的主旨如下："本书是一部关于中国五四运动期间政治激进者的社会文化史。多数关于五四运动的著作都关注京沪这样的大都会，本书则着眼于中国中部最重要的城市武汉的五四运动积极分子的日常点滴。"（Shakhar Rahav，2015）近代武汉开埠通商较早，工业发达，革命运动风起云涌，辛亥首义开创民国。1920 年 2 月，恽代英等创办利群书社。因此，该书"以研究武汉的教师兼记者恽代英（1895～1931）创立的政治文化团体为切入点，阐述了五四运动如何从内陆城市中心发源，继而激荡全国，最终成为两个主要政党——国民党和共产党——的政治基础。因而，我们可以说五四激进主义是沿海和内陆之间对话的结果。本书将说明湖北省内印刷业是如何与当地小团体、非正式社会关系网结合并催生了这场政治运动。本书尤为关注个人、团体、社会关系网和社交性是如何将激进分子的日常生活与当时文化政治的动乱联系起来的。它为历史变化机制的着力点提供了一种新的解释"（Shakhar Rahav，2015）。该书聚焦个案，考察五四运动的后续影响对于政党政治发展的历史影响，试图厘清知识分子的活动与团体、社会的关系。1920 年 2 月，《武汉星期评论》创刊。3 月，董必武等创办私立武汉中学。夏海在叙述武汉的文化界状况时，采取了点面结合的办法。他以恽代英的社会活动作为切入点，提出其研究的开场问题，"五四期间的知识分子和他们的思想是如何对中国政治产生影响的。为解决这个问题，我重点关注了恽代英创立的组织，并研究了这些地方上受过教育的年轻人成立的小会社是怎样运行和演变的"（Shakhar Rahav，2015）。同时，夏海还将恽代英与武汉文化界知识分子的交往进行梳理和辐射，从而在面上发掘了知识社群之间的联系。"在讲述他们的故事的时候，我也会设法说明一些和理念本身吸引力无关的因素是怎样参与推动了理念的传播和普及。互助社和利群书社与全国其他类似社会组织的联系，以及恽代英的和其他著名活动家（比如毛泽东、千家驹、张闻天、萧楚女、邓中夏和左舜生）的事业交集，说明这些因素的重要性远远超出了武汉的范围。"（Shakhar Rahav，2015）1920 年 8 月，包惠僧、董必武、陈潭秋等在武昌成立了武汉共产党组织（武汉共产主义小组）。1921 年 12 月，中国共产党武汉区执行委员会成立。"五四运动常常被强调为中国共产党的发端。但是，如果我们远观种种政治参与方式的意识形态萌芽，会发现五四运动其实是群众政治的一个转折点。除了运动和社团的意识形态内容之外，这个时期政治实践的方式也改变了。"（Shakhar Rahav，2015）夏海认为，除了京沪之外，针对其他地区的研究也应该引起重视，如此才能建构一个关于五四运动的发生与影响的动态认知网络。因此，他在书中"重点强调了在当地范围内研究某事件及其发展变化过程（如五四运动）将会有助于我们理解其在全国范围内的发展变化。中国研究五四和共产党历史的学者们虽已投身于乡土历史，并得出了一系列研究文章、口述历史和未充分完成的物质资料采集，但在北京和上海之外，研究五四运动的英语文章仍然寥寥无几。五四运动在北京和上海之外有何等程度的影响是值得在其他场所加以研究的"。"最后，虽然我们知道五四运动的特点是有一大批小社会团体涌现，以及20年代中期群众型政党政治开始萌芽，但是并没有多少人看得懂政治组织和政治文化之间的过渡。"（Shakhar Rahav，2015）从研究方法与个案选择来看，夏海的研究具有重要的填补缺漏的价值。同时，夏海也对自己的研究进行了如下反思："我们目前专注于做意识形态和组织架构的解释，因此也以活动在上升的政治团体中的人物为重心。但我们并不知道那些从政治活动中退出的人经历了什么，或者那些失败的团体和思想是怎么回事。如果我们要对中国向群众政治的过渡情况有更全面的把握，以及想要了解这种过渡对沉浮其中的过来人有多重要，就需要在这方面做更多的工作。"（Shakhar Rahav，2015）夏海的研究视角和方法为五四运动研究开辟了一个新的论域，显示了海外汉学家他者视角的独特优势。

二　文学与语言研究

魏爱莲（Ellen B. Widmer）系美国卫斯理学院"宋美龄中国研究"专任讲座教授，她研究中国古典小说、中国妇女书写史、中国书籍史，以及东亚的西方传教士。魏爱莲、王德威（David Der-wei Wang）以中国20世纪的小说和电影为主题编撰了一本文集，他们在导言中介绍说："本书收录的文章涉及三个问题，展现了中国过去七十年的文学与电影的发展状况：城乡辩证关系，性别与主体辩证关系，小说和电影中声音和影像的彼此呼应。收录的文章中，这三方面正如在小说和电影中一样互为参照。城市和乡村的图景是中国的真实显现，给自我、性别和民族文化等关键问题提供了一个符号化的背景，让它们悉数登场。历史动态的呈现映射在有争议性的再呈现中，并被性别和主体所分裂、复制。中国的民族认同被纳入小说的主题中，并被转换为可视的电影语言。最后，文艺批评将小说和电影转化为更高层的语言，还原至中国本身。"（Ellen Widmer，David Der-wei Wang，1993）该书的编撰体现了特定语境中文学作品和电影作品的现实感与焦虑感。编者认为，虽然文学和政治并不总是并行的，但是中国五四运动之后的七十年里，中国的小说作品无疑说明了语言、风格和文学是与意识形态和政治息息相关的。"七十年前，五四运动遇上新文学，从而为其主题和变体开启了代言。"（Ellen Widmer, David Der-wei Wang, 1993）魏爱莲和王德威乐观地认为，在20世纪中国文学的最后一场运动中，五四精神并未消失。

黄宗泰（Timothy C. Wong）生于香港，在夏威夷长大，是一位美籍华裔汉学翻译家和文学理论家，研究中国古典小说叙事，认为中国人往往倾向于将现代作品加以西化和政治化以使之符合人所尽知的"小说"概念。黄宗泰在美国圣玛丽学院获得政治学学士学位，1968年他获得斯坦福大学的一笔奖学金，从而得以用六年的时间来研究中国古典小说并因此获得了博士学位。1975年，黄宗泰在亚利桑那大学任教一年后，又获得了俄亥俄州立大学的邀请并前往任教。他在俄亥俄州立大学哥伦布分校干了十年，然后应允亚利桑那大学的邀请回去担任中文教授。黄宗泰对文学的研究，主要聚焦于自成一派的近代中国小说。他认为，想要了解中国人和欧美人讲述故事的不同之处，就必须深入了解西方。笔者在此介绍的是黄宗泰为美国斯基德莫尔学院世界语言与文学系的毛晨教授的著作所作的言辞尖锐而取证周详的书评。这里我们说的毛晨的专著是《在传统与变革之间：五四文学的阐释学》（Mao Chen, 1997）这本书。毛晨系美国斯基德莫尔学院世界语言文学系汉语言文学教授，研究兴趣包括20世纪早期中国文学文化、诠释学和接受理论、翻译研究、电影和表演批评。黄宗泰指出该书的第一个缺陷是，没有厘清过于依赖传统和否定传统之间的关系。"《在传统与变革之间》这本书很有意思，至少从它提出的问题来看是这样。然而，尽管它富有煽动性的开场白，试图在对传统过于依赖和对传统完全否定的'五四'时期评论界两极之间找到一块中立地带，却着实缺少值得推敲的有力证据。结论是，在这些多数写于20世纪前二十年的文学作品里，有意识地拒绝中国传统已经成了当时几乎所有学者的共识，因为五四之后的文学运动很大程度上是由作家如鲁迅（1881～1936）等人所领导的。在一本广为人知的短篇小说集序里，鲁迅称文学第一要著是'改变他们的精神'，使中国人从对旧有文化的盲目依赖中清醒过来。任何的'对传统过于依赖'，实际上更多说的是目标读者而不是文学本身。毛晨的书一个明显不足在于她没能厘清这一点，部分因为她简单地以断言代替了论证。"（Wong, Timothy C., 1998：72.3）黄宗泰在此指出的是毛晨的著作存在论证不足的问题，这影响了其观点的可信度。第二个缺陷是文献资料的匮乏。"由于本书相当缺乏例证，想与之进行妥协性的讨论几乎都不可能。作为一个在北京研究中西文学的学者，她的书中不但没有提到任何尚未翻译过来的中文资料，在所列举的154个参考书目里也仅有不到35个中文条目被引用，这委实令人震惊。数字说明一切。整个研究基本上是在演绎，从开篇到结论都是趸来的西方评论家的'理论'，而这些人自己从来没有研究过一本中国文学书籍，连译本都没有读过。在这种情况下，'理论'成了法律，最不济时也必须是所有文本的圭臬，最好时则是解决（或掩盖）评论者能遇到的所有问题的万灵丹。"（Wong, Timothy C., 1998：72）黄宗泰在此指出的是，他认为一个更为严重的问题，同时也是海外汉学研究的一个常见现象，就是对中文文献，尤其是对中文著作的了解、引用和交流过于缺乏。毛晨的论述没有建立在大量汉语文献的基础上，而是凭借那些从来没有研究过中国文学的西方学者的理论来进行演绎，对西学的过分依赖形成了其理论决定论的错误倾向。第三个缺陷是阐释学方法的贯彻并未落实于文本，显得空洞无物。"毛晨的出发点是研究中国一个特定历史时期的文学作品。中国文学传统到底本质上是什么？拒绝这个传统的前无古人的努力最后带来了什么？她最后也没能给这个关键问题一个哪怕是实验性的答案。毛晨研究的关键词是'阐释学'，她解释说，如欧洲著名哲学家伽达默尔在《真理与方法》（1960）一书中所提出，阅读文学作品可被视为预设的视野和'期待视野'的融合。所有文学的理解都发端于历史，无论写作还是接受都无法脱离对文本的解读。没错，这很适用于研究五四时期的作家，因为他们一腔热血想要帮助国人摆脱中国过往的束缚。然而要让自己的想法成立，毛晨需要论证的是，理解中国的历史文化传统究竟是如何帮助我们理解五四时期的文学的。因她对这项工作的忽视，她的书只能是空洞主张的堆砌。毛晨的问题在研究中国文学的学生中并不鲜见。虽然她声称遵循了阐释学的方法，却似乎忘记了一点，即阐释学这个术语本来就指解读文本的艺术。……阐释是一个环形结构，在其中'文本'影响'理论'正如同后者影响前者。尽管她说'阐释学是一种灵活的、非方法论的文化表达方式'，由于西方现代理论构成了她研究的基调，她从头到尾只有一堆比例不当的先验性断言。如果她想让自己的研究受重视，则不仅需要引用若干汉语文本，也需要证明她可以甄别这些文本在其源语言中的细微差异。"（Wong, Timothy C., 1998：72.3）黄宗泰指出，毛晨在研究中运用的阐释学理论并未与文本进行适当的结合，因而其也未能得出有说服力的结论。理论先行带来的是以论代史的武断，缺乏对汉语文献细致地辨析与琢磨。作为具有中国语言和文化背景的华裔学者，黄宗泰横跨中西文学和文论来进行中国文学研究，拥有中国本土学者和西方学者的双重优势，因而对于海外汉学一针见血的批评，有拨云见日之功。

贺麦晓（Michel Hockx）在荷兰的莱登大学学习中文和中国文学，并在那里获得了博士学位。他也曾在辽宁大学和北京大学学习。在学术工作之余，他十分积极地把中国现代文学作品翻译成他的母语荷兰语。贺麦晓目前是美国圣母大学东亚语言文化系的中国文学教授，全球事务学院亚洲及亚洲研究学院的主任。他用中英文发表了一系列论文，主题涉及中国诗歌及文学文化，尤其是 20 世纪早期的中国期刊文学、印刷文化以及当代网络文学。他最新出版的《中国网络文学》被《选择》杂志列为"2015 年 25 本最出色的学术书"之一。贺麦晓目前正在进行的研究是，对现代中国文化产品的保存和数据化进行道德审查的作用。他提出"真有五四文学吗"这一说法答复王晓明的质疑，他认为："如何对尚未得到正确评价的事物进行重新评价？当我开始参加国际会议并发现我的研究领域（民国文学）变得越来越不时髦的时候，这个问题持续困扰了我很多年，最近，对王晓明的文章《一本杂志和一个社团：论五四文学传统》中讨论的文学作品种类有真正的兴趣也成了某种错误。王晓明和一些中国学者在 80 年代末致力于'重写文学史'，他们是首次明确提出反对'五四文学'和其所谓现实主义倾向的。他们在海外的中国学者中导入了一种趋势，有些人甚至将'五四文学'这个概念扩大到了抗战前全部的民国文学。"（Michel Hockx, 1999：2）贺麦晓不同意将五四文学这一概念无限制地扩大涵盖范围，这实际上就是质疑了神化五四的做法。俄亥俄州立大学东亚文化与文学系的邓腾克（Kirk A. Denton）与贺麦晓共同主编了《中华民国时期的文学团体》一书。邓腾克的专长是中华民国时期（1911～1949）的小说及文艺批评。他常年教授本科生课程，包括现代中国文学翻译、亚洲美国电影、中国电影，兼上研究生课程和讨论课，内容主要包括现代中国小说、作家鲁迅、大众文化、台湾文学和中国电影。他尤其对五四时期现代性话语的肇始与形成感兴趣，致力于研究这种话语在何种程度上是由传统提供概念和塑造的。邓腾克主编的论文集《现代中国文学思潮：文学的书写，1893－1945》1996年由斯坦福大学出版社出版。两年后，他的《中国现代文学中自我的困局：胡风和路翎》也由斯坦福大学出版社出版。他还编撰了《中国：一个旅行者的文学伴侣》（2008）、《现代中国文学的哥伦比亚旅伴》（2016）和《在传统和现代之间：米莲娜·多列扎洛娃－薇林格洛娃（1932－2012）纪念论文集》（2016）。邓腾克是以下作品的共同编撰者：《中国：适应过去，面向未来》（2002）、《中华民国时期的文学社团》（2008）以及《灯下漫记》（2017）。他在《中国季刊》和《聚焦日本》发表了几篇关于博物馆文化的文章，还写了一本以"博物馆和纪念地的历史呈现中的政治"为主题的专著，书名是《展览过去：社会主义中国之前的历史记忆和博物馆政治》（2014）。笔者在此介绍一下他编撰的文集《中华民国时期的文学社团》。该书包括如下五个主题：传统和现代、文学社团和"正统"问题、文学作品中的社会学、文学派别的异质性、社团在文学领域形成中的角色。该书由十二章组成，主要章节分别为："被质疑的'风雅'：民国早期的中国古体诗俱乐部""鸳鸯蝴蝶派与文学研究会""创造社（1921～1930）""重新思考'学衡派'：民国早期的新保守主义""语丝社""'论语派'和'小品'之范畴""田汉和南社现象：个人生活，公共生活和文化生活的交织""狮虎成群：新月派在现代中国文学史中的地位""一个有着清晰政治纲领的文学组织：中国左翼作家联盟，1930－1936""越风：一本1930年代的文人杂志""中华全国文艺界抗敌协会""胡风集团：一个文学派别的谱系"。该书编选的目的是"为文学主流研究方法提供了另一条道路，尤其是现代中国文学领域方面。文本研究方法源自从俄国形式主义、新批评主义到结构主义和解构主义的一系列理论，它认为文学就是文本的叠加，应跳出产生它们的语境之外来阅读。由于这种方法在西方文学研究占主流，它导致了'对任何文本的社会和历史构成的完全否认'。即使注重文学文本和社会（或政治、历史和经济）之关系的研究方法，如马克思主义批评和当代的大部分文化研究，也比较漠视语境对文学作品的影响。最近几年，有些领域如书籍史、帝国文学研究和文学社会学的新发展，给西方语言文学作品研究带来了更全面的视角，但是在中国现代文学研究中，人们把对文学文本的'阅读'作为主要目的仍是主流的做法。当大量中国现代文学文本不是为了'文本细读'写出来，而是掺入了从政治煽动到纯粹娱乐的各种其他目的的时候，这种研究方法就很成问题了。众所周知，以文本为中心的文学研究方法是现代主义运动的直接遗产，它的美学意义成功遮盖了文学作品的社会维度。然而为什么这种美学会成为世界上所有学术性文学研究的基础，是很难解释的"（Kirk A. Denton & Michel Hockx，2008：1）。邓腾克对西方文学研究中的文本中心主义进行了激烈批判，重新审视了历史、社会、文化、语境对于理解文学作品的重要性。他认为从文学流派着眼，是理解作家创作的重要入口。他在书中"重点强调民国（1911－1949）文学创作中的一个重要方面：文学流派。这个时期文学文本的创作者，其成员范围包括从非正式的朋友间的松散结社到组织严密的正式团体。诚然，中国现代文学的一个独特之处是：它从某种程度上来说是集体努力的结果。事实上，文学社团在全国范围内无所不在，但是它们在中国的地位从未像在20世纪一样那么重要。你可以猜测一番原因——是因为中国文化中蕴含的集体主义倾向？或是因为20世纪上半叶的历史危机促生了对文学改革的急切和参与辩论的需要？——但事实仍旧是，我们历来认定的民国时期现代中国文学的绝大部分作家都加入过文学流派。这些文学流派塑造了当时文学著述百家争鸣的性质，也影响了文学本身"（Kirk A. Denton & Michel Hockx，2008：3）。在海外关于现代中国文学的著述中，这种聚焦流派的研究并不多见，这种集中讨论、汇聚成册的形式也很少，因而这本书可以说在选题与阐释两方面丰富了海外汉学的内容。

国内学者桑兵在英文刊物《二十世纪中国》（*Twentieth-Century China*）上发表了《中国书面语和口语的差异和趋同：重评五四时期的白话》一文，他认为："新文化运动期间白话的发展本打算作为废除汉语进程中的一个过渡阶段。钱玄同、鲁迅、胡适和陈独秀等学者都赞成逐步实现罗马化、拉丁化直至完全废除汉语。不过，陈寅恪认为采用欧洲化的语法结构，和从日本等国引进新词，会动摇汉语作为一门独立语言的基础。重新评价五四时期的语言革命，会发现简化字、白话和拼音的发展显然并没有实现中国口语和书面语的统一。相反，废除了文言文以后，语言革命重心开始从大众说白话的能力转移到如何用白话创作文学。"（SangBin，2013：1）桑兵主要从历史事实的角度梳理了语言革命的变迁轨迹。美籍华人学者许倬云则从历史结果肯定了白话文的重要贡献，他说："五四运动最成功的部分是白话的推行。因为白话的推行，中国的教育就相当的普及，经典桎梏也就相对的减轻了。我认为这些是五四最重要的贡献。"（许倬云，2010）

三　文献编撰

从 20 世纪 80 年代至今，我国出版的五四运动综合性史料，主要如下：《五四运动回忆录》（中国社会科学院近代史研究所编，1979）、《五四爱国运动》（中国社科院近代史研究所近代史资料编辑组编，1979）、《五四爱国运动档案资料》（中国社会科学院近代史所、中国第二历史档案馆合编，1980）、《新民学会资料》（中国革命博物馆、湖南省博物馆编，1980）；专题性的资料主要有：《五四时期的社团》（张允侯编，1979）、《五四时期妇女问题文选》（中华全国妇女联合会妇运史研究室编，1981）、《五四前后东西文化问题论战文选》（陈崧编，1985）。海外学界的五四文献建设几乎是与五四研究同步进行的。在美国开创五四运动研究之先河的周策纵，一直坚持以史料作为论证的依据，并从学科角度进行了史料建设。他早在 1963 年就编撰了《五四运动研究指南：现代中国的知识分子革命，1915 – 1924》，在前言中他说："这本书是《五四运动：现代中国的知识分子革命》的姊妹篇，不仅用于给第一本书做文献佐证，还用来为那些对现代中国（特别是 1915~1924 年）的知识分子、文化和社会政治史感兴趣的同仁提供更丰富的资料。"（Chow Tse-tsung，1963）周策纵所做的基础性的文献建设工作为海外五四运动研究的展开做了良好的学术铺垫，也促进了这一领域在美国学界的繁荣发展，其成果也成为海外五四学术史研究不可忽略的珍贵资料。

与周策纵的文献建设工作几乎在同一时间开展的是华裔学者刘君若的目录学编撰工作。刘君若的研究方向是东亚语言与文学，曾经任教于明尼苏达州立大学，2012 年于明尼阿波利斯去世，享年 90 岁。刘君若在美国的西方学院获得硕士学位，在威斯康星－麦迪逊大学获得博士学位。在1963 年来到明尼苏达州立大学之前，刘君若曾先后在威斯康星大学、布鲁克林学院、瓦萨学院、佛罗里达大学、拉塞尔学院、哈佛大学、斯坦福大学和不列颠哥伦比亚大学执教。她撰写和编辑了若干专著，并促成了一系列学术和其他方面书刊的出版。在明尼苏达州立大学工作期间，刘君若对于中国研究中心的落成和持续发展贡献良多，促进了中美学术交流，并建成了东亚语言和文学图书馆。刘君若编撰了《现代中国思想文化史上的争议：对"五四"和后"五四"时期杂志文章的文献目录梳理》一书，主要内容包括文学要闻、社会聚焦、政治大事记、知识界关注要点。费正清在该书的前言中介绍说："这本文献目录主要供西方学者用于研究中国现代史上的一个特殊年代，即大约 1915 年到 1927 年之间的'五四'时期。此时的中国作家正力图对他们所传承的文化与社会进行重新评价。"费正清高度肯定了该书对于西方学者做相关研究的研究价值。"现在我们已明白，重塑中国人生活的现代努力竟导致了历史上的一次大革命。只有极少数人才真正明白到其中要旨。西方人并不能自动理解这些问题，而只能通过长期辛苦的努力研究才能领会。本书著录的广泛而开放的争议问题反映了整整一代知识分子的努力，他们中的大部分现在已经作古。"（Chun-Jo Liu，1964：v）"本书的谨慎研究和历史学家的后见之明优势，将让我们更深刻地看到当时他们所面临的问题，他们如何看待这些问题，他们应对的多种途径，以及他们文化事业的高下和命运。"（Chun-Jo Liu，1964：vi）刘君若对该书的用途、得失和覆盖面进行了评述："这本文献目录谨供对中国'五四'和后'五四'时期文学、社会、政治和知识界争议感兴趣的学生作为研究指南之用。它并非无所不包，尽善尽美。本研究基本上在哈佛大学图书馆完成，除了有一段借用了斯坦福大学胡佛图书馆的微胶卷。大体上，此书没有收录以书籍形式重印出版的文章。"（Chun-Jo Liu，1964：vii）该书在五四运动目录学方面有开创性的贡献，已成为学者案头的常备书。

　　海外本土汉学家所进行的文献梳理工作的主要形式是编纂围绕某个主题的选本或者读本。冯文（Vanessa Fong）1996 年毕业于阿默斯特学院人类学专业，2002 年在哈佛大学获得人类学硕士和博士学位，2003 年到2012 年在哈佛大学教育学院研究生院担任讲师，随后升为副教授，2012 年回到阿默斯特学院执教。阿默斯特学院的 Hua R. Lan 和冯文共同主编了《中华民国的女性：原始资料》（*Women in Republican China：A Sourcebook*）一书，这是一部资料性的读本。美国历史学家柯临清（Christina Gilmartin）从比较政治分析的角度指出中国女性在五四运动中的历史贡献，她在该书的导论中说："一战期间，当美国妇女参政权论者正全力维护她们的投票权，而俄国布尔什维克正鼓吹他们的'无产阶级'革命可以带来真正完全的性别平等时，中国的文化破坏者和社会活动家们正以引人瞩目的坚定信念领衔妇女解放运动。这个时代后来被称为五四时期（1915－1924），它见证了为数庞大的有关妇女解放的文学作品和女性社会运动在不同公共领域的风起云涌。那时的年轻女性加入反帝国主义游行，抵制日货，成为知名作家，号召学生罢课以抵制女子中学教育的糟糕质量，提高妇女参政权，以及参加国民党和共产党的妇女和学生组织，并促成了1923年的反军阀、建立现代民族国家的联盟形成。"（Hua R. Lan & Vanessa L. Fong，1999：ix）随后，柯临清对五四运动的发生以及总体状况进行了概述。"可以确定的是，妇女解放运动并不仅仅是五四时期的议题。它发端于1915年，表现为对中国文化的偶像破坏式批评，随后被纳入到更广泛的议题中进行讨论，比如社会达尔文主义，民主，实用主义，过时的儒家思想，用白话取代文言文的需要，西方美学的价值，社会科学，科学训练，医学知识和科技力量。当此时，作家们把一代知识分子的努力称为'思想革命'、'新文化运动'或'启蒙运动'。1919年5月4日，北京的学生爆发游行示威以抗议《凡尔赛和约》中的不公平条款，在此之后，两个相对独立的示威运动——砸烂旧文化、创造新文化运动和群众性的反帝运动——才开始被统称为'五四运动'。"（Hua R. Lan & Vanessa L. Fong，1999：ix－x）她认为，五四运动是"两个相对独立的示威运动"在某个特定历史节点上的结合。1915年开始的西学东渐与中国知识界的社会改造思潮是五四运动发生的思想基础，而1919年的群众爱国示威活动则产生于爱国青年反对不平等条约的共同愿望。中国现代女性的社会改造与思想活动也应该置于此解释框架中进行透视。

伍珍娜（Janet Ng.）是美国纽约城市大学史泰登岛学院亚洲文学教授，主要著作有《现代性的历程：20世纪早期中国人的自传》（2010）。魏贞恺（Janice Wickeri）是美国期刊《翻译》与《中国神学评论》的编辑。伍珍娜和魏贞恺合作编撰了《"五四"女性作家回忆录》，该书的导论介绍了编撰这本自传体女性回忆录的缘起："自传是女性写作的一个重要范畴——它是女性突破封锁进入到她自身空间的明证。以西德尼·史密斯（Sidonie Smith）和卡洛琳·黑博拉（Carolyn Heilbrun）为首的研究自传的女性主义学者频繁指出，女性写作自传是多么困难，因为她们缺少公共领域，她们的声音也就很难被听到。很多中国女性作家在自传里谈到了她们是如何在自己的生活中拼命努力，以打开一片空间来倾吐和写作的。读者将会在本书中读到七位中国女作家危险而孤单的旅程，看到她们如何离开让人窒息的家庭和亲族进入另一个同样充满恶意的世界。通常，当她们置身于一片纯然陌生的景观时，她们也会用自我定义的方式来标注她们穿越过的精神领地。"（Janet Ng. & Janice Wickeri, 1996：1）自传是一种个人性、私密性很强的文体，是作者超脱于时空对自我人生历程与精神体验的回顾、审视与反思。伍珍娜曾经研究过20世纪早期中国人写作自传的现代性历程，她从性别诗学着眼，选取五四女性的自传性创作，意在揭示变革性的启蒙精神在知识女性心灵空间的回响。

四 回顾与反思

国内的五四运动研究往往与主流意识形态在某一时期的思想导向直接相关，五四运动也成为国家宏大历史叙事的思想资源，以及论证政党与国家意识形态正当性的依据。因此，每年的5月4日这一天，以及每逢以十周年为单位的历史节点，党和国家领导人往往会发表重要讲话，中宣部等中枢意识形态部门都会发表社论。五四运动作为思想启蒙的历史任务并未完成，知识分子的现实政治诉求仍与之密切相关，五四仍然是引燃追求民主、科学的火种。国内学术界在20世纪的30年代中期、50年代到60年代初、80年代初、80年代末出现过几个研究高潮期，其不同的主题、观点、方法反映了相应历史时期国内思想发展的症候。

以美国为主的英语世界的五四运动研究属于中国学或者中国研究的一个部分，而中国学研究源自"二战"后服务于美国政治意图的地区研究，20世纪50年代是美国五四运动研究的起始阶段。本文接下来将从研究主体、学缘关系、研究趋势、历史评价四个方面对五四运动研究的成果进行回顾和反思。

（一）研究主体

英语世界的五四运动研究以美国为主，从美国五四运动的研究主体来看，华裔学者与本土汉学家相比具有明显的优势。王晴佳认为："在西方中国学界，'五四'研究似乎已经成为华裔学者的专利。与此相对照，非华裔学者对五四运动，则已经有些兴味索然。"（王晴佳，2009）这一判断是基于一定事实依据做出的："根据美国的博士论文资料库，自从周策纵在1956年写了博士论文以后，直接以五四为题的博士论文共有20篇，其中作者为华裔人士的占14篇。如果再扩大一下搜寻的范围，以'五四'作为关键词来寻找与五四相关的博士论文，则共有144篇。经过粗略统计，在这些论文中，其中由华裔人士完成的在百分之七十以上。"（王晴佳，2009）据吴原元所统计的美国五四运动的博士论文，"在近40篇博士论文中，有24篇论文的作者是华人"（吴原元，2010）。虽然他与王晴佳的统计有范围大小之别，但是从结果可以看到，华裔作者的比例都占了60%～70%。华裔学人赴美留学攻读学位，其研究方向大多为与中国有关的学术问题，而五四运动则是其中的热门之选。就本文所提及的华人学者而言，这些学者与中国台湾、香港的渊源也是一个相当鲜明的特点。例如，汪荣祖1961年曾经获台湾大学历史学学士学位，1971年获美国西雅图华盛顿大学历史学博士学位。周策纵1948年从台湾的国民党政府辞职赴美国留学，获美国密歇根大学博士学位。余英时是香港新亚书院文史系首届毕业生，哈佛大学史学博士，师从杨联陞，他自己的弟子有王汎森等人。许倬云早年毕业于台湾大学历史系，后获得美国芝加哥大学人文学科博士学位，其弟子有黄进兴等人。黄进兴又师从哈佛的史华慈和耶鲁的余英时。林毓生1958年从台湾大学历史系毕业，1970年开始执教威斯康星－麦迪逊大学历史学系。张灏自台湾大学历史系毕业后留学美国，获哈佛大学硕士、博士学位，后长期担任美国俄亥俄州立大学历史系教授、香港科技大学人文部教授。上述学人之间形成了复杂的师承关系，而其学术谱系也有着千丝万缕的关联，这些因素也影响了五四研究的思路与观点上的延续性。

如果说吴原元与王晴佳两位学者在当时所统计的论著作者的华裔身份以港台学人居多的话，那么，从本文当前所统计的作者主体情况来看，21世纪以来，中国大陆学者的研究成果所占比例大大上升，他们在美国的《中国的历史研究》（*Chinese Studies in History*）等期刊上发表了多篇论文。中国大陆学者加入英语学界的学术对话，一定程度上提升了西方人文学术的多元化水平。相对而言，美国本土学者的五四研究成果则呈数量递减趋势，近些年来，随着中国国力的增强与国际地位的上升，美国学界的中国学研究更多地转向对中国的经济、政治、社会问题的研究。美国高校的学术研究具有相对的独立性，学者个人的兴趣与问题意识在一定程度上决定了其学术选题，因而学者的视野相对比较开阔、观点比较自由。

此外，海外的本土汉学家与华人汉学家的选题也有不同的旨趣。相对而言，前者侧重小范围的个案研究，后者偏重大开大合的长时段考察，特别以何炳棣、余英时、林毓生、张灏及其后学黄进兴、王汎森等人的研究为典型。"华人学者在美国研究中国思想史取得的成就大，也是因为洋人学者都尽量避免做特别大的题目，所以，很少有人能够对整体的中国思想史或者一个大时代的中国思想史，有这么大的判断。可是，话说回来，像史华兹、列文森、葛瑞汉，他们也做思想史。后来的变化是跟美国学术界潮流的变化有关的，很长时间里面，经济史、社会史、文化史占了美国学术界主流，思想史反而比较难做。所以，思想史研究领域华人学者比较能够引领风骚，这是一个特殊情况。"（葛兆光，2014）可见，华裔学者与本土汉学家选题趋向的差异，还与自身的文化身份、思想训练有关。葛兆光认为："中国思想史难做，不仅是因为处理的材料非常广泛，而且要用穿透纸背的方法去分析材料，要看到史料背后的动机、观念，这些东西可能不是在字面上找到。在阅读和理解材料的时候，华人学者肯定有一定优势。另外，思想史处理的时段要比较长，做一个小小的个案，作为典范的辐射力和影响力不够。如果做长时段或者说大范围的东西，一般西方学者受到非常严格的西式学术训练，不会贸然处理这些东西。现在西方学者做的东西越来越具体，所以，很少有人像余英时先生那样，从尧到毛，通代都弄下来。整体说来，西方对思想史的兴趣确实已经过去了，西方思想史研究衰落得很厉害，但是在中国，因为思想史跟当代的思想政治关怀还有密切联系，所以它仍然兴盛。我 2010 年到普林斯顿大学去客座的时候，在那里讲的题目，就是思想史为什么在中国大陆现在还很重要，而在西方已经不重要。在西方，新文化史、政治史、经济史、社会史都比思想史热闹，但是在中国，思想史还是很重要。"（葛兆光，2014）此外，宏观层面的思想史研究在中国开展得如火如荼，还与中国学者消除自身焦虑的需要有关。

（二）学缘关系

美国的五四运动研究堪称一时之显学，这与美国本土的中国学研究学术领袖的倡导直接相关，并且形成了一种未必有意为之却脉络清晰的学术传统和谱系。"譬如美国中国学的鼻祖、战后长期执教哈佛大学的费正清，在其事业的初期，与中国学界的许多著名人士，如蒋廷黻、胡适等人，也即五四一代的人物，有不少来往和交情，而且还在中国待了不少年，感受到了现代中国从传统走向现代的艰难和痛苦的历程。费正清本人的研究，也常与五四的学生辈合作，比如他与邓嗣禹一起编有《中国回应西方》，是费正清用'西方挑战、中国回应'的理论来解释近现代中国变迁的代表作之一。其实，费正清提出这一'挑战和回应'的历史解释，与他和五四学者的来往颇有关系。五四人物中不管是老师辈还是学生辈，即使没有出国留学，都或多或少受到了西方近代文化的影响。费正清通过他们来感受中国的变化，自然就会比较容易从西方的影响来入手。也许是受其影响，费正清的哈佛同事、以研究中国思想史著称的史华兹（Benjamin Schwartz），其成名作《寻求富强：严复与西方》亦显然是一本考察中国人如何回应西方挑战的著作。"（王晴佳，2009）美国如下几所名牌大学在晚清以及五四运动研究方面具有深厚的学术传统，例如，哈佛大学就有费正清、史华兹、韩南、柯文、李欧梵、王德威等人；威斯康星大学有周策纵、汪荣祖等人；芝加哥大学有林毓生、何炳棣等人；普林斯顿大学有余英时及其几位台湾弟子，包括王汎森等人；加州大学伯克利分校有魏斐德、叶文心等人；哥伦比亚大学有韦慕庭（C. Martin Wilbur）、张玉法、张朋园、夏志清、王德威等人。圣约翰大学的李又宁教授担任《中国的历史研究》（*Chinese Studies in History*）期刊的主编长达四十年（1968～2008年），她在该刊物刊登了关于胡适研究的许多论著（《胡适与他的朋友》《胡适与他的家族与家乡》《胡适与民主人士》《回忆胡适文集》等论著是在她成立的天外出版社发行的）。美国的本土汉学家与华人教授之间也有复杂的师承关系，例如，美国科罗拉多大学博尔德分校历史系副教授魏定熙1986年毕业于威斯康星－麦迪逊大学并获得历史学学士学位，师从莫里斯·迈斯纳（Maurice Meisner）教授与林毓生教授。1988年，他在加州大学伯克利分校攻读研究生，师从著名汉学家魏斐德教授和叶文心教授，其博士学位论文专注于研究早期的北京大学与20世纪中国的政治文化，后来其将博士学位论文修编为专著《权力源自地位：北京大学、知识分子与中国政治文化：1898—1929》。

（三）研究趋势

美国五四运动研究的动态与"二战"前后东西方的冷战政治局势密切相关，哈佛大学中国学领袖费正清是美国政府对华政策的重要智囊，他的对华态度以及研究兴趣很大程度上影响了其对整个美国的中国学研究的走向。侯且岸认为，从学术史发展的角度着眼，可以将美国汉学的发展大致划分为五个阶段。第一阶段：19 世纪 30 年代至 19 世纪 70 年代中期，即传教士汉学时期。第二阶段：19 世纪 70 年代中期至 20 世纪 20 年代，即学院汉学时期。第三阶段：20 世纪 20 年代至 20 世纪 40 年代中期，即汉学的发展与分化时期。第四阶段：20 世纪 40 年代中期至 20 世纪 80 年代中期，即汉学与中国学并容时期。第五阶段：20 世纪 80 年代中期至 2000 年，即汉学家对汉学的反思时期。随着"冷战"的结束，美国的汉学研究、中国研究进入了反思的时代（侯且岸，2000）。

第一，美国的五四运动研究并非局限于高校的象牙塔之中，作为具有鲜明智库特色的中国学研究，相关学者的学术兴趣与选择恰恰与国际、国内的政治形势密切相关。"1960 年代又是一个左翼思想激进、学生运动风起云涌的年代。就美国而言，反战运动和民权运动的拓展，对美国的中国学者的求学，产生不小的影响。这一影响到了 1970 年代，随着亚洲'四小龙'现代化建设的成功，使得那些学者对经典的、以西方为模式为根基的现代化理论，不再像他们的老师辈那样，崇信不疑。相反，他们更愿意相信，如果没有西方的挑战，中国社会内部也会出现'现代化'的因素。"（王晴佳，2009）费正清的弟子柯文（Paul A. Cohen）在其著作《在中国发现历史》中提出了"以中国为中心的历史研究"这一概念（Paul A. Cohen，1984）。这一观点对于中国研究一直以来的"冲击—反应"模式是一种学术上的反拨。

第二，社会科学方法的引入使西方史学研究方法出现了社会史的转向，这也影响了五四运动研究的旨趣。"以西方史学的变化而言，二战以后的呈现一些引人注目的新趋势。首先是史学科学化的加强，其标志是吸收引进社会科学的方法。这一趋势，导致历史研究的方式和方法，都出现显著的变化。传统的历史研究，以人物、特别是精英人物为中心，认为历史的变迁，与政治家的决策决定、军事家的战略部署和思想家的观念革新，有着密切的关系。因此历史写作就十分注重搜寻这些方面的材料（前两者大都保存在政府档案里面），其写作方式也以叙述为主。而战后的历史研究，引进社会科学，特别是经济学、社会学的方法，就是希望从整个社会的层面探讨历史变迁的原因和勾勒其变化态势。经济学和社会学的方法比较注重数据分析，由此来分析社会的结构变化，就使得史家的眼光从精英人士转移到了社会大众。社会史的兴起就是一个重要的标志。而大量数据的征引和分析，又导致计量史学在 1970 年代崛起而成为一个令人瞩目的学派。"（王晴佳，2009）相对而言，华裔学者所做的五四运动研究主要聚焦于精英人士对西方启蒙思想的接受、阐释，以及对社会大众的唤醒与宣传，这一具有精英史观的研究路向显然与"二战"后西方史学的旨趣是有区别的。吴原元认为："在研究方法上，美国的五四运动研究呈现明显的范式转换。1950 年代，美国学者对于五四运动的研究多采用叙述手法，描述历史事件发生之全过程。以周策纵的五四运动研究为例，基于'经济条件和思想意识的相互作用可能是确定事件性质时的重要因素，但诸如历史背景、政治条件、社会组织和社会心理、领导和参加的人以及其他一些小的但可能是关键性的因素的影响也很大'这种信念，他以时间先后为序详细地记载了'五四'前后的史实，探讨了它的来龙去脉和前因后果，为新文化运动提供了一幅全景的历史画面。1960 年代后，美国学者对五四运动的研究转向知识分子的意识形态发展，其研究方法不再是之前的那种纯叙述手法，而是采用思想文本分析的方法，即通过知识分子的著作透视其思想发展历程。例如，周明之的《五四时代中国的科学与价值：以胡适为例》，以胡适在五四时期所发表的著作、演讲等思想活动为研究中心，分析胡适在新旧交替与中西激荡的环境中，对传统文化的复杂心理以及对国家与社会关系的深刻思考，从思想史、心灵史的角度透视五四那一代知识分子的心路历程。进入 20 世纪 90 年代后期，对五四运动的研究则注重借鉴社会学、人类学等其他多学科的方法。傅朗的《恽代英与近代中国政治知识分子的出现：五四运动时期武汉的激进社团》，采用历史社会学的方法，详细考察五四运动时期武汉激进社团的成员及活动等。"（吴原元，2010）吴原元此处的列举自然不可能穷尽海外五四研究方法的多重面貌，但仍然反映出了研究路径上的百花齐放。

第三，中国现代思想的时间中枢点的位移，是五四运动研究不再受到持续关注的原因。王晴佳认为："研究五四专著出版减少的原因，还在于五四作为一个思想文化运动，在西方学术界已经不再受到青睐。当然，有关中国的现代化或中国的现代性问题，仍然受到重视。但是否要通过研究五四来研究这些问题，则似乎又另当别论。因为思想史研究本身已经失去了市场，而社会史、文化史则在西方史学界方兴未艾、气势磅礴，并影响到了中国学界。而且，即使想探究中国现代性的起源，也不一定把五四运动视作一个从传统到现代的分水岭。这一特点为近年西方学界研究五四著作所证实。"（王晴佳，2009）王德威曾经提出"没有晚清，何来五四"的说法，提醒大家关注晚清历史所包含的多重复杂的文化面相，从而找到"前五四"时期潜藏的思想脉络。笔者在前文也曾介绍过《超越五四范式：探寻中国的现代性》一书的旨趣，即五四运动在中国现代史研究中被"去中心化"的现象。虽然海外五四运动研究史呈现出了一定的阶段性与断裂性特征，但是这种前后期的差异也并非绝对。对此，王晴佳认为："虽然要注重西方学界五四研究的阶段性变化，但其实各个阶段之间，并没有形成一种完全割裂的关系，而是互有关联，体现出一种历史的延续性。换句话说，即使在五四研究的初期，周策纵等人也没有完全漠视五四运动与传统文化之间剪不断、理还乱的关系，而到了林毓生写作《中国意识的危机》的时候，五四内部的传统因素更引起人们的重视。而当今的五四研究，虽然更倾向否定五四作为一个传统到现代的界标，也不愿将传统与现代视为对立的两极，但其变化的主要特点，还是从研究五四运动本身，转移到其他领域，同时又注重五四以前中国社会产生的变化，强调从传统到现代的缓慢变化，由此来去除五四的中心位置。这些尝试，在以前研究五四的著作中都曾有不同程度的呈现。因此这一'去五四中心化'的口号虽然响亮，但其背后所展现的也许只是五四研究的深化和扩大，而并不是一种革命性的范式转移。"（王晴佳，2009）王晴佳将五四研究观念的变异视为"五四研究的深化和扩大"，而非"革命性的范式转移"，体现了其对于"范式"这一说法的谨慎态度，同时也为不同阶段的研究思路和方法之间的对话提供了空间。

（四）历史评价

五四运动作为一个历史命题和学术概念，需要研究者完全地理解和把握。一方面，它是肇始于晚清的新文化运动，是一场宣扬启蒙、民主、自由的思想解放运动，也是一场影响深远的社会思潮与社会改造运动。另一方面，它同时特指 1919 年 5 月 4 日发生的政治事件，是思想解放思潮所孕育的产物，也是历史发展的必然性借助偶然性事件爆发的结果。北京高校师生的参与和推动，以及激愤情绪的爆发，导致该事件造成了全国性的社会影响。忽视其历史发展的长期性与思想内涵的复杂性，片面地、割裂历史语境地看待它，都无法完整把握其丰富的历史与思想价值。有人认为，新文化运动与五四运动在目标、性质上都有很大不同，新文化运动开始得更早，指向是广义上的文化，而五四运动则指向政治，因此不能以"五四新文化运动"来一言以蔽之。许倬云曾对此进行了辩证分析，指出二者的差异与联系："五四那一天发生的事，等于是夹带着戏剧性和激烈的大规模的行动，以及流血，军警镇压这种冲突，这个事情的惊心触目，带动全国起步更早，延续时间更长的新文化运动。我们不能以那一天的事情概括五四，可是，那一天的运动有它打旗号的作用。我认为，在这个运动里面，政治运动是爱国，民族主义；文化运动是开发新的文学和思想。"（许倬云，2010）

1. 历史贡献

在五四运动即将过去一百年之际，中外对五四运动的历史记忆纷纷做出了重新诠释。关于这一历史命题的评述因各自立场、角度与现实需要的不同而众说纷纭、莫衷一是。正反两面的看法中，最为突出的看法是出于对五四运动的负面效应的认识而做出的否定评价。在五四运动九十周年之际，思想史研究者葛兆光和许倬云对五四运动曾经做过总体评价，前者偏重五四运动的历史功绩和社会影响，后者偏重五四运动的局限性。两者立论不同，但是可以参照互补。

葛兆光认为，关于五四，现在流行着两种新的说法："一个是从后现代角度，检讨和批评'五四'所带来西方的'现代性'问题，这对'五四'，多多少少是有一点非议的。还有一个，是从民族立场的自我中心主义出发，批评'五四'造成了'中国的'传统的断裂和文化的缺失。这两种说法，我都不太愿意接受，其实它们都是'后见之明'嘛，只不过是想借用新的理论和新的价值尺度，去评价'五四'。"（葛兆光，2009）葛兆光敏锐地指出上述两种看法的理论前提是"后见之明"，提醒我们看待历史问题不应该抽离历史语境本身而做拔高或者贬低之论，而应该将历史还给历史本身，也就是"在历史的延长线上"看待五四运动。笔者认为，第一，从后现代主义角度指摘五四运动带来的现代性问题，是一种基于理论立场的发现和判断。如果不认为后现代主义理论是唯一正确的思想方法的话，那么，五四运动的现代性问题就需要继续重估。第二，从文本事实来看，我们可以找到当时的启蒙人士所发表的不少关于激烈批判中国传统文化的言论，对这一事实我们可以从两个方面进行解释，一方面是矫枉过正的片面性，对此，今天的学者应该审慎对待。但另一方面，今天的批评者也许只看到了文本事实的表层，而没有看到问题的复杂性、言论的多面性以及言论和行为的不一致性。

（1）五四运动是中国现代史的起点，自然也是中国历史现代性的根源。"现在的中国，是在现代的路上？还是走过了现代，已经到了后现代？如果说还是走在现代的路上，那我们今天，也就仍然是在'五四'的延长线上，'五四'精神呢，也就仍然有它的价值。"（葛兆光，2009）如果五四的使命还没有完成，五四的能量还没有完全释放，那么，认为五四研究已经过时了的论调就未必合理。

（2）五四观念是普遍价值的一部分。"我们需不需要承认，人类是有普遍价值的？'五四'时代提倡的那些东西，像'自由'啦，'科学''民主'啦，到底是西方独有的、还是全世界共享的价值？现在，有的学者看到'西方中心主义'造成的弊端，会采用后殖民后现代的一些理论去加以评判，这在理论上当然是有意义的，但你还承认不承认'科学'与'民主'是一种普遍价值？如果承认它们，那么，我们就仍然要为走出蒙昧和专制而努力，从这个意义上说，'五四'精神也是有价值的。"（葛兆光，2009）2007年年底党的十七大首次提出"建设社会主义核心价值体系"，即"富强、民主、文明、和谐、自由、平等、公正、法治、爱国、敬业、诚信、友善"，并强调要把社会主义核心价值体系融入国民教育和精神文明建设的全过程，转化为人民的自觉追求，积极探索用社会主义核心价值体系引领社会思潮的有效途径，增强社会主义意识形态的吸引力和凝聚力。社会主义核心价值是社会主义意识形态的本质体现，也是对中国共产党在新的历史时期对中国近现代先进思想和文化观念的自觉地继承和发展。

（3）知识分子在五四运动中承担了思想启蒙的领导作用，知识分子传播文化、追求真理、爱国救亡的精神值得继续弘扬。"'五四'一开始跟民族情绪有关，你知道，它是因为'二十一条'引起的。但后来，它为什么变成了一场'新文化运动'？这显然与中国'外御强敌，内惩国贼'、'若需救亡，必启民智'的习惯有关系，与中国人向来认为'体用'、'道器'、'本末'需要连贯的传统也有关系。一批精英分子，因为这个缘故，才对'五四'做过一个解释，他们觉得，为了救亡，需要启蒙，所以他们会有这样的解释。我想，这个社会还是需要有精英的，需要有热心启蒙的精英知识人，站在权力的边缘，来呼吁民主和科学，通过启发民智，来监督权力、敲打政治。"（葛兆光，2009）就现阶段来看，知识分子本身就是工农兵的一部分，是党的先进力量的组成部分。在新的历史时期，知识分子应该继续承担起自己的国家使命和历史责任，在推进经济社会的全面发展中发挥先锋作用。

2. 时代局限

从总体评价来看，学界普遍认为五四运动的贡献大于局限，正面价值大于负面价值。对于局限的分析不能脱离语境而作空蹈的高论，或者进行历史的预设与逆转，而应该基于学理进行价值的反思。许倬云在肯定五四运动的历史贡献的同时，也指出了其局限与不足。

（1）对西学未做正本清源的梳理与探讨，还停留在浅层次的介绍。许倬云认为，我们在肯定五四运动正面价值的同时，"也要看到当时实际的情况。第一，当时，以胡适之先生为代表的五四运动领袖，对于西方现代文化阐释是取他们所见所闻为主体。他们并没有深入探讨他们所谓的文艺复兴和启蒙运动，也没有将文艺复兴和启蒙运动的真实情况告诉给国人"（许倬云，2010）。晚清几代学人用了半个世纪的时间全面引进、介绍了上千年的西方思想与文化，难免消化不良，未能周全。许倬云认为胡适当年没有抓到启蒙运动的"根"，"这个根就是指精神资源。而且因为另外一些激进分子提出要'打倒孔家店'，胡适先生没有讲过这样激进的话，有些人把帽子戴在了他的头上。但是，胡先生没有真正从中国文化中去追寻它的根源。他的专长是考证，认为这是科学精神，他并没有在中国的人文传统上去花力气。在这一点上，倒是冯友兰先生后来做了相当多的努力。我们不能因为胡先生没有做到，就说他做得还不够，他老人家自己说过，但开风气不为师。他做的是开风气的工作，打先锋。没有一个人能够说，谁能把文化建设的工作做完了。如果做完了，文化就死掉了"（许倬云，2010）。的确，我们在今天能够看到五四思想者们的主张存在缺漏，但我们未必就要去否定他们的道路，而应在反思的基础上继续前行。

（2）对于五四思想，我们今天应该能够区分出其中的科学主义与科学精神。许倬云说："五四运动最成功的部分是白话的推行。因为白话的推行，中国的教育就相当的普及，经典桎梏也就相对的减轻了。我认为这些是五四最重要的贡献。但是，'德先生'（民主）和'赛先生'（科学）这两者，尤其是后者，五四诸公给我们所提供的基本上是科学主义而不是科学精神。科学主义沦落成另外一种信仰，这种信仰害苦了中国。因为当时国民党的建国，以及现在中国进行的国家建设工作，都提出了科学兴国、科技兴国、科教兴国等口号，把科学当作万灵药。他们不知道科学背后隐含着一种科学精神，这种科学精神不是一种信仰，而是很深刻的追问和追寻，追寻之中有一定的学术上的纪律，不是说只是拿科学当万灵药，借过来就可以当样本。"（许倬云，2010）五四时期"赛先生"的提出，是出于对传统封建迷信观念的反对，其实质是提倡科学的、理性的、怀疑的精神。而科学主义或者认为"科学是万能的妙药"的理念就相当于是将科学精神推向了极端，失掉了原有的人文价值和人文关怀。

（3）五四运动的思想没有涉及民主的多重复杂内涵。"五四当年介绍进来的'德先生'，基本上是模模糊糊拿美国当范例。以今天的眼光来看，民主在现代是多样多极的而不是一个样子的，这一点在社会科学领域已经毋庸置疑了。第二，多样性之中，种种优劣、长短很有推敲的余地。同样，民主在现代实现的模式包括从虚君立宪到有限民主、全面民主到仅计算选票的数目却没有理性的辩论，这些在当时并没有很明白地揭露出来。胡适之先生后来把容忍两个字当成最重要的成分。大家看到，台湾的民主相当的独断，民粹化趋势严重而缺乏容忍。将来中国会走向民主的方向，我们也不假定中产阶层占了人口一定的比例，才可以谈民主——民主不是那么简单，有许许多多需要自己警惕，需要自己培养的事项。否则，民主就被滥用了。"（许倬云，2010）民主并非对于所有的国家和社会而言都是一种最完美的方案和选择，它只不过是多个可选项中比较而言最不坏的一种制度设计而已。因而，对民主制度抱有过于美好的想象和认为民主必然只有一种模式的观点，都是有问题的。

许倬云基于五四运动所提倡的"德先生"和"赛先生"都有其局限性这一判断，认为我们现在应该把握好民主和科学的基本原则："这两者虽然有所不足，但是可以继续做。我们从大的方向上要掌握好这两者：'德先生'后面是人权，但是要把人权放在理性和容忍的层次上，要协调对大众最有利的公约数。至于'赛先生'呢，我们知道，科学是一种学术，也是一种思考的方式。当学术转化成技术的时候，它有利有弊。比如说，农药和肥料在50年代被普遍使用的时候，科学的农业，绿色的革命使许多人可以吃饱饭了。但是，今天我们可以看到，肥料和杀虫剂造成的生态危机是无法逆转，无可补救的。科学要和技术分开，科学本身的很多层面，也要特别谨慎，特别小心。科学和民主都是美好的名词，但是我们要注意它后面的坑坑陷陷，不然一个不小心就会被绊马索绊倒，掉进陷坑。科学如果没有人文精神作为辅助，就会将这个世界变成机械化的世界；民主假若只是变成选票决定，多数派掌握，就会演变成暴民政治与专断。当年希特勒上台所经历的过程，是完全符合民主程序的。"（许倬云，2010）在此，许倬云提醒我们注意，民主的基础是人权，而保障人权的原则是理性和容忍，我们要在此前提之下寻求最大的公意。但是，多数选票未必就是民主，专制往往是借助多数人的名义而形成民主的暴政。此外，科学不可等同于技术，科学如果失掉了人文内涵就会成为社会混乱的源头。

结　语

纵观英语世界的五四运动研究概况，由于海外汉学家在学术背景、知识结构、理论基础、学术生态、师承关系等方面所具有的优势，他们的研究具有如下几个特点：既注重长时段历史视野的宏观观照，也有对事件、人物、观念等具体问题的微观考察；既有基础史料的编撰整理，也有方法和理论的建构；既关注思想精英的主张与主流思潮的影响，也注意发掘草根人物与边缘历史的价值。尤其值得注意的是，这些学者十分强调对既定观点的批判性反思，这种思维方式是他们能够进行思想创新的重要因素。最后，正如前文所提到的，美国五四运动研究以知识传授的学院体制为单位，形成了美国本土汉学家与华裔汉学家之间复杂的师徒授受关系，从而形成了互相影响、彼此借镜、破立结合的学术传统。以西观中，或者以中观西，都立足于主体从他者获得启发，但这毕竟是单向的、独语式的解读；只有中西互观，也就是互为主体，我们才可以获得对照、比较带来的双重启示，也就是所谓"比较既周，爰生自觉"。全球化时代的五四运动研究的推进需要加强中西互动交流，将西方的理论与中国学研究相结合，同时中国学研究的具体问题又可以对普遍性的理论进行补充或者提出挑战。跨越中西不同的历史语境和思想世界，目的是理解中国学对于英语世界的意义，同时反观西方学术研究对于中国学术研究的参照价值，从而在世界范围内的开放和对话中推动中国学术研究的进步。总之，英语世界的五四运动研究，既展现了五四运动的丰富内涵，也架设了一座中西学术交流的桥梁。

纵观百年五四研究历程，中西五四运动研究还可以在如下层面进行开拓：第一，加强对于英语世界五四运动研究的历史过程的考察，从国别史角度细致地捋清不同的研究方法、范式，做好代表性学者的个案研究。第二，突破学科樊篱，跨越理论范式，从新文化史、比较文化史、精神史、跨文化理论、认同理论等视角进行整合性研究。第三，从历史研究出发，突破现象层面的描述，不断抽象出理论命题，实现研究范式的转换。美国的中国学研究在继承欧洲汉学传统的基础上，面对现实问题的解决确定了其研究的重点，强调理论的抽象及指导作用，体现了质疑传统、开拓创新的精神。第四，国内学界既要克服崇洋媚外的自卑心理，又要理性思考海外学术路径对于挣脱自身思维、视野、方法束缚的解放意义。无论是审慎地吸收还是批判性地反省，都应该建立在如下认识的基础上：中外学术具有不同的现实指向、历史语境、学术传统、意识形态分歧，等等。此外，在此基础上，我们还应该考虑将两种语境的学术进行对接的原则与依据。总之，反思的目的是走向更加自由、开放、理性、辩证的研究道路。

本文对英语世界的五四运动研究进行了简单的梳理和概括，目的在于回顾、厘清现有成果，同时分析研究中的主要观点和方法。笔者作为一个中国本土的研究者，立场、视野上的局限都不可避免地影响了本人对于该问题的分析，因而本文也是一个需要进行反思性批判的文本；此外，由于见识有限，对于文献的搜集、查考也肯定存在缺漏。因此，笔者十分期待海内外学者的批评指正。

参考文献

Chow Tse-tsung（1963）：*Research Guide To The May Fourth Movement：Intellectual Revolution in Modern China，1915—1924*，Harvard University Press.

Chun-Jo Liu（1964）：*Controversies in modern Chinese intellectual history：An analytic bibliography of periodical articles，Mainly of the May Fourth and post-May Fourth Era*，East Asian Research Center，Harvard University.

Ellen Widmer & David Der-wei Wang（1993）：*From May Fourth to June Fourth Fiction and Film in Twentieth-Century China*，Cambridge，Massachusetts London，England ：Harvard University Press.

Hua R. Lan & Vanessa L. Fong（1999）：*Women In Republican China：A Sourcebook*，M. E. Sharple，Inc.

Janet Ng. & Janice Wickeri（1996）：*May Fourth Women Writers：Memoirs*，The Chinese University Press.

Jin Jianling & Zhang MoMei（2014）：*The South Society and the May Fourth Movement.* Chinese Studies in History，48（1）.

Kirk A. Denton & Michel Hockx（2008）：*Literary Society of Republican China*，Lexiongton Books.

Lung-Kee Sun（1986）：*Chinese Intellectuals' Notion of "Epoch"（Shidai）in the Post-May Fourth Era.* Chinese Studies in History ，20（2）.

Mao Chen（1997）：*Between Tradition and Change：The Hermeneutics of May Fourth Literature.* Lanham，Md. University Press of America.

Michel Hockx（1999）：*Is There a May Fourth Literature? A Reply to Wang Xiaoming*，Modern Chinese Literature and Culture，11（2）.

Paul A. Cohen（1984：*Discovering History in China：American Historical Writing on the Recent Chinese Past*，New York：Columbia University Press.

Sang Bin（2013）：*The Divergence and Convergence of China's Written and Spoken Languages：Reassessing the Vernacular Language During the May Fourth Period*，Twentieth-Century China，38（1）.

Shakhar Rahav（2015）：*The Rise of Political Intellectuals in Modern China：May Fourth Societies and the Roots of Mass-party Politics*，Oxford University Press.

Wong，Timothy C（1998）：*Between Tradition and Change：The Hermeneutics of May Fourth Literature*，World Literature Today；Norman，Okla. 72. 3.

侯且岸（2000）：《论美国汉学史研究》，《新视野》，（4）。

王晴佳（2009）：《五四运动在西方中国研究中的式微？——浅析中外学术兴趣之异同》，《北京大学学报》（哲学社会科学版），（6）。

吴原元（2010）：《试析美国的五四运动研究——以博士论文为考察中心》，《济南大学学报》（社会科学版），（3）。

许倬云（2010）：《五四运动，未完成的启蒙》，《新京报》7月29日。

葛兆光（2009）：《我们这一代人——葛兆光教授访谈录》，《书城》，（4）。

—— （2014）：《去掉脉络化，去掉熟悉化》，《北京青年报》，3 月 14 日。

A Retrospective Pursuit of May Fourth Movement in the World of English（Part Two）

——To Commemorate the 100th Anniversary of May Fourth

Li Song   Shu Mengzhi

Abstract：In the past seventy years, the study of May Fourth has been a hot issue of modern Chinese History in the world of English as well as an important issue for oversea China studies. The plentiful achievements and new theories of this field have profoundly influenced the ideology of many domestic subjects. By going deep through volumes and journals of the English world, we can conclude that the main study is about the following six subjects：historical process, regional research, ideology, intelligentsia, literature and language study, and document compiling. The features of this research are as follows：most researchers are ethnic Chinese；the academic tie of mentor-student inheritance has been built in renowned American universities；oversea China Studies has been under the direct impact of Cold War politics, hence having the unpredictable wavering accordant with international upheavals. May Fourth study in the age of globalization needs to be promoted when strengthening the China-Western communication, to pursue and reflect on the proceeding of May Fourth Study in the world of English, with an aim of making the May Fourth study a crucial field where a multiplicity of subjects, perspectives and methodologies clash and scintillate.

Keywords：May Fourth Movement；China Studies；the World of English；De-centering

About the Authors：Li Song, Ph. D. , Associate Professor in School of Chinese Language and Literature, Wuhan University. Research interests and specialties：literary theory and China's contemporary literary history. Magnum opuses：*Literary Research's Basis on Theory of Knowledge*, *Political Aesthetics of the Red Pro-*

scenium, *Philosophy of Literary History.* E-mail：diamond1023@163. com.

Shu Mengzhi, MA in Linguistics, Lecturer in School of Foreign Languages, Xiangtan University. Research interests and specialties：intercultural communication and comparative literature. Magnum opuses：*On Translation and Exportation of Chinese Contemporary TV Series——Taking shibingtuji as an Example.* E-mail：smzmi2am@126. com.

"五四"新文化运动与陈独秀

——关于中国近代文学的思想性基础的考察

〔日〕中屋敷宏 著 郑子路 译 梁艳萍 校*

摘 要：陈独秀出生于安徽省怀宁县，自幼研习经书并顺利通过县试、府试。18岁时，因目睹了乡试考生的种种堕落无能之行，决定不再参加科举。在这之后的一段时间里，陈独秀以革命家的姿态积极投身革命，先后创建了"藏书楼""青年会""岳王会"等组织，并创办了《爱国新报》《国民日日报》《安徽俗话报》等报刊。1907年以后，陈独秀开始以《新青年》为阵地，以"文化运动"为手段，积极推动中国的思想启蒙运动。《新青年》的创刊从本质上说，是陈独秀革命运动的继续，即完成"中华民族的精神改造"。用陈独秀的话来说，则是发扬对"民主"与"科学"的主张。但是，由于受到启蒙思想内在逻辑的制约，陈独秀缺乏对中国现状的认识及理解，其自我意识的完结性，又从主体一侧封杀了他作为中国的思想家超越西欧近代启蒙思想局限的可能。虽然，陈独秀很快就"转向"为"马克思主义者"，但他在启蒙思想的逻辑下形成的自我构造仍未发生根本性的改变。毛泽东在整风运动中所要变革的对象，就是陈独秀所显示出来的这种意识构造。

关键词：陈独秀 新文化运动 启蒙思想 革命

---

* 中屋敷宏（Nakayashiki, Hiroshi），九州大学文学部大学院修士课程（中国文学专业）毕业。现为弘前大学（Hirosaki University）名誉教授，著有《中国意识形态论》（劲草书房，1983）、《初期毛泽东研究》（苍苍社，1998）等。
郑子路，广岛大学综合科学研究科美学·艺术学专业博士研究生。
梁艳萍，湖北大学文学院教授，主要从事东西方美学、文艺美学与文学批评研究，主要论著有《漫游寻美》等。

一　新文化运动前的陈独秀

陈独秀出生于安徽省怀宁县的一个"半农半读"的殷实家庭。在其父成为秀才、叔父通过了乡试之后，陈家渐为当地所知（陈万雄，1979：1）。陈独秀的父亲在他出生后几个月就去世了，留下他们兄弟姐妹四人。陈独秀是在祖父严格的教育下成长起来的。虽然其父也曾作为武官到奉天任职（松本英纪，1970：23），但终究还是未能科举及第。所以，其母从小就要求他"参加科举，至少要成为举人，以完成父亲的心愿"（陈独秀，1969：25）。他也因此从 6 岁起就跟随祖父学习《四书》《五经》《左传》等儒家经典。依据陈独秀的自述，他自幼聪明伶俐，祖父对他的期望很高，所以相应对他的教育也格外严厉。祖父生气时会激烈地鞭打他，但即便如此，他"也没有掉过一滴眼泪"（陈独秀，1969：24～25）。祖父在陈独秀八九岁那年去世了。在自祖父去世到他十二三岁的这段时间里，陈独秀陆续跟随过几位私塾先生学习，但他对谁都不满意，只对哥哥教的《文选》略有些兴趣。陈独秀对八股文本身是没有兴趣的，只是和普通读书人家的孩子一样，为了科举考试而研习经书。如果要说他与其他读书人家的孩子有什么不同，那恐怕就是他并没有在母亲的强烈期望下，被"科举崇拜思想"洗脑，也没有科举及第，将来做大官出人头地的"士大夫阶级性的人生观"（陈独秀，1969：24～28）。

陈独秀 17 岁时通过了县试、府试，并以第一名的成绩成为生员，18 岁时为了参加江南乡试第一次离开了故乡。他在南京目睹了考生们种种堕落的行为以及毫无气度的姿态——考生中有结伙盗窃者还假借"皇帝的圣旨"来恐吓就此盘问他们的商人，也有赤裸着身体在回廊里反复诵读自己的文章让人不禁联想起猿猴类动物的——之后决定不再参加科举考试。而且，这些景象还使他联想到：如果让这些小人得了志，那么人民将蒙受多大的灾难？国家制度恐怕也存在着同样的弊端吧？梁启超等人在《时务报》中所说的恐怕是有一定道理的。陈独秀认为，这次的经历是使他转向康梁派的最重要的契机（陈独秀，1969：33～41）。此番回想在多大程度上反映了当时的实情，恐怕是个值得推敲的问题，但值得注意的是，陈独秀确实读到了变法派的机关报《时务报》。住在远离南京的乡下的陈独秀，却读过在上海发行的、被视为有危险思想倾向的《时务报》，这恐怕是件不得了的大事。也因此我们可以推测出，陈独秀的周围存在着某种乡间不可能存在的开明的空气。他在之后的回忆中说，自己从康梁的论述中了解到大量来自国外的新知识，恐怕就是在这个时期（陈独秀，1916c）。当时的陈独秀，已经从一般的乡间读书人中脱离了出来，成为具有新知识的读书人。这也就是为什么，他仅通过一次乡试就看透了科举的腐败，并且在18岁时就写下了《扬子江形势略论》（陈万雄，1979：7）。在这背后，存在着不同于传统思想的、来自新知识的新世界观的萌芽。

1898年，19岁的陈独秀赴杭州求是书院求学。这间书院是在甲午中日战争之后，在有识之士掀起的开明风气下设立的新式书院。这间书院传授新知识，培养出了很多具有革命思想的人才，被看作辛亥革命时期杭州的革命发源地（陈万雄，1979：5）。我们对于在校期间的陈独秀一无所知，唯独可以确定的是，他在这里首次接受到了新教育、新思想的正式洗礼。但是，陈独秀在校时间并不长，第二年就因母亲去世返回故乡。在这之后的数年间，陈独秀的所做所想我们也并不清晰。① 而与此同时，中国社会却发生了一系列重大的变化：1898年9月，光绪皇帝的百日变法以彻底失败而告终，康有为等人开始流亡。紧接着，孙中山领导的兴中会发动的惠州起义虽然也以失败告终，但改革运动的主导权从"变法派"逐渐转到了排满兴汉的"革命派"手中。回乡之后因为经常替"康梁派"辩护而屡遭众人责难的陈独秀（陈独秀，1922：113），也随着时代的步伐，于1900年前后投身到排满的革命运动之中（陈万雄，1979：24）。1902年，他与潘普华等好友以"弘扬新知识、启蒙民智"为宗旨，采买相关书籍，在安庆城内设立了一家图书馆——"藏书楼"。他在这里组织学会、宣传革命，但很快就被当地政府发觉，"藏书楼"后来也被迫关闭（陈万雄，1979：24）。

也就是在这一年，陈独秀首次赴日留学。在日本，他加入了由留日学生自发组织的友好团体——"励志会"。这个团体随着义和团事件、自立军起义失败等形势的激变，分裂为两派。陈独秀在入会后，立即成为激进派的一员，并作为发起人积极地参与到留日学生的新组织"青年会"的活动之中（陈万雄，1979：26）。"青年会"是留日学生组织成立的最早的革

---

① 郅玉汝编著的《陈独秀年谱》也没有任何关于此一时期的记载（郅玉汝，1974：5~6）。

命团体之一，他们明确地举起"以民族主义为宗旨、以破坏主义为目的"的革命大旗，后来很多的革命人才都出自这一团体。此时的陈独秀作为组织的中心人物，已经全身心地投入了革命运动。"青年会"对在义和团运动爆发之际趁机占据中国东北的俄国军队极为愤慨，因此他们组织了"拒俄义勇队"，谋划与俄军决战。但这场运动在袁世凯的压迫下未能实现，"青年会"也因此改组为以长期抗战为行动宗旨的"国民教育会"。将"青年会"的政治理念付诸实践，应该视作陈独秀作为革命家值得纪念的"第一声"。

1903 年 5 月 21 日，陈独秀与潘普华、潘璇华、王国桢等同志，在安庆城内开设的"藏书楼"里，召开"拒俄演说大会"。这场大会，对于陈独秀来说是其作为革命家的第一次公开活动，对于安庆来说则是打响了革命运动的第一枪，引发了巨大的反响。大会召开前，陈独秀为了避开警察的搜查而离开日本。陈独秀之所以会遭到日本警方的搜捕，是因为他与邹容、张继等五人，将在日常生活中与留日学生积怨颇深的南京驻东京留学生学监姚煜押到家中，剪掉了他的辫子（陈万雄，1979：27～28）。大会当天虽然天降大雨，但仍有三百名左右的听众聚集。在陈独秀发表了开幕致辞后，有二十位革命志士进行了演说。最后大会通过了陈独秀成立"爱国会"的提议，并决定创办《爱国新报》。《爱国新报》的发刊布告明确地提出了创立国民同盟会，策动南方独立，再建不受异族支配的民族主义的国家构想。① 陈独秀在这次大会上演说的讲稿，是我们了解此一时期陈独秀思想的重要资料。②

首先，陈独秀分七条对俄国要求中国缔结条约的"蛮横无理"进行了剖析。然后，他叙述了自己在东三省看到的中国人遭受俄国人奴役的情景，并痛诉中国面临的亡国危机，认为各国也在效仿俄国意图瓜分中国，而中国人却毫无救国之志。为何会如此呢？陈独秀将其中的原因归结为中国人的民族性。他认为，中国人只顾生死而不争荣辱，只要能苟且偷生，即便成了亡国奴也甘于承受，而外国人则是只争荣辱无谓生死，宁为国死也不做亡国奴（陈万雄，1979：30）。其次，他从情报、思想和体魄三个方面论述了矫正的方法，认为国民应该在第一时间掌握有关时局的情报，

① 《苏报》1930 年 5 月 25 日。这一资料经中岛长文整理收入《陈独秀年谱长编》中。
② 《苏报》1930 年 5 月 28 日。这一资料经中岛长文整理收入《陈独秀年谱长编》中。

树立爱国心并锻炼自己在商业、军事战争中无法被挫败的坚毅的精神与肉体。最后，他将坐视亡国的民族性的构造，分为四个类型反复论述，愤然直指中国人缺少爱国之心的精神基础。这次演说从始至终贯穿着陈独秀敏锐的危机意识，同时也充斥着其个人带有悲观色彩的慷慨陈词。换句话说，对于民族正面临危机的敏锐认知，转化为他对中国民族性的强烈愤慨。此时的陈独秀，在其思想中已经形成了五四文化运动中一项重要思想成果的萌芽。

很快，陈独秀等人的革命运动就被当局所察觉，"藏书楼"遭到封锁，作为运动领导人的陈独秀也成为被追捕的对象而逃亡到上海。1903 年 7 月，上海爆发了《苏报》事件。虽然《苏报》被迫停刊，但陈独秀与章士钊一同创办了《国民日日报》以继承《苏报》遗志。《国民日日报》在排满兴汉、主张民族革命这一点上与《苏报》是一致的，但又"尤其喜欢揭露满清政府的腐败与报道社会上的各种不满"（陈万雄，1979：35）。可能也是出于这一主旨，陈独秀与苏曼殊合译了雨果的《悲惨世界》，并将部分译文刊登在报纸上。比起忠实于原著，陈独秀为了引起读者注意，在翻译中刻意加深了人物描写的刻薄程度（松本英纪，1970：28）。《国民日日报》也因此遭到当局的极力打压，报纸被禁止出售，在创刊四个月后便以停刊告终。此后，陈独秀暂住上海，出版了《悲惨世界》的单行本译本。

1904 年初，25 岁的陈独秀回到芜湖，成为安徽公学的一名教员。安徽公学的前身是李光炯为培养革命人才而在湖南设立的旅湘公学，因湖南环境恶劣难以为继而转移到芜湖，改名为安徽公学（堂恒芳，1981）。[①] 学校招聘的教员多是当时有名的革命家与留日学生，其中有苏曼殊、柏文蔚、陶成章、张伯纯、刘师培等（沈寂，1979）。回到芜湖后的陈独秀，于1904 年 1 月创办了《安徽俗话报》。创办白话报纸宣传革命，是 1903 年左右开始出现在全国的一种文化倾向。截至 1905 年，在全国发行的此类报纸有六、七种（陈万雄，1979：38 ~ 45）。陈独秀创办的报刊也是全国革命潮流中的一支。该报在进行反清革命宣传的同时，也带有反帝国主义的要素——对资本主义列强在安徽各地矿山的掠夺行为进行了揭露（政协安徽

---

① 这一资料经中岛长文整理收入《陈独秀年谱长编》中，参见《陈独秀年谱上编初稿（一）（二）（三）》，《京都产业大学论集》1969 年第 1 号。

省委员会文史资料工作组，1981）。① 在内容上，该报不仅有关于日俄战争的战况、列强瓜分中国的意图等主题的以启发读者政治意识为目的做出的报道，也有对外倡导自由民主、男女平等、婚姻自由、反对迷信、兴办实业等新知识、新思想的内容，因此产生了很大的反响，仅仅半年就达到了每期几千份的发行量。但由于英国驻芜领事的干预和压迫，该报于1905年8月停刊（陈万雄，1979：48）。这一报纸的发行，是陈独秀对其所抱持的信念——情报与思想输入对于改造中国民族性极为重要——的一次实践。

　　陈独秀在安徽公学进行的另一场重要的革命运动，是组织"岳王会"。"岳王会"成立于1905年初，在这之前陈独秀加入了以暗杀为手段的革命团体"爱国协会"。这个团体虽然集结了章士钊、杨笃生、蔡元培、蔡锷、刘师培、陶成章、张继等人，作为该团体的成员，陈独秀在上海逗留期间也曾参与制造炸弹，但该团体在没有取得任何有效成果的情况下便无疾而终了。（陈万雄，1979：65~67）在这时，革命运动的大势已经从以暗杀为手段的恐怖主义阶段，转向了组织活动的阶段。回到芜湖后的陈独秀，与柏文蔚等人一起着手组织"岳王会"。该组织是以岳飞"精忠报国"为精神基础、以军事活动为中心的秘密社团，由安徽公学的教师学生、安徽武备练军的学生、新军中下级军官以及警察学堂的学生等三十余人组成。（堂恒芳，1981）陈独秀作为该组织的发起者与会长，积极开展活动，成功地集结了安徽省内众多的革命人士（沈寂，1979），并在不久之后便将支部拓展到安庆和南京。在陈独秀的组织下，"岳王会"在新军士兵中的影响力也不断扩大，逐渐成长为安徽省革命势力的中心。（陈万雄，1979：69）就在以"岳王会"为核心的武装起义力量得到相当程度的积蓄之时，徐锡麟领导的光复会的武装暴动却以失败告终。徐锡麟联络了安徽与南京的党员、新军，预备在各地相互呼应发起暴动，却因为杀害了安徽省巡抚恩铭而宣告失败。这一事件与"岳王会"是否存在着某种联系，目前无法确定。但在此后的镇压行动中，"岳王会"的领导成员也受到了牵连，成为被追捕的对象，陈独秀也因此流亡日本。（陈万雄，1979：78~79）这是陈独秀第三次赴日——前一年他也曾到日本游玩。1904年初到1907年5

---

① 这一资料经中岛长文整理收入《陈独秀年谱上编》中，参见《陈独秀年谱上编初稿（一）（二）（三）》，《京都产业大学论集》1969年第1号。

月末的安徽公学时期，是陈独秀作为革命家最为活跃的时期。虽然未能查到他在这一时期所发表的文章，因而或许无法正确解读他的思想，但可以推测的是，陈独秀始终身处各地独自组织排满兴汉的武装起义这一时代潮流的中心。在这样的背景之下，我们可以说，犹如在《安徽白话报》中见到的那样，向国民提供情报，通过宣传新知识、新思想而启蒙国民精神的姿态，是陈独秀自始至终得以保持的形象。

此次留学持续了 2 年多的时间。[①] 在此期间，陈独秀虽然也与刘师培、章太炎、苏曼殊等人保持密切往来，但比起革命运动，他更加专注于学问。陈独秀专注于对中国传统学问[②]与西欧新思想的研究，为后来《新青年》发起文化运动奠定了基础。（陈万雄，1979：92）1909 年 10 月，因为长兄过世，陈独秀经沈阳返回故乡，并在这一年冬天成为杭州陆军小学的历史地理教师。[③] 期间所发生之事，我们不得而知，只知道他在 1911 年 10 月的武昌起义中，起草了许多革命檄文。（郅玉汝，1974：20）之后的一小段时间，陈独秀的行动轨迹也并不明朗。有他担任了都督孙毓筠的秘书的传言，也有他于孙毓筠与柏文蔚交接之时担任秘书长等说法，但这些都无从确定。（郅玉汝，1974：21）唯一可以肯定的是，他在此一时期担任过安庆高等学校的教务长。

1913 年 3 月，袁世凯派人暗杀了国民党领袖宋教仁，其企图颠覆共和、恢复帝制的野心逐渐明朗。因此，安徽省都督柏文蔚开始为抗袁做准备。作为该项工作的助手，陈独秀被委以秘书长一职，代行安徽省民政。在此期间，柏文蔚虽赴上海与孙中山商定讨袁大计，但由于革命势力的分裂，讨袁大计最终未能实施。相反，部分革命势力被袁世凯收买，其余大部分则被其通过暗杀等手段一一击破。6 月，柏文蔚遭到罢免，陈独秀也辞职前往上海（陈万雄，1979：99～101）。被袁世凯逼到绝境的革命派，最终发起了二次革命。此时的陈独秀也回到安徽，作为都督柏文蔚的秘书长参与了讨袁战争。然而，这场战争在取得任何实质性成果之前就以失败

---

① 关于陈独秀的留学，中岛长文有详细的考证。据此，他学习的地点是正则英语学校和雅典·弗朗西斯学院的可能性很大。相反，法国留学的可能性则很小。这次留学地应该是正则英语学校。

② 陈独秀的学问倾向与刘师培、章炳麟很相似。参见（松本英纪，1970：30）。

③ 关于陈独秀成为陆军小学校教师的时间，存在着几种不同的说法，但从前后的关系来考虑，我认为郅玉汝《陈独秀年谱》中所持的 1910 年的说法是妥当的。

告终了。作为失败的安徽省革命军的重要人物，陈独秀成为政府第一号通缉犯，并再度逃亡到上海。（陈万雄，1979：101～102）

在上海，陈独秀完成了《字义类例》一书的撰写，并于1917年夏天第四次赴日留学。到日本之后，陈独秀一边在雅典·弗朗斯学院①学习，一边从事《甲寅杂志》的编辑工作，一边参加了由流亡东京的反孙文派组织的"欧事研究会"，继续推动讨袁运动。在袁世凯承认日本的《二十一条》之后，为了更有效地推进倒袁工作，陈独秀与冷遹、钮水键、章士钊等人于同年10月先后返回上海（陈万雄，1979：102～103），并在不久之后就创办了《青年杂志》（创刊后很快就更名为《新青年》，后文将统称为《新青年》）。

1907年以后，陈独秀虽然给人一种从革命运动第一线退下来的感觉，但到此刻为止，他一直都是以革命家的姿态出现在世人面前。这一路走来，他带着对被西方列强瓜分、处在亡国危机之中的祖国的忧虑，为了拯救祖国竭尽全力地与旧体制以及支撑旧体制的民族性做斗争，却一直以失败告终。所以，他重新转向了"新文化运动"。陈独秀为何会做出如此选择？支撑他做出这一选择的思想和意识又是什么？在将其视为新文化运动的伟大旗手进行论述之前，我们必须首先回答这个问题。

二 启蒙的意识与逻辑

现今保存下来的、有助于我们了解在新文化运动即将开始之时这段时期的与陈独秀有关的资料，只有他在二次革命失败后发表在杂志《甲寅》上的两篇文章——《生机》《爱国心与自觉心》。这两篇文章都具有浓厚的悲观主义色彩。随着辛亥革命的成果被袁世凯篡夺这一事态的升级，知识分子普遍弥漫着一种深深的绝望感，陈独秀也陷入了这一时代氛围之中。"国人唯一之希望，外人之分割耳。"（陈独秀，1914a）这句话凝结着这个时代知识分子的绝望。辛亥革命的失败，让陈独秀彻底失去了对中国可以

---

① 雅典·弗朗斯学院（アテネ·フランセ、Athénée Français），是东京帝国大学古典希腊语和希腊文学讲师、法国人约瑟夫·科特（Joseph Cotte，1875-1949）于1913年创建的法语教室。1914年被命名为"雅典·弗朗斯学院"，1916年在东京神田神保町的中华料理店3楼正式开学，1922年在东京神田三崎町修建了新的综合校舍。——译者注

靠自己的力量实现再生的信念。青年陈独秀作为革命家发出的第一声，即"中国民族的精神"这一主题，在绝望的加深之中又重新得以复苏。在《爱国心与自觉心》（陈独秀，1914b）中，陈独秀大胆地论述，如果这个国家无法完成保障国民权利、谋求共同幸福这一国家本应承担的使命，那么这个国家的灭亡也就不足忧虑。对于这个未能承担起本来使命的、不值得爱的国家，"若其执爱国之肤见，卫虐民之残体"，那真的是"非愚即狂"。所以，即使是被列强分割、濒临灭亡，也不足谓之忧虑。

这篇论文经常被拿来与李大钊的文章相比，并且遭到了许多的责难。（丸山松幸，1967：61~64；新岛淳郎，1956）单从表面语言就判定陈缺乏爱国心，确实为时尚早。实际上，陈独秀想表达的并非排斥真正意义上的爱国心，希望国家灭亡。他真正想做的是，建立一个值得去爱的国家以及推行为此需要培养的"国民的思考"和"自觉意识"。他的"绝望"也根植于此。在国民的"自觉心"完全缺失的基础上实行的各种政治改革，既无法强国，也不能救国，只不过是将建立在"虐民"之上的旧体制再次生成而已。这就是陈独秀从辛亥革命遭受挫折的这段痛苦的历史体验中得到的结论，也是他从革命运动的第一线退下来的原因。再加上他原本就有以笔为生的想法（陈万雄，1979：1），所以在他的脑海中出现发起"新文化运动"的构想也就不足为奇了。《新青年》的创刊就是如此，从本质上来说，其就是陈独秀青年时革命运动——将祖国从列强分割中拯救出来、防止祖国灭亡——之志望的延续。

新文化运动就起始于上述的问题意识，所以它的主题也显而易见，即"中华民族的精神改造"。而"中华民族的精神改造"在陈独秀眼中，就是要学习西欧的民族性格：充满巨大的能量与生命力、富有强烈的自我主张与斗争精神。在他看来，西欧人的强烈性格与中国人所具有的妥协性、虚饰性、非实用性、过于消极的性格形成鲜明对比，这就是西方"富强"而中国"积弱"这一现象背后的人类学基础。因此，必须要改造中国人的民族性，否则中国就绝对无法与世界强国为伍，也无法在国际世界中存活下去。他的思想就是如此走向了全盘欧化。

《东西民族根本思想之差异》就是围绕这一主题写就的。在这篇论文中，陈独秀先是从以下三个方面论述了东西方民族的差异："（一）西洋民族以战争为本位，东洋民族以安息为本位；（二）西洋民族以个人为本位，东洋民族以家族为本位；（三）西洋民族以法治为本位、以实利为本位，东洋民族以情感为本位、以虚文为本位。"（陈独秀，1915c）其次，他在向重"战争""个人""实利""法治"的西方民族的现实主义的、个人主义的、战斗性的性格表达了敬意后，全盘否定了中国民族的和平的、家族主义的、消极性的性格。陈独秀对于中国的民族性的强烈否定，让人瞠目结舌。他在另一篇论文《一九一六》（陈独秀，1916a）中认为，中华民族只有先改头换貌、革新民族性，才能拥有与白种人同等的价值，才配在大地的一角生存。

但是，对陈独秀来说，民族性的问题并非只停留在民族精神这一层面。他认为，在民族性的背后有着更根源性的社会体制问题，民族性既是对社会体制的支撑，也是社会体制的产物。西欧人富有生命力的性格背后是"举一切伦理，道德，政治，法律，社会之所向往，国家之所祈求，拥护个人之自由权利与幸福而已"（陈独秀，1915c）的政治体制。陈认为，那才是将人民当成主人的"真正的国家"。（陈独秀，1915b）与此相对，他认为，中国的"人民"的存在状态是有误的。

> 封建时代、君主专制时代，人民惟统治者之命是从，无互相联络之机缘。团体思想，因以薄弱。此种散沙之国民，投诸国际生存竞争之漩涡，国家之衰亡，不待蓍卜。（陈独秀，1915b）

在上述逻辑中，"民族性的改造"其目的是政治社会体制的改革。这与主张创建以维护人民的自由、权利、幸福为目的的国家，即确立立宪共和制在本质上是相同的。虽然陈独秀极力避免言论直接涉及政治运动或政治宣传领域，但在"民族性的改造"的课题上，或者说至少在创建政治体制的思想方面，陈独秀确实已经完全接受了自由、权利、平等等西欧民主主义思想。陈独秀认为，只有将支配中国人精神的封建性、儒教性的意识形态彻底地置换成西欧的近代思想，才能完成民族性的改造。陈独秀从这一立场出发与儒教意识形态所进行的对抗是彻底的。以上就是陈独秀的启蒙课题，它的内容主要可以分为两个方面：对西欧近代思想的介绍、宣传，以及对中国封建意识形态的彻底批判。

关于启蒙课题，用陈独秀的话来说，就是对"民主"的主张。而他的启蒙思想体系中的另一根支柱，则是"科学"。"科学"给启蒙思想主张提供了真实的科学根据，验证了启蒙思想的科学必然性以及人类共通的"正当性"。陈独秀所说的"科学"具体来说就是进化论，他将从生物进化论中学到的"自然淘汰""生存竞争""适者生存"的法则看作生物世界的普遍性法则——"陈腐朽败者无时不在天然淘汰之途，与新鲜活泼者以空间之位置及时间之生命"。（陈独秀，1915a）严复翻译的赫胥黎的《进化与伦理》是国内向大众介绍"进化论"之始，但当时严复将赫胥黎所说的人类社会特有的性格在于人伦上的努力，当作对竞争性世界观的解释。（B·I. シュウオルツ，1978：95~110）陈独秀对于"进化论"的理解，也是建立在严复的解释之上的。这一竞争性世界观下的"进化论"，被陈独秀直接运用于对社会现象的分析之上。例如，他站在社会达尔文主义的立场上，将人类史解释为：

> 由专制政治，趋于自由政治；由个人政治，趋于国民政治；由官僚政治，趋于自治政治。此所谓立宪潮流，此所谓世界系之轨道也。吾国既不克闭关自守，即万无越此轨道逆此潮流之理。……吾国欲图世界的生存，必弃数千年相传之官僚的、专制的个人政治，而易以自由的、自治的国民政治也。（陈独秀，1916b）

如上所述，"民主"这一陈独秀在政治上、思想上的主张，因为"科学"，而获得了世界史的必然性与人类的正当性。至此，"启蒙思想"的完整逻辑成型了——将主张自由、平等、权利的西欧式民主主义思想，经由进化论的世界观，提升到具有人类普遍性的高度。与此同时，"政治运动"也就超越了党派斗争，具有了人类的普遍性。但是，按照这个以"民主"和"科学"为核心的启蒙思想的逻辑，所有的国家和民族都必须走上相同的进化之路，这是人类进化的必然，不存在其他的道路。陈独秀坚信这一点。他认为，中国为了实现国家的强化、民族的再生，就必须要建立立宪共和的国家体制，让国民拥有作为主权者的真正的自觉。这种对于西欧近代启蒙思想逻辑的完全屈从，也正是日后给陈独秀带来一切荣耀与悲哀的根源。

三　启蒙性逻辑的机能

《新青年》开启的"新文化运动"，在中国近代史上是一个具有转机性的划时代事件。《新青年》中的新鲜论调，给在——辛亥革命之后依旧笼罩着社会的——黑暗的封建气氛中感到无比绝望的青年和知识分子带来了巨大的冲击。其充满力量与信心的宣言，向人们展示了国家和个人应该选择的道路；其不苛责却彻底的对旧体制与儒教化的政治意识形态的批判，赋予了人们极大的勇气。当时就曾有青年向《新青年》的编辑部寄信说："当知有许多青年以大著为菽粟水火而不可一日缺者"。（毕云程，1916）这绝非夸张，它极为忠实地反映了当时知识分子阶层的心情。《新青年》对于创造——以实现个人的权利和幸福这一"应有之人类"的英姿为目的、自由平等、立宪共和制、作为人类社会共通的"应有之体制"的主张，迅速俘获人心，也催生了一支绝不与中国封建力量妥协的战斗队伍。巴金在长篇小说《家》中的这段描写，就如实地描绘了《新青年》在当时所产生的重大影响力。

> 过了两年"五四运动"发生了。报纸上的如火如荼的记载唤醒了他的被忘却了的青春。他和他的两个兄弟一样贪婪地读着本地报纸上转载的北京消息，以及后来上海、南京两地六月初大罢市的新闻。本地报纸上又转载了《新青年》和《每周评论》里的文章。于是他在本城唯一出售新书报的"华洋书报流通处"里买了一本最近出版的《新青年》，又买了两三份《每周评论》。这些刊物里面一个一个的字像火星一样地点燃了他们弟兄的热情。那些新奇的议论和热烈的文句带着一种不可抗拒的力量压倒了他们三个人，使他们并不经过长期的思索就信服了。（巴金，1956：50~51）

这是对过去特别推崇新思想，现在却因"家庭"的重轭而难以呼吸的长兄觉新，受到五四运动的鼓舞，与尚是学生的两个弟弟一起阅读《新青年》的叙写。

巴金的这段描写，栩栩如生地再现了《新青年》当年的风貌。它给予当时的青年人生存下去的理想与目标，使他们坚定地与封建专制绝不妥协地斗争下去。《新青年》在中国民主主义革命中的历史功绩，是绝对无法抹杀的。①

现在说陈独秀的启蒙主张已经暴露出了其局限性，还为时尚早。陈独秀启蒙理论的无力，是在讨论到走上了人类史的必然之路后，"应有之社会"具体该如何建设之时，才暴露出来的。例如，在与康有为的"共和制论争"中，康有为站在自己的立场上，举出了军人的专制、铁路还未开通、银行对于政府卖国行为的支持等现实性的理由，力主"民主共和制"不可实行。而陈独秀的驳论——"此正不能厉行共和之果，而谓为共和所致，且据此以为中国不宜共和之因；倒果为因，何颠倒一至于此！"（陈独秀，1916c）——指责康有为的本末倒置。每当论及具体的现实问题，陈独秀总是这样流于空论。作为关系到国家民族存亡的根本问题，他所提出的基本政治方针——"第一当排斥武力政治；第二当抛弃以一党势力统一国家的思想；第三当决定守旧或革新的国是"（陈独秀，1918b）——也都只停留于观念。他的主张不但毫无创新和具体性，而且制定国策这条还是对康有为的模仿。

具体到了该讨论"如何"实行的方法论阶段，陈独秀持有的则是"必须要这样做"的理想论。换言之，他的逻辑是缺乏现实性的，这是内在于其启蒙思想逻辑本身的局限性。这一局限性在他论及中国的"人民的斗争"之时，表现得尤为明显。我们可以通过他对"义和团"的评价看到这一局限性。

现在世上是有两条道路。一条是走向共和的科学的无神的光明道路，另一条是走向专制的迷信的神权的黑暗道路。（陈独秀，1918c）

这段话让人印象深刻。他全面否定义和团，认为义和团在中国代表的

---

① 沿着"近代化路线"，"科学"与"民主"目前似乎得到了新的评价，对陈独秀所起作用的评价也随之一定程度上由负转正。参见以下论文：《建党初期的陈独秀》《论"五四"时期的百家争鸣》，《历史研究》1979 年第 4 期；《论"五四"时期的反封建思想革命》《陈独秀和〈新青年〉》，《历史研究》1979 年第 5 期；《论"五四"时期的社会思潮》，《哲学研究》1979 年第 6 期。

是走向"专制的、迷信的、神权的"的"黑暗之路"的势力，它使中国对世界犯下了绝不能再犯的、可耻的罪行。对于义和团所具有的在反帝斗争方面的价值，陈独秀则毫无觉察，也没有给予任何正面评价。同样的例子，也存在于他对五四运动的评价。在五四运动中以学生为中心发起的拒买日货的运动，被他评价为"在人类进化史上仍是黑暗的运动，不是光明的运动"。（陈独秀，1920）因为它是以排外主义为特征的恶性爱国主义的产物，会使作为一个整体的人类分裂开来。所以，它并非一场值得称赞的运动。在陈独秀看来，正当的运动必须要建立在人道主义、公理主义之上，使全人类得以统合，而五四运动则明显与之相反。

通过陈独秀对义和团及五四运动的态度，我们可以发现，他对于谋求人民解放的行动基本是漠然的。义和团虽是以迷信的本土宗教为核心结成的，但它更是中国人民在帝国主义国家的侵略与掠夺下爆发出的愤怒的具现。[①] 中国人民为了创造陈独秀所描绘的国家，必须击退帝国主义国家的侵略，使中国成为真正的独立的主权国家。而义和团展现出的反帝斗争的一面，正是中国人民不可避免的斗争过程的一部分。然而陈独秀只看到了本土迷信这一"落后"的形态，对其中涌动的——通过与帝国主义斗争而谋求"解放"的——人民的感情却视而不见。还有，陈独秀也没有看出五四运动的基本特性——对日本侵略的民族抵抗。因此，不管陈独秀的主观用意何在，对于为了谋求民族自由和解放的人民的"反帝斗争"，他在实质上都站到了对立的立场之上。

那么，在——对西欧资本主义各国对中国的侵略充满愤慨、对民族和国家的灭亡充满忧虑的——革命家道路上一路走来的陈独秀，为什么反而站在了反帝斗争的对立面之上呢？其原因就涉及孕育出近代西欧启蒙思想的逻辑所具有的值得我们深入探究与质疑的魔力。启蒙思想一方面在中国近代史上发挥着划时代的变革性作用，另一方面也暴露出对于改变中国现实的无力，同时由于"反帝"视角的缺失，陈独秀的启蒙思想不可避免地沦落为一种"买办"式的思想。因此，作为生产出这一启蒙"逻辑"的意识构造的问题，则是我们在接下来要进行考察的。

---

① 关于义和团的评价，可参考里井彦七郎（1972）。

四 启蒙思想家的意识构造

如果要分析近代启蒙思想的特质，那么最能反映问题的就是它的标志性口号——人权、自由、平等、博爱等词语。启蒙思想将历史看作——包含了自由与平等等内容的、人类与生俱来的——所谓"人权"的实现过程。在启蒙思想中，历史的使命存在于"人权"的实现之中，[①] 历史的发展则体现为从身份约束的时代走向自由的时代、从差别的时代走向人类平等的时代，这被视作（在抽象的观念之上成立的）人类普遍性的产物。然而，问题出在被这种思想逻辑束缚的人们的意识构造之上。启蒙思想的逻辑所带来的必然结果是，处于启蒙思想逻辑中的人会将自我及自我所属的国家看成"普遍人类"层次上的表象。"自我"超越了所属的国籍与阶级，具有了作为"普遍性人类"一员的自觉。而"国家"则因为其对半封建、半殖民地的现实的忽视，而被幻想成"人类社会"的一个单位。换言之，"自我"和"国家"因为受到现实的历史性、社会性条件的限制，而具有了独自的构造。然而，"自我"与"国家"不是被置于具体性（实际存在）中加以认识的，而是被置于抽象性——所谓的"人类"与"国家"的单纯的共通性、一般性——中加以认识的。陈独秀在意识的世界里已经超越了所有现实性的制约，上升为一位——作为普遍性人类社会中的一员的——"世界主义者"。

陈独秀作为思想家的荣耀与悲哀，可以通过上述启蒙思想的逻辑进行总体把握。他的荣耀，是他作为"应有之人类社会"中的一员振臂高呼的结果，也是他通过对应有的、光辉的"理想"的提倡和不带苛责的现实批判，尝试将中国抬高到"应有之人类社会"的热情所致。但是，每当面对中国现实中存在的具体问题之时，他便躲入空洞的观念论之中了。这也是启蒙思想的逻辑所导致的必然结果。如前所述，对于"普遍性人类社会"的抽象性认识，只能在忽视了对人类与国家的历史性、社会性的"存在的具体性"的前提下成立。所以，作为启蒙思想家的陈独秀，在现实的政治

---

① 最典型的例子是《天赋人权论》，其将卢梭、休谟等人所说的"先天性的人类的权利"视作启蒙思想的起点。

和经济方面，完全不具备认识的方法。所以，陈独秀在必须论及中国的具体的政治改革之时，只能退入一般论或理想论，这也是不得已的、必然的。

其中，对于陈独秀来说最致命的地方，是其缺乏对中国处在半殖民地的现状的认知。正如讨论义和团时所表现出来的那样，他依据人类史发展的两个方向，对义和团的斗争进行断罪。按照启蒙思想的历史理论，在此之外确实不存在人类史的发展之路。但是，一个半封建、半殖民地的国家无法走与资本主义宗主国相同的道路，也是不争的事实。这样的国家为了走上"开明"之路，必须首先获得国家的独立，从资本主义宗主国的政治压迫和经济剥夺中解放出来。在这个过程中，反对资本主义宗主国的民族解放斗争是必不可少的，所以也必须最大限度地动员与此时的人民的知识、文化水平相适应的"本土宗教"的力量。义和团的斗争从现象上看，很多时候的确都采取了非常"落后"的形式，而且也无法像所谓的"人文主义"说的那样，以友好、和平的方式进行斗争。然而，对义和团的讨论正是国人在当时所肩负的最先进的、人类性的课题。陈独秀并没有解开这一历史的悖论。为了真正理解这个课题，他必须要认识到处于半封建、半殖民地状况下的中国目前在世界中的定位，明白国家不是抽象的单位国家的集合，而是具有剥夺与被剥夺、压制与被压制的"阶级性"的多层结构的存在。但是，由于受到启蒙思想逻辑的束缚，陈独秀的认知无法抵达这一层面，只要他站在启蒙思想的立场上，他就必然会成为反帝斗争的对立者。

建构于"人类的普遍性"的启蒙思想的逻辑，给陈独秀设置的最大的陷阱，也正在于这一点。带着强烈的爱国心与对中国人民的严肃的责任感，引领思想革命的陈独秀，却提出了可以被称为"买办性"的言论和举措，就是由于其陷入了启蒙逻辑的陷阱之中。启蒙思想的逻辑，是将欧洲世界的历史性经验放在"抽象性"的层面上加以构建，同时却将其视为"人类性"的产物。毫无疑问，启蒙思想是一种支撑着欧洲社会，同时使亚非各国国民丧失完整视野的欧洲中心的世界观。因此，半殖民地的人民对这种思想逻辑的认可，也就意味着一种对于欧洲的世界观的屈服。思想逻辑的束缚就是如此形成的。陈独秀并未突破启蒙思想逻辑的束缚。在受启蒙思想制约之余，陈独秀最终也未能意识到半殖民地中国的自我存在，其结果是走向了中国人民"反帝斗争"的对立面。

然而，人类还存在着通过现实生活中的诸种经验，来改变自己的观念世界的道路——将体验思想化。为了使体验思想化成为可能，在丰富的体验、敏锐的感性之外，个体还必须拥有个人的、面向世界敞开的、开放的自我构造。至少在面对现实时，个体必须始终保持一种作为"生活人"的人类性态度。但陈独秀的自我构造完全消解了这种可能性。他的自我构造与其说是面对现实的，倒不如说是在自我的"信念"世界里完成的。在此一视角下重新审视陈独秀与康有为的论争以及他对于义和团的评价，我们可以发现，相比在这些事件中捕捉问题，陈独秀总是急于按照自己所描绘的观念图式来断罪。他有坚定的"信念"，即固执地进行断罪的自信。换言之，就是现实中真实存在的问题，被他的以坚定的"信念"为内核的自我所阻断，而并没有抵达其意识内部。陈独秀的"信念"成为他感受与吸收各种现实问题的障碍，以"信念"为内核形成的自我意识的壁垒无比坚固。

毫无疑问，陈独秀的"信念"的内在，实际上就是启蒙思想的逻辑。如前所述，启蒙思想的逻辑原本就并不涵盖能创造出与现实相对的积极的意识关系的方法。启蒙思想是在从现实的欧洲历史中抽象出来的一种观念图式、一种理念世界。以观念图式为内核形成的自我世界，作为其逻辑的归结，必然会立足于与现实社会相对立的、游离的位相，具有一种在自我自身中追求完结的倾向。陈独秀的自我意识就是在启蒙思想的逻辑中忠实地显现出来的自我意识。而这种自我意识的完结性，也从主体一侧封杀了他作为中国思想家超越西欧近代启蒙思想的局限的可能性。虽然，此后陈独秀迅速"转向"为"马克思主义者"，但他在启蒙思想的逻辑下形成的自我构造仍然得到了完整的继承。"信念"的内容虽然从"启蒙思想"转化为"马克思主义"，但他的自我意识世界并未发生根本性的改变。① 原来的那种——通过从完结在"信念"中的自我世界"下降"到大众世界的方式建构与大众的关系——"启蒙"的模式也并未改变。

可以这样说，陈独秀是在真正意义上的、以西欧近代的逻辑完成了精神建构的"近代人"。他很早就发现了作为中国革命思想的启蒙思想的破绽，并且试图以转向马克思主义来突破困境，但是他并没有着手对于在启蒙思

---

① 陈独秀的"转向"的决定性契机，是其描绘的"图式"因第一次世界大战以及《凡尔赛条约》而破裂，其生活上的感受并没有发挥多大的作用。

想的逻辑下形成的自我意识进行变革。毛泽东在整风运动中要变革的对象，与其说是思想本身的内容，倒不如说正是陈独秀所显示出来的这种意识构造。① 这也是后来启蒙思想作为"资产阶级思想"屡遭批判的根源所在。

至此，本文分析了作为启蒙思想家的陈独秀的理论与意识。思想家陈独秀的命运，也暗示了中国近代文学的命运。陈独秀这位思想家，在中国近代文学全面展开之前，就已经充分揭示了作为近代文学成立的基石的启蒙思想的走向。然而，比起陈独秀所揭示出来的，中国的近代文学是否还展开了更为丰富的内容，这是我们此后必须要加以专门讨论的问题。

参考文献

B・I.シュウオルツ（1978）：『中国近代化と知識人』，平野健一郎訳，東京大学出版会。

〔日〕里井彦七郎（1972）：『近代中国における民衆運動とその思想』，東京大学出版会。

〔日〕松本英紀（1970）：「新文化運動」における陳独秀の儒教批判」，『立命館文学』299 号。

〔日〕丸山松幸（1967）：「陳独秀と李大釗」『近代中国の思想と文学』，大安出版社。

〔日〕新島淳郎（1956）：「五四時代の陳独秀の思想」，『思想』2 月号。

巴金（1956）：『家』，飯塚朗訳，岩波文庫。

毕云程（1916）：《通信》，《新青年》，2（3）。

陈独秀（1914a）：《生机》，《甲寅》，1（2）。

—— （1914b）：《爱国心与自觉心》，《甲寅》，1（4）。

—— （1915a）：《敬告青年》，《新青年》，1（1）。

—— （1915b）：《今日之教育方针》，《新青年》第 1 卷第 2 号。

—— （1915c）：《东西民族根本思想之差异》，《新青年》，1（4）。

—— （1916a）：《一九一六年》，《新青年》，1（5）。

—— （1916b）：《吾人最后之觉悟》，《新青年》，1（6）。

—— （1916c）：《驳康有为致总统总理书》，《新青年》，2（2）。

—— （1918a）：《驳康有为共和平议》，《新青年》，4（3）。

—— （1918b）：《今日中国之政治问题》，《新青年》，5（1）。

—— （1918c）：《克林德碑》，《新青年》，5（5）。

—— （1919）：《本志罪案之答辩书》，《新青年》，6（1）。

---

① 被毛泽东作为整风的对象指出的，不但有"老八股"，还有在"五四"以后形成的"洋八股"。参见毛泽东（1953：831）。

—— (1920)：《学生界应该排斥底日货》，《新青年》，7（12）。

—— (1922)：《孔子之道与现代生活·上》，载《独秀文存》，上海亚东图书馆。

—— (1969)：《陈独秀自传》，现代出版公司。

陈万雄 (1979)：《新文化运动前的陈独秀》，香港中文大学出版社。

毛泽东 (1953)：《反对党八股》，载《毛泽东选集》第 3 卷，人民出版社。

沈寂 (1979)：《辛亥革命时期的岳王会》，《历史研究》，(10)。

堂恒芳 (1981)：《记安庆岳王会》，载中国人民政治协商会议全国委员会文史资料研究
    委员会编《辛亥革命回忆录》第四集，文史资料出版社。

政协安徽省委员会文史资料工作组 (1981)：《辛亥前安徽文教界的革命活动》，载中国
    人民政治协商会议全国委员会文史资料研究委员会编《辛亥革命回忆录》第四集，
    文史资料出版社。

郅玉汝 (1974)：《陈独秀年谱》，龙门书店。

The "May Fourth" New Cultural Movement and Ch'en Tu-Hsju：

An Investigation on the Ideological Foundation of Chinese Contemporary Literature

by Nakayashiki Hiroshi, *trans. Zheng Zilu*, *rwr. Liang Yanping*

Abstract：Born in Huaining County, Anhui Province, Ch'en Tu-Hsju was studying Confucian classics since his childhood and passed the county exam and the prefectural exam smoothly. He decided to quit the imperial examination at the age of 18, as he had witnessed corruption and incompetence of the township exam candidates. Over the next period of time, Ch'en Tu-Hsju devoted himself to revolution positively, founding organizations like Anhui Patriotic Association, Qingnian Hui (the Youth Society), Yuewang Hui (the Yue Fei Loyalist Society), and journals like *Aiguo Xinbao* (*New Patriotic Paper*), *Guomin Riribao* (*National Daily*), *Anhui Suhua Bao* (*Anhui vernacular newspaper*), etc. After 1907, Ch'en Tu-Hsju poured his effort into the Chinese Enlightenment positively, based on *Xin Qingnian* (*New Youth*), by means of the cultural movement. Essentially, the foundation of *Xin Qingnian* is a continuation of Ch'en Tu-Hsju's revolutionary cause, i. e., the completion of spiritual transformation of Chinese people. In his words, it was an advocacy of democracy and science. However, limited by the internal logic of Enlightenment, Ch'en Tu-Hsju lacked a cognition of the situation of China. Moreover, as a subject, the completeness of his self-consciousness prevented him from going beyond the boundary of modern Western Europe Enlightenment as a Chinese thinker. Although Ch'en Tu-Hsju later turned to Marxism before long, his self-structure which formed due to the logic of Enlightenment was still fully carried forward. The target which Mao Zedong wanted to convert during the Rectification Movement was this very structure of consciousness which was revealed in Ch'en Tu-Hsju.

Keywords: Ch'en Tu-Hsju; New Cultural movement; Revolution; Enlightenmentthought

About the Author: Nakayashiki Hiroshi, M. A. in Chinese Literature at the Graduate School of Humanities in School of Letters of Kyushu University, Emeritus Professor at Hirosaki University. Magnum opuses: *Cyugoku Ideology Ron* (*A Discussion on China's Ideology*), *Syoki Mao Zedong Kenkyu* (*A Research on Early Mao Zedong*), etc.

About the Translator: Zheng Zilu, Ph. D. in Aesthetics at Hiroshima University.

About the Proof reader: Liang Yanping, Professor of the Chinese Language and Literature, Hubei University. Research interests and specialties: aesthetics, literature theory. Magnum opuses: *Roaming and Seeking Beauty*, etc.

沙湖论坛

学术随笔三则

冯天瑜[*]

"看家书"

做学问的人（尤其是人文学者）必须在理论思维方面下功夫，这是众所公认的法则。恩格斯说："一个民族要站在科学的高峰，就一刻也不能没有理论思维。"而理论思维的提升，有赖于对优秀哲学著作的攻读：

> 理论思维仅仅是一种天赋的能力。这种能力必须加以发展和锻炼，除了学习以往的哲学，直到现在还没有别的手段。（恩格斯《自然辩证法》）

谈到"学习以往的哲学"，我便想起20世纪90年代与张世英先生的谈话。

北京大学哲学系的张世英教授，是黑格尔专家，堪称"中国研究黑格尔第一人"。张先生是湖北籍，有很深的家乡情结，20世纪80年代应湖北大学之邀，在湖大组建德国哲学研究所，集结张志扬、陈家琪、鲁萌等一批中年学者，创办了《德国哲学》集刊。在德国哲学这一研究领域，该集

---

* 冯天瑜，武汉大学人文社会科学资深教授，武汉大学中国传统文化研究中心主任。著有《明清文化史散论》《辛亥武昌首义史》《张之洞评传》《晚清经世实学》《解构专制——明末清初"新民本"思想研究》《"千岁丸"上海行——日本人1862年的中国观察》《新语探源——中西日文化互动与近代术语生成》《中华元典精神》《"封建"考论》《中国文化生成史》等著作。论著曾获中国图书奖、教育部人文社会科学优秀成果奖、湖北省哲学社会科学优秀成果奖，多种论著被译为英文、日文、西班牙文、韩文。电子邮箱：tyfeng@whu.edu.cn。

刊成为当时国内有较高学术水平的刊物之一，这与张先生的引领有关，当然也受益于 80 年代宽松而富于创造精神的学术环境。80 年代中后期，坐六望七的张先生经常来湖北大学。我当时四十多岁，在湖北大学工作，虽然是西方哲学研究的圈外人，但与张世英先生一见如故，结成忘年交，我们常于傍晚在湖大校园外侧的沙湖边散步，从家常、时政到中西文化比较，都是漫议内容。90 年代初，湖北大学德国哲学研究团队风流云散，中年学者多出走海南、上海，张世英先生也少来湖大，我则调往武汉大学，数年未遇张先生。约在 90 年代后期，香港举办了一个广涉文史哲领域的大规模学术会议，张先生与我都参会了，而且我们两人同住维多利亚海港边的一家宾馆，房间相邻，这样便又有机会聚谈。会议期间，我们每天傍晚都在维多利亚公园散步，一如当年在武昌沙湖之滨的情景。这次香港晤谈，便涉及理论思维训练问题。

记得张世英先生谈到，一个学者要攀登学术山峰，理论思维不可或缺，而要提高自己的理论思维水平，当然须广泛阅览，拥有渊博知识，但尤当深研二三经典，要有自己的"看家书"。张先生的这个说法跟恩格斯的名论精神吻合，且又是从其学术生涯中总结出来的，使人联想起各行各业皆需"看家本领"的俗语，听来特别亲切。于是我请教张先生：您的"看家书"是什么？他毫不犹豫地回答："黑格尔的《小逻辑》和《大逻辑》。我从二十岁在西南联大念哲学系开始，就反复钻研这两本书，后来做哲学研究半个世纪，反复阅览，常读常新。这两本看家书，对于理论思维的训练有很大好处，打下我研究黑格尔乃至西方哲学的基础。"紧接着，张先生反问："冯先生（我是后辈，但张先生总是这样客气地称呼我），你的'看家书'是哪几种？"

以前我没有想过这个问题，并未自觉认定过"看家书"。张先生之问，促使我回顾自己的读书历程：少时阅览甚泛，遍及中外文学名著，广涉史地杂学，谈不上"看家书"。而且，没有张先生那么幸运，我三十多岁方初入学术门墙，而一进门，即深感理论思维之紧要。为弥补疏于理论的缺陷，我读了一些思想史名著，渐被三本书所吸引，一是黑格尔的《历史哲学》，我曾在一年间看了五六遍，此后还经常翻阅，那本王造时汉译的《历史哲学》已经被我翻烂了，书角都磨成圆形。黑格尔的辩证思维和他作品中内含的"巨大的历史感"令我着迷，他关于人类的文明从东方发端，东方（印度、中国）是历史的少年时代，希腊是历史的青年时代，罗马是历史的壮年时代，日耳曼是历史的老年时代的阐述，勾画出了全球精神史的轮廓。黑格尔是一个纯粹的欧洲中心主义者，认为人类思维发展到日耳曼达到顶峰，这是我不能接受的观点，但黑格尔把历史视作世界性的辩证过程的思想，对我深有启迪。后来我的几本拙著，包括《中华文化史》《中华元典精神》，从中都可以看到《历史哲学》的影响。黑格尔的《历史哲学》算得上我的一种"看家书"，当然这并不意味着我对这部著作是全面服膺的。

张先生赞同我关于黑格尔文明史观的评价，并批评了黑格尔无视中国哲学的偏颇之论。张先生接着询问：你另外的"看家书"是什么呢？我说："是王夫之的《读通鉴论》和黄宗羲的《明夷待访录》，二书是历史学者，尤其是近古及近代文化史研究者的必读之书。"

王夫之的《读通鉴论》洞察历史发展的不以人的意志为转移的力量，这便是"一动而不可止"的"势"（《读通鉴论》卷十五）。自先秦以来，多有哲人论"势"，如孟子谓"虽存智慧，不如乘势"；韩非子谓"服于势""乘必胜之势"；唐人刘知几、杜佑、柳宗元也都曾论势。但中古时代占主导的史观是"心术决定论"，如朱熹认为历史变化取决于"心术"，尤其是"人主之心术"。而王夫之认为心术论浅薄，他的《读通鉴论》指出，在"心术"之背后，有更深沉的力量左右历史进程，这便是"趋势""机势"。如张骞通西域，固然直接起因于汉武帝"远求善马"及邀击匈奴之类的"心术"，但其背后的推力则是中原与西域间经济文化交流的大势，这是"武帝、张骞之意计"所不及的（《读通鉴论》卷三）。又如秦始皇废封建，立郡县，是出于一家之私，期望秦朝从始皇、二世一直到万世能够传继不辍。但因为郡县制有利于国家统一，符合历史趋势，故两千年相沿不改，对此王夫之的评判是："秦以私天下之心而罢侯置守，而天假其私以行其大公，存乎神者之不测，有如是夫！"（《读通鉴论》卷一）此论类似黑格尔"最大的'罪孽'反而最有益于人类"以及"'恶'是历史前进的'杠杆'"的警句。王夫之指出，导致这种历史之吊诡处的，是不以人的主观动机为转移的客观历史趋势。再如汉武帝频繁用兵，将文景之治以来国家积累的财富消耗几尽，武帝的做法在后世受到很多人的批评，但《读通鉴论》指出，武帝之作为，虽有劳民伤财之弊，但换来的是国家统

一、开发东南西南的大利，"以一时之利害言之，则病天下。通古今而计之，则利大而圣道以弘"（《读通鉴论》卷三）。诸如此类以历史大势观史、辩证观史的思路，突破了流行的以"仁义"论史的皮相之见，打开了我的思路。

王夫之的《读通鉴论》展示了中国历史哲学的深刻与博大，是我的又一本反复研读的"看家书"，这在拙著《明清文化史散论》中也可略见踪迹。

第三本"看家书"，是黄宗羲的《明夷待访录》。这部仅十万言的论著把中国古典政治学说推向高峰。西方近代的政治哲学，如卢梭的《民约论》（后来翻译为《社会契约论》）、孟德斯鸠的三权分立思想，提供了今之政治建构的理论基石，而黄宗羲的《明夷待访录》在若干方面可以与孟德斯鸠、卢梭的思想相比肩，当然彼此也多有差异。

《明夷待访录》的第一篇是《原君》。古人把讨论一个问题的来龙去脉称"原"，"原君"讲的是君主、王权（或皇权）的形成及演变。黄氏以"公天下"为判断标准，赞扬"古之君"，谴责"今之君"。所谓"古之君"，用社会发展史的眼光看，约指原始共产时代的部落领袖，譬如黄帝、炎帝，以及尧、舜、禹等上古"圣君"。这些圣君为什么一向被人们崇仰？因他们守持"天下为公"，一切思想和行动都是为了大众，天下最劳苦的事情都由自己担起来，益处好处都给公众。"古之君"只有那些道德最高尚的人，如尧、舜、禹才愿意去干，畏苦者避之唯恐不及。所谓"今之君"，则指家天下的王者，尤其指秦汉以来的专制君主，《原君》篇从总体上对后者加以谴责。此前的古代典籍，多有批评、限制帝王的民本思想，如《左传》的"从道不从君"说，《孟子》的"民贵君轻"说，逐桀、诛纣是挞伐"独夫民贼"说，但民本主义的批判仅指向"暴君""昏君"，而黄宗羲抨击的是整个"今之君"，指出"今之君"把天下之利都收归己有，把天下之害都让老百姓去承受，故求私利者竞相争逐君位。这就接近于否定君主专制制度了。

《明夷待访录》的第二篇《原臣》也颇富创意：一反传统的君臣主奴论，提倡君臣同事论，君臣如扛木头的一群人，前面的唱"嗬"，后面的唱"嘿"，是彼此呼应、协作的同事关系。再如《明夷待访录》的《学校》篇，认为学校不仅是教育机关，而且应该成为议政讲堂，"公天下之是非于学校"，是非不能仅由朝廷说了算，还要学校代表民众来评议。这都是很了不起的思想，至今仍有生命力。

《明夷待访录》里还有其他精彩篇什，比如《奄宦》篇，揭示宦官干政根源于君主集权。再如《置相》篇剖析道：君主和普通人一样，杰出者是少数，多半是庸人，还有坏人，而君主是世袭的，没有选择余地，丞相则不是世袭的，是精选出来的杰出人才。故明代废除丞相制，使君主专制之弊愈益深重。如此谈"置相"，是对世袭君主制的批判。《明夷待访录》还提出"工商皆本"的主张，这是对"重本（农）抑末（商）"传统的纠正。

黄宗羲承袭先秦以来的民本思想，又向前跨进，直逼近代民主主义。我把明清之际产生的这种思想称为"新民本"，在拙著《解构专制——明末清初"新民本"思想研究》中加以详细阐述，意在于说明：中国近代民主主义并非全为舶来品，还自有民族文化的内在根据。梁启超便讲过此点，孙中山多次向日本友人赠送《明夷待访录》的《原君》与《原臣》，也是强调此点。

黑格尔把古希腊称作欧洲人的"精神家园"。我们中国人也有自己的"精神家园"，先秦诸子便是。论及近代启蒙思想，并非只有西方的伏尔泰、卢梭、洛克，中国明清之际的"黄、顾、王"的思想也有独到处，前面我的两本"看家书"——黄宗羲《明夷待访录》、王夫之《读通鉴论》，皆不让于伏尔泰、卢梭、洛克之作。此外，顾炎武也有富于近代启蒙意义的观点，如他提出了区分"天下"与"国家"的主张，这也是纠谬归正的卓识。顾氏中年，明清鼎革，有些人因朱明王朝的覆灭痛不欲生。顾炎武也十分悲愤，曾经冒死参加抗清活动，但是他的认识超乎一般，不赞成将"天下"与"国家"相混同。国家（朝廷）是李姓、赵姓或朱姓的，是为君为臣者的专属品，所以国家兴亡当由"肉食者谋之"（中国古代把吃肉的人喻为统治者），老百姓（"菜食者"）不必为某一朝廷的垮台如丧考妣。而"天下"则不然，天下（包括其文化）是天下人的，所以，天下的兴亡"虽匹夫之贱，与有责焉"。到了近代，梁启超把顾氏语概括成很精练的一句话——"天下兴亡，匹夫有责"，指出即便是微贱到没有任何功名、地位的匹夫，也对天下的兴亡负有责任，因为天下是所有人的天下。现在有些影视剧把这句话给"阉割"了，说成"国家兴亡，匹夫有责"，这就抹杀了顾炎武的苦心和深义。

介绍张世英先生与我谈论"看家书"，当然并非向大家推荐《大逻辑》

《小逻辑》《历史哲学》《读通鉴论》《明夷待访录》这几种书，而是说，每个学人要根据自己的情况（专业、爱好等）选择"看家书"。庄子曰："吾生也有涯，而知也无涯。"面对浩茫无际的书籍海洋，当有选择，应该选取自己的"看家书"。

"义理"能力的提升，必须经由对前贤哲理杰作的攻读、体悟才能达成。从先秦诸子、希腊群哲，到现代各思想流派代表作均应有选择地涉猎，则义理收获自见。以《庄子》为例，其多用寓言故事昭显哲理，其《天下篇》记述惠施之言说："一尺之棰，日取其半，万世不竭"，道出了空间无限可分和时间无限可分的观点。《秋水》中的庄子与惠子于濠上观鱼，就人可否"知鱼之乐"展开辩论，提出人除自知之外，能否感悟其他事物的问题，这是认识论的一大题目。此外，《庄子》关于"庄生梦蝶"还是"蝶梦庄生"的遐想，直逼认识主体与客体的互动问题；"庖丁解牛"以屠夫宰牛比喻从实践中掌握客观规律，做事便得心应手、迎刃而解。以上诸篇，对人启示良多。总之，理论思维的训练，离不开"学习以往的哲学"。

"天教"

——与饶宗颐先生晤谈一题

1989 年春天，我赴香港中文大学讲学，行前，武汉大学石泉教授让我带一封信给他的老朋友——中大教授饶宗颐，这便成了我在香港拜谒饶宗颐先生的引子。在中文大学某会议室初见饶先生，递呈石先生信，当时在场人众，未能与饶先生交谈。几天后，极讲礼数的饶先生偕其助手，在中文大学附近的一座茶楼与我正式晤面。

那时的饶先生行年七十二，精神矍铄，谈锋甚健，记得曾议及王国维先生的甲骨学和《殷周制度论》《古史新证》，饶先生获悉我父亲是王先生执教清华国学院时的弟子，连称"天瑜家学深远"。往下我们的漫议渐渐转入中国人的宗教信仰，我依惯常之说，讲到欧洲人信仰基督教、中东则普被伊斯兰教，而中国虽有自生之道教、西来之佛教及种种民间信仰，却没有流行全民的宗教。饶先生思索片刻，微微笑道："其实中国也有普被全社会的宗教信仰，然百姓日用而不知。"我请问其详。饶先生慢慢道来："自先秦以下，中国人雅俗两层面都有一个最高信仰，这便是'天'，如果要给中国人普遍信奉的宗教给定名称，可以叫'天教'。"饶先生此言一出，我茅塞顿开，立即联想起自殷周以降的"敬天法祖"观念，以及广被民间的崇天意识，国人每发感慨，必曰"天呐！"饶先生还举出金文中"受天有大命"之类例子，论及崇信"天"及"天命"，由来有自，且传承不辍。我们的谈兴正浓，饶先生的助手低声提醒：下面还有早已预订的事项。于是我们只得暂停晤谈，而饶先生欲罢不能，与我相约下次再议。

饶先生与我的第三次会面，在一个多月之后，已是我离开香港的前夕，好像是在新界一家面朝海湾的咖啡馆进行的。话题还是"天教"，所议涉及古今，又比较中外，讨论渐次深入。交谈间，我回忆起1964年前后，誊抄先父书稿《商周史》第七编《周之制度及文化》，内有一章讲"周人之宗教思想"，言及周人崇天，并举大量周金文（《大盂鼎》《大克鼎》《毛公鼎》《宗周钟》《叔夷钟》等）证之。记得父亲认为中国人崇天，"无时无之，无地无之"。那时我年届二十，不懂其中深意。在香港记起先父所论，与饶先生的"天教说"颇为切近。饶先生闻之甚喜，连称"吾与前贤同识，幸哉幸哉！"快议之余，饶先生建议我沿着父辈论说，就"天教"问题作文告世，我欣然应承。

饶先生渊源有自的"天教说"切关宏旨，是打开中国人的宇宙观、信仰观、宗教观迷局的锁钥。后来我在拙著《中华元典精神》等篇什中论及：中国文化的一大特色，是"循天道，尚人文"，文化主流并未将神格推向极致，因而始终与鬼神论保持距离，也不至于陷入某种宗教迷狂（如欧洲中世纪那样）。"天道"和"自然"是中国人文精神的底蕴。当然，中国人的尊天信仰，并未发展成如基督教、佛教、伊斯兰教那样的有至上神（如上帝、佛、真主）、有宗教经典（如《圣经》《佛经》《可兰经》）的高级宗教，而呈现为较散漫的自在状态，但对"天"的崇信确是普遍与持久的。中国人信仰的"天"，既是自然之天，亦是神明之天，宇宙、社会、人生皆由其主宰。自古以来，中国人的信仰甚众，然普遍信仰的是"天道生机主义"，它没有把中国人引向有组织的宗教，而是结成一种富于韧性的文化统系。尝谓中国文化传承不辍，在相当的意义上，是指国人对"天道自然"的笃信与坚持。以上对"天教"说的阐述，只是浅尝之论，未必全然符合饶先生意旨。我一直将"天教"说作为日后深研的一个文化史、宗教史题目，然学识所限，加之近年疾病缠身，似难对"天教"作深人探究，遗憾之余，切盼青年学人实现饶先生的冀望。

1999 年 10 月，饶先生来武汉大学参加"郭店楚简国际学术研讨会"，我们重晤珞珈山庄，因时间匆促，又另有主题，未及再议"天教"。饶先生当时题写《水龙吟》一首赠送武大中国文化研究院（中国传统文化研究中心之前身），内含"天教说"意旨。2001 年，我编先父冯永轩收藏书画，特请饶先生题写书名，饶先生很快托赴香港讲学的武大陈国灿教授带来苍劲的魏碑体书法——

近代名人墨迹冯永轩收藏
辛巳选堂题

盖白文名章"饶宗颐印"。

饶先生今已百岁高龄，堪称学界老寿星，然其学术研究和艺术创作仍精进不已，正所谓"天行健，君子以自强不息"。饶先生提出的"天教说"，揭示了"天道生机主义"要旨，这是对中国文化史研究的一项贡献，有待后来人追迹深研。

绘事追忆

人物侧影展现历史的些微片断……

——笔者手记

先母于 20 世纪 50 年代及 60 年代初在湖北省图书馆工作，我少时（10 岁至 18 岁）陪随左右，遂有"省图八年住读"之幸。那时的学校课业负担不重，母亲也从无"争高分"的催促，我的课余时间完全由自己掌握，从实验小学、实验中学（初中）、华师一附中（高中）放学归来，以及节假日，多在省图阅览室自行浏览图书，无人管束，也未获师长指导。20 世纪 50 年代公共图书馆上架的文学、史学、哲学、地理诸领域中外名著，皆被一个十多岁的少年看了去，当然只是囫囵吞枣，不求甚解。

那时少有与人交流读书心得的机会，便形成信笔涂抹，以绘画暗自抒怀的习惯，于是，我自己的各种书册（包括课本）和笔记簿上，凡有平面空白，皆绘有各种人物，诸如桃园结义刘关张、智慧诸葛亮、英迈周瑜、奸雄曹孟德（后来对曹操的看法有所改变）、林冲夜奔、武松血溅鸳鸯楼、秦琼卖马、岳飞枪挑小梁王，乃至北侠欧阳春、南侠展昭、达达尼昂及三个火枪手，皆是高小期间的绘画题材。那段时间家里的解手纸也未能幸免于涂抹，为此，我多次被大人责备，却并未悔改。

初中以后，我的阅读兴趣转向鲁迅、茅盾，以及俄罗斯、法兰西、英吉利、德意志文学名著，绘画对象也随之变为莎士比亚、歌德、巴尔扎克、雨果、司汤达、普希金、屠格涅夫、托尔斯泰、肖洛霍夫、狄更斯这些人笔下的主人公，包括丹麦王子哈姆雷特、浮士德博士、冉·阿让、普加乔夫、巴札洛夫、安德烈公爵、拿破仑、独眼元帅库图佐夫，随囚犯同去西伯利亚的聂赫留道夫、驰骋顿河草原的葛里高利、晚境凄凉的巴黎富翁高里奥、追逐名利的拉斯蒂涅、英俊的个人奋斗者于连、沉浮于底层与上层之间的大卫·科波菲尔……高中时初涉思想史著作，随之便手绘康德、黑格尔、赫尔岑肖像（这些草图夹在各种书刊内，与父亲的藏书一起在"文革"抄家时被扫荡殆尽）。大约从这时开始，我画西洋人比画中国人更传神。这或许是因为黄种人五官较平，而白种人脸部轮廓鲜明，下笔易于把握。

图 1　笔者绘制莎士比亚像

少时的绘画爱好，并未引起家长重视，也就没有着意培养。父亲有几位朋友是书画大家，如薛楚凤、唐醉石、王霞宙、侯中谷等，20 世纪 50年代至 60 年代初，他们常来家中与父亲晤谈，我的任务是在门前迎接并端茶送水，唐、薛、王等先生曾与我有过问答，记得他们偶发"这娃儿文史知识广博"的评议，我却从未趁机向他们请教笔法、构图，可见自己当时并没有学画的自觉，只是以"好玩"待之。中年以后每念及此便追悔莫及：当年若得这些丹青妙手指点，我的绘画也不会是如今这种业余水平。人生多遗憾，此其一也！

20岁到40岁这段时期，我忙于诸务，极少作画。大约从20世纪80年代中期开始，我多次在国内外参加学术会议，与文史哲硕学交游，生发为之造像的兴致，会间休息便以十分钟为限为学者速写，入画的除中国大陆及港台学人外，还有欧洲、美国、加拿大、日本、澳大利亚学人，十年间速写不下百幅，皆用随手获得的纸张绘就，速写多被"模特儿"要走（有的后来被他们印上名片或作电脑微信题画），我并未存底（那时复印还不普及）。其中犹可纪念的是，1988年在夏威夷大学、1999年在北京大学两次为口述史家唐德刚速写，留下其睿智幽默的神态。我喜读出自唐手笔的《李宗仁回忆录》《胡适口述自传》《张学良口述自传》，与唐颇有一见如故之慨，并就"中国封建社会"界定问题相谈甚洽（见拙著《"封建"考论》），惜乎未留下那两幅唐氏题签的速写。如今德刚先生于美国仙逝数载，未知拙画还存于天涯某处否？

绘事得有存本，转机出现在1995年初，朋友送我两本写生簿，参会时偶尔带上，于是此后几年间数十幅速写得以保留簿中，今次所印画册不少取材此簿。其中一些描摹对象已成古人，如文学评论家王国维（见图2），哲学史家张岱年，作家姚雪垠，文学史家程千帆，诗人曾卓，历史地理学家石泉，语言学家朱祖延，哲学史家萧萐父、李德永，日本京都学派代表学者谷川道雄……睹画追思，诸先哲音容笑貌宛若眼前，其耳提面命仍鲜明如昨，画上所留寄语，空谷传响，一种"咫尺天涯""瞬间永恒"的感慨油然而生。至于仍活跃在学术前沿的时贤，其影像、其留言，隽永清新，阅览间不忍释手，心中默念："但愿人长久，千里共婵娟。"这批速写曾在《中国社会科学报》连载，记得一次参加教育部社会科学委员会会议，文史政经哲诸学科贤达云集，休息时不少人拥上前来与我握手，

图2　王国维绘像

余颇感诧异，一问方知：他们近来先后从《中国社会科学报》上看到自己的简笔肖像，特向绘者致意。还有人建议："这些速写在现代学术史上有存留价值，你应该多画！"我心中暗暗称憾：自己画技太差，否则真可留下许多学界记忆！

　　近二十年来我出国访学多次，手绘亦不在少（以日本、澳大利亚、德国较多），惜乎多未保留（记得在澳大利亚为汉学家马克林教授画像，他除用英文题签外，还用中文书写"马克思的弟弟马克林"几字，周边观者皆大笑）。近期两次出访（2014年9月访问俄罗斯、瑞典，同年深秋访问匈牙利、奥地利）的速写尚存，得以收入册中，可略见东欧、北欧、中欧今日人物状貌。

　　除当面速写外，我还参阅照片绘制一些昔人和外人形象。我撰写《张之洞评传》后，便作张之洞像（见图3）；撰写《辛亥首义史》前后，便为诸辛亥人物造像；访瑞典斯德哥尔摩诺贝尔博物馆，给诺贝尔造像；观美国南北战争电影，为林肯造像……

图3　张之洞绘像

图4　苏东坡绘像

图5　孙中山绘像

　　我喜观足球赛，2006年、2010年两届世界杯期间描摹若干球星（《长江日报》曾作连载），现择马拉多纳、贝克汉姆、托雷斯三幅入册，以略现绿茵场斗士英姿。我亦欣赏欧洲三大男高音，便择帕瓦洛蒂一幅入册，以纪念永远的天籁之音。

　　大约始于2009年年底，我拜访书画家、瓷艺家李寿昆，晤谈之余，寿昆兄领我参观绘制瓷画流程，并鼓励我作瓷画，于是取釉中画法（在未上釉的胚上画谓"釉下"，在上一次釉后的胚上画谓"釉中"，在上两次釉并经初次炉火后的胚上画谓"釉上"），为李白、苏东坡、莎士比亚、王国维、托尔斯泰等造像，后又为孙中山、黄兴、宋教仁、秋瑾、林觉民、黎元洪等辛亥人物作瓷瓶画，辛亥革命百周年，这批瓷画为华中师大博物馆及武汉市美术馆收藏。访问俄罗斯期间，我将李白、普希金、托尔斯泰的瓷盘画赠俄罗斯作家协会和俄罗斯国家图书馆，颇受欢迎。

绘画乃吾余兴，技不入流，级属等外，然半个多世纪的绘事，略纪故人故事，偶示亲故，聊博一笑。今次湖北省社科联为"荆楚名家"各出一册以资纪念，我受陶德麟、章开沅二先生自编学术专著以外亦作轻松文本之启发，辑手绘《学人侧影》以追骥尾，由湖北人民出版社结集出版，实在是见笑于大方之家。

Three Academic Essays of Feng Tianyu

Feng Tianyu

About the Author：Feng Tianyu, Senior Professor of Humanity and Social Sciences in Wuhan University, Head of Research Center of Traditional Chinese Cultural Studies in Wuhan University. Magnum opuses：*The Cultural History of Ming and Qing Dynasty*, *The History of Wuchang Revolt in the 1911 Revolution*, *Critical Biography of Zhang Zhidong*, *Practical Ideology in Late Qing Dynasty*, *Deconstructing Autarchy*：*A Study of the "New People-first" Idea in Late Ming and Early Qing Dynasty*, *Qian Suiwan's Tour in Shanghai*：*Observing China in 1962 from Japanese's Eyes*, *The Origins of the New Expressions*：*the Cultural Interaction among China, Japan and Western Countries and the Terminology in Modern Times*, *The Spirits of Chinese Ancient Classics*, *A Study on Feudalism*, *Outline of Chinese Cultural History*, etc. The published works have been awarded China's National Book Award, Outstanding Achievement Award of Humanity and Social Sciences by the Ministry of Education, Outstanding Achievement Award of Philosophy and Social Sciences by Hubei Provincial Department of Education. Besides, many of his published works have been translated into English, Japanese, Spanish and Korean. E-mail Address：tyfeng@ whu. edu. cn.

永远怀念恩师李先焜先生

陈道德*

2017 年 11 月 14 日 0 时 10 分，恩师李先焜先生与世长辞，享年 91 岁。先生虽然离开了我们，但他的音容笑貌一直留在我的记忆中。

一

我是 1978 年 3 月进入武汉师范学院（湖北大学的前身）中文系读书的，和先生相识于 1979 年的秋季。大学二年级上学期系里开设了逻辑学课程，我记得第一堂逻辑课开始时，教室里走进来一位身材魁梧、气质高雅、戴着宽边眼镜的 50 岁左右的男教师，他就是李先焜先生（在我的记忆中先生当时是副教授，1978 年中文系只有三位教师晋升为副教授，先生就是其中之一）。他用一口标准的普通话授课，语速不快不慢，恰到好处；语言简洁生动、条理清晰、逻辑严密；板书字迹工整、井然有序。听他的课，让我们得以感受到逻辑学之美。加之我在中小学阶段对数学就有深厚的兴趣，逻辑学中又蕴涵着数学的神韵，从那时起我就喜欢上了逻辑学这门课程，与逻辑学结下了不解之缘，也与先生结下了深厚的师生情谊。

1980 年春，为了拓展学生的知识面、培养学生的科研能力，中文系开办了一些主题兴趣班，如先秦文学兴趣班、元明清文学兴趣班、现代语言学兴趣班、逻辑学兴趣班等。我参加了逻辑学兴趣班，我记得当时这个班由中文系七七级和政教系七七级 20 多位对逻辑学感兴趣的学生组成。先生为逻辑学兴趣班的学生讲授数理逻辑，用的是他自己翻译的卢卡希维茨的

* 陈道德，湖北大学哲学学院暨湖北省中国文化研究中心教授。研究方向为逻辑学和中国伦理思想史；代表著作有《二十世纪意义理论的发展与语言逻辑的兴起》《符号学视野下的先秦名辩学研究》。电子邮箱：daodechen@ aliyun.com。

《亚里士多德的三段论》作教材，给我们介绍亚里士多德三段论的公理系统，先生的讲述让我们第一次知道了什么是公理、什么是推理规则、什么是定理，以及怎样根据推理规则从公理推出一系列的定理。先生在黑板上整齐写下的一串串推理公式，简直让我震惊——逻辑的力量太伟大了！我当时就下决心要一生投入于这门学科的学习和研究中。

1982年元月，我如愿以偿地留在了先生的身边做助教。1982年秋季，先生给政教系八二级的学生讲授逻辑学，我就开始批改学生的作业并上辅导课。1983年我又幸运地考取了逻辑学专业的研究生，跟着先生继续研修逻辑学。我在学业上的每一点进步和成长，都有先生的心血。大三下学期（1980年秋），我尝试着写了一篇小论文——《谈表现为并列关系的属种概念》，先生看后大加赞赏，并将之推荐到《中学语文》编辑部，文章最终发表于1981年第3期《中学语文》。这是我开始学习逻辑学后写的第一篇小论文，笔法非常稚嫩，却得到了先生的肯定与鼓励。2013年我完成了《符号学视野下的先秦名辩学研究》一书的初稿，呈给先生指点。先生认真审读了书稿，并欣然为本书作序，那时他已经是87岁高龄的老人，爱生之情跃然纸上！

二

先生为中国逻辑事业的发展做出了重要贡献。在中国逻辑学界，提到语言逻辑和符号学这两个学科，人们都会不约而同地想到先生的名字，一致认为他是这两个学科的奠基人。

先生在语言逻辑研究方面有很高造诣，在国内外都有重要影响。从1978年开始，他就大力倡导研究语言逻辑，组织全国高校中文系的逻辑学教师编写《逻辑学》教材，倡议成立了"中国逻辑与语言研究会"，1982～1989年他担任了两届"中国逻辑与语言研究会"理事长。先生先后在《哲学研究》《哲学动态》等期刊上发表语言逻辑研究方面的论文20多篇。1989年，先生与浙江大学王维贤、陈宗明两位教授合著了《语言逻辑引论》（40余万字，由湖北教育出版社出版），1992年该著作获浙江省人民政府社科优秀成果一等奖。为了这部划时代的著作，先生付出了很多心血，他不仅执笔撰写了其中第一、四、五、十章这四个重要章节，而且承担了全书的统稿工作。由于这部著作在学术界的影响很大，三位作者后来被逻辑学界誉为我国语言逻辑研究的"铁三角""三剑客""三家村"，也有人称他们为中国的"自然语言逻辑学派"。先生为语言逻辑这个新兴学科在中国的创立和发展起了巨大的推动作用。

先生在符号学研究领域也做了很多开拓性的工作，一直为符号学这门新兴学科在中国的形成和发展鼓与呼。他是第一个把当代西方刚刚兴起的新兴学科——符号学引介到中国的学人，并致力于从符号学的视角研究中国的传统文化，发掘中国传统文化中的符号学思想。1989 年先生主持了国家社科基金项目"中国符号学的源流与发展"，这是湖北大学历史上第一个国家社科基金项目。先生后在《哲学研究》、《哲学译丛》、《世界哲学年鉴》、《湖北大学学报》（哲学社会科学版）等刊物上发表有关符号学研究的论文二十多篇，并在国外的符号学杂志上发表英文论文十多篇。先生还主编或参与编写了《符号学与语言逻辑》（《探索与争鸣》1999 年增刊）、《中国语用学思想》（浙江教育出版社，1997）、《符号学导论》（河南人民出版社，2004）、《语言、符号与逻辑》（湖北人民出版社，2006）等著作。

先生担任了 15 年的"中国符号学专业委员会"主任（1989～2003年），还先后担任了两届国际符号学会理事（1989～1999 年）、两届东亚符号学会副会长（1997～2002 年）。

在这个阶段，先生参与组织了多次与国际符号学界的学术交流活动。1989 年，他应邀率中国代表团到法国佩皮尼昂大学参加第四届国际符号学大会，并在这次大会上做学术报告，也是在这次大会上，他被推举为国际符号学会的理事。同年，他还与日本符号学家进行了交流，邀请日本符号学会会长坂本百大教授来中国访问。此外，他还与美国符号学会会长、国际《符号学》杂志主编西比奥克教授进行了交流，西比奥克教授还邀请他去美国印第安纳大学进行学术访问。1994 年，先生应邀到美国加利福尼亚大学伯克利分校参加国际符号学第五届大会，会上他再度被推举为理事。1995 年，先生应日本大学的邀请去日本访问，与日本符号学学者进行了学术交流，并在日本大学、日本青山学院大学做了专题演讲。1999 年，先生组织了中国逻辑符号学专业委员会的十多位学者去德国德累斯顿大学参加第七届国际符号学大会。

同一时期，先生还先后在我国主持召开了三次国际符号学研讨会。

1992 年在湖北大学召开了第一届东亚符号学研讨会，中国学者来了上百人，日本学者十余人（包括日本记号学会会长坂本百大教授与东京大学藤本隆志教授），国际符号学会主席波兰华沙大学的佩尔茨教授、国际符号学会秘书长法国德雷达尔教授与其夫人（也是符号学家）也参加了会议。1997 年在上海华东师范大学与日本联合举办了第二届东亚符号学研讨会，国际符号学会也来了十多位学者（分别来自奥地利、巴西、美国、波兰、越南等国家）。在大会上，与会学者一致同意成立"东亚符号学会"，大家推举日本的坂本百大教授为会长，先生与东京大学哲学系的藤本隆志教授为副会长。2002 年在武汉大学举办了第三届东亚符号学研讨会，国际符号学会来了十多位学者，包括国际符号学会名誉会长波兰华沙大学的佩尔茨教授、国际符号学会秘书长奥地利工业大学的伯纳德教授、美国著名语言学家马丁尼奇教授等，国内有 80 多位学者参加了大会。这些学术交流活动，一方面拓展了中国学者的视野，另一方面增强了国外学者对中国的了解。先生组织的这些学术活动为符号学在中国的传播和研究，以及将中国的学术推向世界都做出了积极的贡献。

先生先后在《哲学研究》等刊物上发表学术论文 100 多篇，出版学术著作十余部，这些论著在国内外产生了广泛的学术影响。他参编的《逻辑百科辞典》获中国社会科学院第二届（1992～1994）优秀科研成果一等奖，后又获国家社科基金资助项目优秀成果二等奖。他参与编写的《逻辑——正确思维与有效交际的理论》获国家社科基金资助项目优秀成果三等奖。正是先生的这些学术成果和学术活动，奠定了他在中国逻辑学界的学术地位，并为其赢得了广大学者的尊敬和爱戴。1987～1996 年，他两次以高票当选中国逻辑学会副会长，这在中国逻辑学学界是少见的。

三

先生一生乐观豁达。先生的一生虽然经历了很多坎坷，但他始终乐观面对，人们每次见到他时，总会看到他满脸的笑容。

先生 1927 年 8 月 18 日出生在北京，祖籍湖南浏阳。先生的少年时代，恰逢日本帝国主义的铁蹄践踏中国，和那个时代千百万个中国家庭一样，先生的父母带着一家人四处逃难，躲避炮火。他们一家从北京逃到上海，又从上海逃到浙江、江西，再从江西逃到湖南，后来又逃到湖北……先生后来回忆说："由于抗战，我中小学一共读了 11 个。真是'打一枪换一个地方'。"（《双兔集》，第 118 页）1948 年，先生从武昌文华中学高中毕业，以优异成绩考入武汉大学经济系。在读大学期间，先生参加了中国共产党的一个地下外围组织——新民主主义青年社，这个组织为保护同学、保卫校园与国民党特务进行了机智的斗争。

1952 年，先生从大学毕业后被分配到武汉市人事局教育科，负责干部的培训工作。1956 年，他响应党的"向科学进军"的号召，考入北京师范大学哲学研究生班学习，1958 年从北师大毕业后又被分配到武汉轴承厂当教育科科长。1960 年武汉市强调干部要归队，要专业对口学以致用，先生向市委组织部申请调到高校从事教学工作。1961 年经市委组织部批准，先生调到武汉师范学院（湖北大学前身）任教，至 1996 年离休，在湖北大学工作了整整 35 年。

和大多数知识分子一样，先生也没能逃过"文化大革命"的厄运。在那段特殊的日子里，先生既不能搞教学，也不能搞科研，天天等着挨"批斗"。先生想："现在教不成书了，我得学一点儿为人民服务的真本事呀！"于是他就买了几本针灸书、几根银针、一瓶酒精、一包药棉，在家偷偷学起了针灸（因为这事不能让学校军宣队和工宣队的人知道，否则又会挨批斗）。后来他的针灸还真的为很多"人民"服了务，不仅在紧急关头救了他的老伴（《双兔集》，第 53 页），还为很多人解除了痛苦。1974 年，先生和另外几位老师一起带中文系七三级的学生到农村开门办学，师生一起接受贫下中农的再教育。湖北大学校友熊宗荣（先生当年的学生）在一篇回忆文章中写道："李先焜老师是个做学问的人，除了做学问外，他还有一门绝活，会针灸。有一天，我突然肚子痛了起来，疼得人头上只冒冷汗。李老师见了，先把我扶到床上躺下，然后拿出他随身携带的针灸包来。他取出几根细长的银针，用酒精棉球擦了擦，在我的双手虎口穴、腿上足三里和痛处的阿是穴上深深地扎了下去。然后，他坐在床边，用右手的拇指和食指将那一根根银针捻来捻去。一个小时后，我的肚子竟神奇般好了。"（《湖大校友通讯》2009 年第 2 期）"文革"期间先生做的第二件有意义的事就是学习英文版的《毛主席语录》，这样他不仅学习了毛泽东思想，也提高了英语水平。也许这就是哲人的生存智慧吧！

步入老年后，先生经历了人生的几大不幸。2006年10月，我们给他做完八十寿诞庆典后，他和师母一起去了美国，在他们小女儿家住了一年多时间。2008年年初他在美国发现身体有恙，一检查才知道患了输尿管癌。当年6月他们回到天津，先生在天津做了输尿管切除手术，住在天津儿子家一边化疗一边休养。2009年春天他和师母一起回到武汉，到武汉不久，曾经精心照顾他的师母因病逝世。先生怀着悲痛的心情，收集了师母生前写的一些散文和他自己写的一些杂文，结集出版了一本《双兔集》（他们夫妻都属兔），用以纪念与他相濡以沫一生的师母。2012年，这本《双兔集》由先生自费印刷出来了，书中记录了他们夫妻近60年生活中的点点滴滴，夫妻恩爱，令人羡慕、让人动容！

2013年，先生常引以为自豪的儿子又先他而去，老年丧子，白发人送黑发人，这叫人如何受得了？这一阶段我们经常到先生家和他聊天，也是想帮他分担一些悲伤，只要一提到儿子，先生眼里总是噙着泪花。为了转移他的注意力，我尽量多地和他讨论一些学术问题，并把我写的书稿拿给他审阅。后来又帮他策划出版《语言、符号与逻辑——李先焜译文集》，慢慢地先生才走出了丧子的悲痛。2013年以后，每年的8月18日，我都会买好生日蛋糕，带着家人一起去给先生过生日。2017年8月，我和妻子陈正芸到台湾我的女儿家住了一段时间，但在去台湾之前，我仍然在蛋糕店给先生订好了生日蛋糕，让他女儿在8月18日那天去取。春节或者其他节假日，陈正芸也常常会包一些饺子给先生送去（因为先生爱吃饺子），我们这样做的目的也是想让他感受到他还有一个"儿子"就在身边。

先生的歌唱得很好，先生也喜欢唱歌，他常常用歌声给人们带来很多欢乐。学术会议期间，如果举行文艺晚会，我们总会听到先生优美的歌声。我们师生聚会，他总会说，为了感谢你们的热情款待，我唱支歌向你们表示感谢！于是我们就能听到他用俄语和汉语两种语言唱的《莫斯科郊外的晚上》《喀秋莎》《三套马车》等苏联歌曲。最近两年为了哄他的小重孙开心，他在家里经常给小重孙吹口琴、唱歌听。据先生女儿说，在去世的前三天，他还躺在床上听歌曲，甚至还要女儿把家里的歌本拿到医院来，他还要唱歌。先生就是这样一个乐观的人！

四

先生和蔼可亲，乐于助人。由于先生的人品好、学识好，所以他生前有很多好朋友。

仅我所知道的，他生前就有如下几个"朋友圈"：逻辑学界、中学同学、大学同学、研究生班同学、湖南浏阳老乡、老中文系同事、老政治系同事等。老中文系的同事中有：朱祖延老师、邹贤敏老师、章子仲老师、章季涛老师、田祚申老师、金嗣峰老师、刘宋川老师、许平辛老师、舒怀老师和彭惠楠老师等；老政治系同事中有：王文卿老师、罗炽老师、李之戍老师、骆美玲老师、乐传新老师和郭大俊老师等。他们中长期住在湖北大学附近的老师，隔三岔五地会到先生家玩一玩，和先生聊聊天、唱唱歌；有些冬天住在深圳、海南等地的老师，他们从外地回来后，也会到先生家去看看他，和他聊聊天，先生见到这些老朋友也是异常的兴奋，有说不完的话。

在先生众多朋友圈中，逻辑学界朋友圈是其中最大的一个，这个朋友圈囊括了三代人：有先生老师辈的，如我国著名的逻辑学家金岳霖、江天骥、温公颐、周礼全等；和他同一辈的除了上面提到的王维贤、陈宗明外，还有中国社科院的刘培育、张家龙、周云之，南开大学的崔清田，北京师范大学的吴家国、董志铁，华东师范大学的沈剑英，甘肃人民出版社的刘延寿等；学生辈的就更多了。

先生在逻辑学界为什么会有这么多好朋友呢？这和他个人的人格魅力有密切关系。大家都认为他是一个有真才实学的人。老一辈学者欣赏他，同辈学者佩服他，晚辈学者景仰他。当年南开大学逻辑学系的负责人崔清田教授曾对他的博士生说："先焜老师比我有学问，我现在是博士生导师而他不是，这是因为我在南开大学，他在湖北大学，不是因为我比他有学问，你们都要好好向他请教。"从1978年南开大学温公颐先生招收第一届博士生开始，直到崔清田教授最后一届博士生毕业为止，在近20年的时间里，南开大学逻辑学专业博士生的论文答辩，几乎都会邀请先生去做答辩委员会主任委员。

先生乐于助人，一是因为他有"君子成人之美"的善心，二是因为他有助人的本钱（学识）。和他交往的人总能从他那里得到一些启发和帮助。先生有很高的语言天赋，不仅普通话说得标准，而且上海、江西、湖南、湖北、四川等各地的方言也都学得惟妙惟肖。好的语言天赋加之后天的勤奋，让先生熟练掌握了英语和俄语这两门外语。他翻译了多本国外的逻辑学经典著作，还用英语写了十多篇学术论文。他对中国古代的"四书五经"、先秦诸子、礼乐辞赋等都做了深入的研究并有独到的见地和心得。冯天瑜先生曾称赞他"学贯中西，德堪楷模"。他学识渊博，吸引了一大批南开大学、武汉大学、浙江大学、北京师范大学等一流高校的博士生、硕士生，他们都来请先生指导学位论文、拜先生为师，并且他们都以自己是"李门弟子"为荣。先生八十华诞和九十华诞庆典时，就有几十个"李门弟子"主动要求来参加！

今天，先生虽然已经离开了我们，但他留给了我们许多难以忘怀的东西，我们将永远怀念他！最后，我想引用我国著名因明学家沈剑英先生写给先生的一副挽联作为本文的结语：

"景行并崇慈祥长者懿德留芳，高山共仰澹泊哲人宏著常存"！

In Memory of My Dear Tutor Prof. Li Xiankun

Chen Daode

About the Author：Chen Daode，Professor at School of Philosophy，Hubei University and HubeiChinese Culture Research Center. Research interests and specialties：logic and the history of Chinese ethical thoughts. Magnum opuses：*Development of Meaning Theory and Rising of Language Logic in the 20th Century* and *Study of Pre-Qin Name Theory from the Perceptive of Semiology*. E-mail：daodechen@ aliyun. com.

在痛感中燃烧的文字

——《学术精神的爝火》管窥

廖全京[*]

这不是三卷普普通通的文字。在我的灵魂深处，这是三尊青铜质地的群体雕像。它在历史中留下了一个惨白却倔强的背影，给后学传达了一个时代的柔韧而绵长的痛感。而追求真理的过程无疑是一个相当痛苦的过程。

湖北大学中国语言文学学科的多位知名老教授，在追求真理的长途上，"焚膏油以继晷，恒兀兀以穷年"，创造并积累了许多宝贵的教学、科研成果。最近，湖北大学文学院将这些成果中的一部分代表作精选出来，汇编成三卷本的论文集《学术精神的爝火》。文集中收录的由数十位教授撰写并发表的一百二十余篇论文，涉及文艺学、中国古代文学、中国现当代文学、外国文学、写作学、古代汉语、文献学、中学语文教学法等诸多学科门类，皇皇一百六十万言。三代俊彦，薪火相传，承前启后，蔚为大观。

确切地说，这是一部特定时代的人文知识分子的心灵史。

这部文集洋溢着人文知识分子的理想主义、英雄主义，澎湃着与尘世烟火密切相关的怀疑精神。这里记录着较一般世俗人生之痛更为敏感、更为复杂深邃的精神之痛。一群秉持真心的读书人，以传承人文精神为目的，坚持尊重事实、还原真相的学术伦理、学术良知，在孤寂与困厄中默默守望、苦苦追求了六十年。如果说，老教授们在这六十年间形成了一个有血有肉、有情有义的学术肌体，那么，这个肌体的每一条血脉里将都有一种深沉的痛感在流淌。三卷《学术精神的爝火》，就是三卷在痛感中燃

---

* 廖全京，四川省戏剧家协会研究员，研究方向为中国戏曲史、中国话剧史，主要著作有《大后方戏剧论稿》、《中国话剧艺术史》（九卷本之第四卷）、论文集《中国戏剧寻思录》、评论集《观剧者手记》等，发表论文、评论等300余篇。电子邮箱：jjong_momo@qq.com。

烧的文字。

　　什么是痛感？我以为，总体上说，痛感是一个特定时代的学术精神。古今中外的许多时代，人类都没有放弃对永恒的精神财富的追求，因而学术之火始终未曾熄灭。同时，古今中外的许多学术领域也因为非学术的原因而存在不同的文化价值立场、不同的知识结构谱系，也就是说，存在着学术的异质性。尽管如此，人类共通的精神趋光性决定了学术领域在整体上始终离不开终极关怀，离不开批判性反思。这正是所有痛感的根源。具体到这三卷论文集里，痛感似乎又可以区分为学问之痛感与思想之痛感。需要补充说明的是，这种区分主要是为了行文的方便，事实上思想与学问是不可能截然分开的，即所谓学术乃有学问的思想或有思想的学问。二者在本文中的区别，只在各自有所侧重而已。

　　论文集中体现出学问之痛感的例子几乎比比皆是。尤为突出的如朱祖延先生和他的弟子们，以及李先焜先生、王陆才先生、郁沅先生等前辈身上渗透出的那种浸入骨髓的学问之痛感。朱祖延先生一生沉潜学问，在语言学、文献学、辞书学等领域卓有建树，堪称一代宗师。他主持编撰的《汉语大字典》《汉语成语辞海》《尔雅诂林》《引用语大辞典》《中华掌故类编》《北魏佚书考》《古代汉语修辞例话》等大型工具书和专著，卷帙浩繁，体大思精，嘉惠后学，影响深远。细究其治学精神，乃源自对中华文化的真挚感情。这种感情至深至切，使其产生了一种时时因文明断裂之隐忧而生发的痛感，这种痛感反过来又成为他治学的无穷动力，就这样日复一日年复一年地化作了他的心血、他的文字、他的精神、他的成果。身患绝症的朱先生在言及五大卷《尔雅诂林》时说过："雅学流传，亘二千年而不替，亦盛矣哉！惟是载籍浩繁，珍本稀世，或散在四方，访求不易；或庋藏石室，谋面为难。为《尔雅》之学者，往往临渊羡鱼，欲济无舟。职此之由，本所同仁，遂倡议规仿丁福宝《说文解字诂林》之例，纂辑《尔雅诂林》，以示学者。"（《尔雅诂林》序）拳拳之心，溢于言表。仅此五卷《尔雅诂林》，已足见朱祖延先生及其弟子们那种在治学上"必古人所未及就，后世之所必不可无者，而后为之"（顾炎武《日知录》卷十九"著书之难"条）的态度与规格。这恰是学问之痛感的生动呈现。在这种痛感的感召与引领下，朱先生的弟子张林川、谢先俊、黄毓仪也将一切献给学术，为祖国的古籍整理、研究事业呕心沥血、殚精竭虑，先后英年早逝。面对他们参与编纂的巨著，面对他们的亡灵，朱祖延先生痛彻心扉、老泪纵横，白发人送黑发人，痛定思痛，痛何如哉！学问之痛感可见一斑。

在湖北大学文学院，这样甘于清贫、甘于寂寞的学术守望者不是一个两个，而是为数甚多。长期耕耘在中国古代文学教学科研领域的张国光、曾昭岷、王陆才等诸位先生，始终潜心于中国现当代文学教学科研的章子仲、文振庭、李恺玲、王敬文等诸位先生，在文艺学和美学教学科研中产生很大影响的周勃、郁沅、邹贤敏等诸位先生，在中国古典文献学、辞书学、语言学方面学养深厚、成就卓著的朱祖延、李先焜、祝敏彻、汪耀楠等诸位先生……他们的气质、禀赋、才情虽风姿各异，但有一点是共通的，那就是他们都在曲折坎坷的人生长途中获得了丰富的痛感。正是这种痛感时时催迫着他们，激励着他们，或在政治风云变幻中孤独求真，或在浮躁喧嚣世风中彰显良知。他们以各自的精彩独白，启迪后学抛弃庸俗，抛弃狭隘，抛弃恐惧与徘徊。

在时间跨度上，这些论文的写作、发表起于1954年，止于2014年。这半个多世纪里，政治风云变幻，学术思潮起伏，整个社会的环境氛围既有春和景明之日，又有波诡云谲之时。对于以求真为学术之本的老教授们来说，无论主攻经典考据之学，还是专注形上玄远之学，都因不同程度存在着的主客体之间的差异和冲突而产生了思想之痛感。

诸位教授中有一多半是在共和国的礼炮声中步入青少年时代的。就他们的学养根基和知识结构而言，除传统的所谓旧学的母乳之外，西方启蒙思潮及新民主主义，当系其精神发育期之主要营养来源。新文学运动与五四浪漫主义之风的吹拂，让他们在接触诸种世界观和方法论的同时，对西方传入并在中国本土成为主流意识形态的马克思主义理论抱有强烈的新鲜感和半自觉、半盲目的认同感。就在这多种思潮的交叉浸润下，老教授们怀揣着妙曼的学术之梦，开始了他们漫长、曲折、艰难的跋涉。应当强调的是，彼时彼地的这些年轻的或中年的学者，其头脑中的意识虽然多少有些驳杂，但作为各自学术精神的整体体现，他们身上的那种堂吉诃德式和哈姆雷特式的精神，都在不同程度上闪耀出了思想的光辉，并通过各自的气质、禀赋渗透于他们的学术著述之中。所谓堂吉诃德式和哈姆雷特式，即当年周作人在介绍塞万提斯和莎士比亚的两大名著时引述的屠格涅夫的阐释：堂吉诃德代表信仰与理想，哈姆雷特代表怀疑与分析。[①] 这实际上也是中国现代部分接受了五四新文化运动洗礼的青年知识分子所共同具有的一种精神状态。在现实生活中，包括在学术探讨的过程中，他们带有乌托邦色彩的理想往往与特定的语境存在距离，或者往往为特定语境所阻滞、所粉碎。这时，习惯于分析问题并提出疑问的知识分子便会陷入一种智慧的痛苦。说得更准确一些，应该是一种由启蒙的天真导致的智慧的痛苦。这就是他们会产生思想之痛感的根本原因。

湖北大学的诸位教授中，不乏类似堂吉诃德式和哈姆雷特式的学者兼斗士，虽然不能说他们完美地扮演了现代堂吉诃德和哈姆雷特的角色，但他们在独立思考、大胆争议的基本精神这个层面上，与五四以来中国学界那些著名的堂吉诃德式和哈姆雷特式的人物可以说是心灵相通的。这部论文集中收录的周勃先生的《论现实主义及其在社会主义时代的发展》、邹鄂先生的《关于现实主义几个问题的商榷》、张国光先生的《金圣叹是封建反动文人吗？——与公盾同志商榷》以及金嗣峰先生的《关于巴尔扎克的世界观及其他》、古平的《论霍光》等，在不同程度上体现出了主张并坚持独立之精神、自由之思想的现代中国人文知识分子的胸襟、操守、胆识。

在阅读过程中，我分明看到了上述诸篇论文中主体的两种写作姿态，而这两种姿态都折射出了写作者精神上的痛感。一种姿态叫无畏，它折射出来的痛感，是对于恐惧这种直觉的反弹——以无畏显示出来的反弹。有作家曾经主张，文学最迫切的任务是讲述并研究人类的基本恐惧，包括对被遗弃在外的恐惧、对碌碌无为的恐惧，以及由此而衍生的对人生毫无价值的恐惧等。人类确实存在基本恐惧。在一个特定的历史时期，中国知识分子也有过恐惧，比如对于因言罹祸的恐惧。在一些人那里，这种恐惧会成为他们退却或放弃的理由；而在另一些人那里，这种恐惧则会激发出一种反弹，从恐惧到无畏的反弹，就像张国光先生发出"金圣叹是封建反动文人吗"的疑问时的心境一样。还有一种姿态叫孤独和当众孤独，它折射出来的痛感，是在看到真理被曲解、是非被颠倒却万马齐喑、众皆默然时所产生的义愤，是不放弃知识分子的独立思考权利的表现。同样是在这样

---

① 详见周作人《"魔侠传"》，载《自己的园地·雨天的书·泽泻集》，岳麓书社，1987。

一个特定的历史时期，年轻的周勃见到有人用马克思主义唯物论的反映论代替了对于现实主义的艺术法则的全部分析，禁不住奋笔直书，勇敢地对当时已经占据主流地位的社会主义现实主义理论提出了否定性的意见，从而以郁勃的生机和升腾的朝气强调了现实主义理论的实践性、独创性、发展性，旗帜鲜明地反对教条主义。在中国，真正的学者往往面临着服从权力还是追随真理，或者说是从众还是孤独的抉择。周勃选择了孤独，张国光等人也选择了孤独。历史已经证明，他们的当众孤独其实是一种光荣的孤独。当然，他们的无畏与孤独都是建立在严谨的思维、周密的考察、细致的论证的基础之上。无论是张国光先生的驳论，还是周勃先生的驳论，均堪称考据与义理相结合的典范之作。

　　思想之痛感，不仅表现为微观上的独立思考、大胆争议，还表现为宏观上的文化批判、学术反思。这一点，论文集中《文艺的歧路——关于"文艺从属于政治"的考察与辨析》（邹贤敏、周勃）、《语言、逻辑与语言逻辑》（李先焜）、《符号学与逻辑学》（李先焜）、《主体精神与审美意识的觉醒——论魏晋南北朝文学思潮的内核》（郁沅）、《中国感应美学论纲》（郁沅）等几篇文章给人留下深刻印象。文艺与政治的关系问题一直以来就是中国文学研究尤其是中国现当代文学研究领域里的一个敏感的问题。这个问题能否科学地予以回答，直接关系到中国文学艺术的发展。20世纪70年代末80年代初，邹贤敏与周勃两位先生深刻反思了半个多世纪以来中国无产阶级的文学艺术发展历程，察觉到一度产生很大影响的"文艺从属于政治"的"从属论"是导致不能正确认识和处理文艺和政治的关系问题的关键所在。于是，他们细心梳理了"从属论"的来龙去脉，认真分析了其演变的内部基因和外部条件，客观评价了它的功过是非，做到了正本清源，拨乱反正，甄别旧案，以图新生。在某种程度上，一篇《文艺的歧路——关于"文艺从属于政治"的考察与辨析》就是一部高度浓缩的中国现代主流文艺思想史。整个论述视野开阔，高屋建瓴，分析透辟，警策人心。字里行间，不时透出沉实、凝重的痛感。这痛感，关涉文艺，也关涉文化。李先焜先生是我国著名的符号学家、语言学家、逻辑学家，他在从语言逻辑走向符号学的过程中，以哲学思维主导自己的学术研究，科学认知和处理形式逻辑现代化的问题，以符号学研究统领逻辑学研究和语言学研究，通观整体，彼此打通，从而以一个逻辑学家和语言学家的眼光和胸襟，在自己的著作中实现了语言哲学、语言逻辑与符号学的"三位一体"的认知目标，成为国际符号学研究领域的领军人物之一。他的专著《语言、符号与逻辑》为后学树立了一个跨学科研究、交叉学科研究的样板。

毫无疑问，这样的研究首先要求研究者具备文化批判和学术反思的潜质与魄力。事实证明，李先焜先生正是这样一位合格的现代学者。另一位现代学者郁沅，则在他的专业领域中国古代文论与古典美学中纵横捭阖，穷究学理，有所创造，有所发现。他在系统、广泛、深入研究古代文论、古典美学的基础上，以批判的眼光、文化的角度，深入探讨魏晋南北朝文学思潮的内核，并将其作为典型，在文学审美意识的层面予以阐释和升华。更重要的是，他由此而创立了自成一体的中国感应美学。他通过心理层次与实践层次相结合这一理论路径，系统、深入地阐释了美是主客观审美感应的产物，美只存在于审美关系之中，是主观与客观感应的沟通。这一命题和由此形成的新的框架，较之此前的有关论述，无疑更为完整，也更为深刻，更为系统。这正是文化批判和学术反思的产物，是思想之痛感的结晶。

写到这里，我更加强烈地感觉到，三卷本的《学术精神的爝火》恰似在痛感中跳跃着的火焰。当跳跃化作舞蹈，痛感上升为美感时，痛感存在着，美感也存在着，我们或者以痛感为美感，或者以美感为痛感。因为，美本来就是一种主客观感应的沟通。尼采说过："我们的科学信仰的基础仍然是形而上学的信仰，……就连我们的火也是取之于那由千年的古老信仰点燃的火堆。"（尼采，1991：126）我深信，这三卷文字点燃的火焰，也取之于我们民族千年的古老文化和信仰的火堆。其中，有民族的痛感在延续，自然也有民族的美感在延续。

Words Inspired by the Pain: A Review on
The Light of Academic Spirit

Liao Quanjing

About the Author: Liao Quanjing, Researcher of Sichuan Dramatists Association. Research interests and specialties: Chinese history of traditional opera, Chinese history of modern drama. Magnum opuses: *Operas in Rear Area*, *The History of Chinese Modern Drama Art* (*the 4ᵗʰ Volume*) , *Thoughts on Chinese Opera*, *Notes from an Opera Audience.* He has published more than 300 essays. E-mail: jjong_ momo @ qq. com.

日本中国现代文学研究

《雷雨》中的悲剧构造

——舞台上演绎的三个时间轴

〔日〕筱井千晶 著 李小雨 译 崔莉 校[*]

摘 要：作者认为，戏剧《雷雨》没有重点描写社会结构矛盾与阶级斗争，而是通过刻画人物的内心世界来实现其深刻性与普遍性的。《雷雨》中的悲剧发生在现在、十年前与四十年前三个时间轴上，是一个环形结构，其基础是"遗传"与"旧习"，其本质是人类无法逃脱的命运悲剧。对于这一悲剧的救赎，只有可能出现在鲁大海身上。

关键词：《雷雨》 悲剧构造 时间轴

序

笔者初读《雷雨》这部作品时，感触颇深且共鸣强烈。之所以如此，也许是因为《雷雨》中所描述的周家和周家人内心的苦恼与矛盾不仅是一个家庭内部的问题，还影射了社会中普遍存在的黑暗面。

中国近代文学深受社会主义思潮的影响，以"社会结构的矛盾"和"阶级斗争"为主题的作品占据大多数，而《雷雨》却较少具有该意义上的社会性。与其说《雷雨》描述了社会这一外部属性，不如说其更侧重于刻画人物的内心世界。

---

* 筱井千晶，金泽大学文学部。

李小雨，广东外语外贸大学东方语言文化学院 2016 级硕士研究生。电子邮箱：862645044@qq.com。

崔莉，湖北第二师范学院外国语学院讲师，湖北大学文艺学专业 2015 级博士生，研究方向为日本美学。代表译著《萧红传》。

实际上，曹禺自己也曾说过："《雷雨》没有重点描写阶级斗争和社会主义思想。"（曹禺，1936：1；曹禺，1979）作品中的人物原型是生活在曹禺自身周遭环境中的人，表现在作品中的血腥的现实正是基于作者的自身经历及所闻所见写作而成的。正因此，每个出场人物的台词都能让人产生身临其境之感。这并不是作者在借用出场人物的话语来表达自己的思想，相反，各个人物在舞台上完全独立，用行动传达着自己的思想。

如果《雷雨》是一部表现社会主义思想的戏剧，便不会是这种情况，其台词会变得更加观念化，因而恐怕就不会有那种震撼人心的力量了。

封建家族内部矛盾的爆发本身不足为奇。但是，《雷雨》中描写的悲剧的根源，在于中国所背负的矛盾性的历史宿命。这种对矛盾的愤怒与抵抗、绝望与悲哀化作戏剧的动力，直抵观众心扉。因此，这部剧一直受到戏剧家们的厚爱。即使在抗日战争最紧张的时期，即使这部剧被批判为右翼作品，《雷雨》的上演也不曾间断（辛岛晓，1948：192）。

本文拟从以上观点出发对《雷雨》这部戏剧做一阐释，深刻剖析其悲剧本质。

《雷雨》经多次改编，有诸多版本，本文以《文学季刊》1934 年 7 月第三期中刊载的初稿为准。

一　序幕和尾声的意义

《雷雨》是一部长篇话剧，因此大多数情况下都是在进行部分删减后上演的。而被删除的部分，大都是序幕和尾声。这两幕受到诸多批判。一般认为，序幕和尾声过分强调宿命，呈现出了神秘主义的古典悲剧的特征，有点过于戏剧化而脱离现实，因此被视为累赘（郭沫若，1936）。

但是，序幕和尾声真的应当被删除吗？笔者认为，从《雷雨》的结构来看，这两幕不可或缺。

首先，我们来逐幕分析全剧的发展。

①序幕
地点：周家客厅（当时为精神病院）
时间：现在（设定为）12 月 30 日下午三点

出场人物：姑奶奶甲、姑奶奶乙、姐姐、弟弟、周朴园、鲁侍萍、(繁漪)

此为序幕。是与1~4幕相隔十年的"现在"。

②第一幕

地点：周家客厅

时间：十年前，一个夏天的早晨

出场人物：鲁四凤、鲁贵、周冲、周萍、繁漪、周朴园、鲁大海

此为起承转结的起，故事导入部分，说明了出场人物的性格、立场、人物间相互关系，场景设定。并暗示了几个事实，为后续发展埋下伏笔。

③第二幕

地点：周家客厅

时间：同第一幕当天下午

出场人物：鲁四凤、鲁贵、周冲、周萍、繁漪、周朴园、鲁大海、鲁侍萍

所有事实浮现，展示给观众。

④第三幕

地点：鲁贵的家

时间：同第一幕当天晚上十时许

出场人物：鲁四凤、鲁贵、周冲、周萍、鲁大海、鲁侍萍

鲁侍萍得知女儿四凤和儿子周萍兄妹乱伦的真相。

⑤第四幕

地点：周家客厅

时间：同第一幕当天晚上两点钟

出场人物：同第二幕

首次在当事人之外公开三十年前在周家发生的事情，以及周萍和繁漪的关系。四凤和周冲触电身亡、周萍自杀、繁漪发疯、鲁大海失踪，剧中人物的希望以各种各样的形式被打破，故事接近尾声。

⑥尾声

地点、时间、出场人物与序幕相同

结局

以上是《雷雨》的情节发展梗概。

从第一幕到第四幕，《雷雨》严格遵守了欧洲古典主义戏剧的三原则，即"三一律"（地点、时间、情节一致），故事的发展脉络清晰易懂。每一幕都有情节以出乎意料的形式为下一幕以及结局埋下伏笔，观众便自然而然地被吸引至舞台并沉浸于剧中。

一方面，虽然剧本情节经过精心设计，多少有不自然之处，但可以说，剧中人物所具有的真实性完美地弥补了这一缺点。

另一方面，序幕和尾声的位置安排有些模糊。我们分析一下"三一律"中的时间可知，1~4 幕讲述了发生在 24 小时内的故事，而序幕与第一幕，第四幕与尾声却都相隔十年之久，让人感到有些唐突。

另外，关于故事情节，为了使序幕、1~4 幕、尾声连贯起来，第一幕到第四幕必须以某个人的回忆的形式来表现。第四幕的最后部分与尾声的衔接也以侍萍的回忆这一方式呈现。但纵观来看，由第一幕中未出场的侍萍作为主体回忆一连串的事件，这多少有些不合常理。同样，周朴园未在第三幕登场，让他来回忆也不免牵强。无论如何，单独的 1~4 幕不可能是特定人物的回忆。表演编排人士对序幕和尾声敬而远之的原因，绝不是担心演出时间过长。

曹禺自己曾说，序幕和尾声起到了希腊悲剧中"合唱队"的作用，将 1~4 幕发生的具有精神冲击性的远离日常的事情推到时间的远端，给予观众一种"欣赏的距离感"（曹禺，1936：1）。

但笔者坚信序幕和尾声还具有其他作用。序幕和尾声不是为了包装和缓和 1~4 幕的悲剧效果，而是起到了将之客观化，并进一步强调的作用。

若将序幕设定为现在，可知作品中存在三个时间轴。

  Ⅰ现在
  Ⅱ十年前
  Ⅲ四十年前

其中场景Ⅲ实际上没有出现，而是通过周朴园和侍萍的对话表现出来的。并且这三个时间轴在物理上是合而为一的。正因为有了这样的时间设定，删除相当于时间轴Ⅰ的序幕和尾声便会破坏话剧的结构。正如缺少Ⅱ和Ⅲ后戏剧无法成立一样，缺少Ⅰ，戏剧也会失去完整的形态。换言之，与其说序幕和尾声是超越戏剧的"合唱队"，不如说其已融入戏剧，成为整出悲剧的一部分。

虽然曹禺自己没有就此进行明确说明，但笔者认为，他强烈反对删除序幕和尾声（曹禺，1936：1；曹禺，1979），并且曾在表演前将删除的序幕和尾声重新加上（大芝孝，1956；井坡律子，1978），这显然表现了他对于序幕和尾声的重视。实际上，序幕和尾声，关系到戏剧《雷雨》的主旨。

二　悲剧的构造

《雷雨》所讲述的故事情节复杂、内涵丰富，且在错综复杂的叙述中演绎出了悲剧母题的深刻寓意。为把握《雷雨》的主题，我们首先应从悲剧的构造方面展开考察。

以下列举了与悲惨结局有关的要素：

①周萍与繁漪母子乱伦
②周萍与鲁四凤跨越身份、阶层的爱情
③周朴园在家庭和社会关系中的霸王形象
④繁漪对周朴园歇斯底里的抵抗
⑤四凤、周萍、周冲之间的三角关系
⑥四凤、周萍、繁漪之间的三角关系
⑦周朴园和陆大海之间的阶级斗争
⑧三十年前鲁侍萍与周朴园之间的爱情

这一系列事件通过鲁侍萍拜访周家一口气呈现出来，造成四凤、周萍、周冲丧命，周家崩解的结局。

以上要素中，导致三人死亡的最大原因在于四凤和周萍是亲兄妹这个事实，即②和⑧。换句话说，是三十年前的事件与现在的事件的联合作用导致了悲剧的发生。

在此，借用本文第一节中提到的三个时间轴进行整理如下：

在第一个时间轴（Ⅰ现在）中出现的人物：
周朴园、鲁侍萍、繁漪、（鲁大海？）
在第二个时间轴（Ⅱ十年前）中出现的人物：
鲁四凤、鲁贵、周冲、周萍、繁漪、周朴园、鲁大海、鲁侍萍
在第三个时间轴（Ⅲ四十年前）中出现的人物：
周朴园、鲁侍萍、周萍、鲁大海

第三个时间轴上的周朴园和鲁侍萍的行为，重现在了第二个时间轴上下一代的故事之中。可以说，这正是《雷雨》的悲剧根源所在之处。

四凤与周萍在第二个时间轴上的相遇纯属偶然，可以说二人后来的行为是基因导致的必然结果。他们遗传了父母的基因，因此，当被置于同样的情境下时，便做出了与其父母类似的行为。第二个时间轴上的周萍和四凤，则是第三个时间轴上的周朴园和鲁侍萍的分身。

但是，由于是同母异父的兄妹，四凤和周萍的行为便又不仅仅是对父母故事的重复了。表面上看是对第三个时间轴的复制，实际上则如螺旋下降一般，掉入了悲剧的深渊。

周萍和四凤之死宣告了第二时间轴的故事的终结，但是一连串的悲剧还未结束。因为悲剧的源头尚未得到净化。

周朴园和侍萍一直背负着未解决的负担，就这样在绝望和孤独中度过了十年的岁月。因此，第一时间轴也是悲剧的延长。

周朴园和鲁侍萍两个人生活在第一时间轴上，但他们的情感则呈现在第二、第三时间轴。对他们来说，三个时间轴是同时进行的，都可相当于"现在"。

这样一来，原来的第三时间轴（四十年前）→第二时间轴（十年前）→第一时间轴（现在）这一本应呈线性发展的时间便被弯曲呈螺旋状，最终封闭在一个圆环中。只要悲剧的源头没有得到清除，时间便不能继续向前进展。

毋庸置疑，这个无从施救的封闭式悲剧是被超越人类智慧的"命运"之手所掌握的。只是，笔者认为，这一概念不该与"悲观""消极""神

秘主义"等被归为一列接受意识形态批判。

在《雷雨》中，侍萍感慨自己无能为力的命运，多次将"天"字挂在嘴边。但是，构成这一命运的不是天，而是血脉，以及家族中一直延续的"旧习"。周家悲剧的根源，正是在于"门当户对"和封建家长制的"旧习"。

可以说，《雷雨》的悲剧，具有一种环形结构，其基础是"遗传"与"旧习"，即按照传统，孩子必须仿效父母。

曹禺创作《雷雨》的动机之一是表达"一种复杂而又原始的情绪"（曹禺，1936：1）。这正是他对作品中出现的人物、事件和社会背景的原型所抱有的一种模糊的情感。这种模糊的情感，为当时的中国人所共有。受外力压迫、玩弄，不能按照自己的意愿行事的"被害者"意识，被真实地反映到了戏剧《雷雨》的世界里。

曹禺选择封建家族的黑暗面为题材进行创作绝不是偶然。因为造成当时社会的悲惨状况的内部要因正是封建制。曹禺在《雷雨》中，刻画出了中国社会在无意识中流传下来的黑暗面的本质。并且，正因为是无意识的，这种无以用语言表达的"灵魂的哭喊"才通过作品表现出来了。因此可以说，《雷雨》的悲剧构造，生发于作者的潜意识。

三 角色的任务

关于《雷雨》的角色分析，学界众说纷纭。笔者在此基于《雷雨》是一部戏剧这个前提来考察各个角色在剧情发展中所发挥的作用。

首先，主人公是谁？这一问题在某种程度上是主观性的。

在故事中心部分的1~4幕中，按照戏剧理论，主人公显然是四凤。与周朴园和繁漪相比，四凤个性稍弱，但是也因此更容易带动观众的情感起伏。她是距离观众最近的人物，出场次数、台词也是最多的。正如在本文第二节所说，四凤是三十年前的侍萍的分身。但是，她又不仅仅是分身，她有着强烈的自我，行动积极向上。这样来看，她的行为虽然与母亲相似，却完全是基于自己的意志做出的。因此，精心组织的悲剧的齿轮，便具有了以偶然的形式自然转动的可能性。我们站在剧外可以看到，四凤的积极行动实际上完全是由命运操纵的，这一由主动一方向被动一方的反转就是这一悲剧的集中体现。可以说，她只不过是"表面的主人公"。

与此相对，"背面的主人公"则是侍萍。侍萍在第三时间轴上与四凤一样采取了积极行动，但是，她对不能如其所愿的现实感到绝望，因而过上了第二时间轴上的听天由命的消极生活。侍萍的消极性与四凤年轻气盛的积极性形成了表与里、光与影的鲜明反差。

那么被广泛视为《雷雨》主人公的周朴园又是如何呢？从前文提到的悲剧的构造来看，我们确实可以视其为主人公。但是，他作为一名剧中的加害者，让人很难产生亲近感。我们大致上可以将周朴园视为站在主人公对立面的反派角色，但他又不是完全意义上的反派角色。之所以这么说，是因为虽然在第三时间轴和第二时间轴上，周朴园是欺凌弱者的加害者，但在第一时间轴——序幕和尾声中，他又是受害者。然而，在注重现实主义的现代剧中，这种情况是不被允许的。

那么，与周朴园一样常被视作主人公的繁漪又是什么情况呢？她较之四凤和侍萍有更强的个性和积极性，但是在前文所讲的悲剧圈中又相当于一个局外人。繁漪是推动剧情发展的线索人物。繁漪被束缚在周家，但是她为了实现自己的理想拼死抵抗。虽然这一抵抗从一开始就让人感到绝望，因无力解决实际问题而化为泡影，但至少她采取过积极行动。她越是奋力挣扎，情况就越糟，命运力量的强大就体现得越明显。她本打算毁灭周家，且看似已经握住了那张王牌，但她最终仍然沦为了受害者。即便繁漪与周朴园一样，也不是典型的线索人物，但是可以说，她是最适合被称作线索人物的角色了。

说到局外人，鲁贵就是一个彻底的局外人。在剧中，他既不是受害者也不是加害者。他客观地看待周家，只在有利可图的时候采取行动。因此，他虽然有成为线索人物的潜力，但最终只是作为配角默默退场。

鲁大海也同样可被视为一个局外人，如前所述，大概是由于加入了过多的复杂情节的缘故，在《雷雨》这种剧作中，无产阶级劳动者这一充当社会背景设定的角色属于必需品。

还有一个悲剧人物是周萍。他是周朴园的化身，和同样作为化身的四凤相比，他的存在感较弱，但是他自私懦弱的性格的确符合反派角色的特征。可惜的是，由于过于懦弱，他反而给人一种违反现实的亲近感。

四 救赎的可能性

《雷雨》的悲剧有挽救的余地吗？笔者在此节打算谈谈作品中的救赎问题。

事件相关三人已无路可退，悲剧的根源已不可得到净化，只有通过生者之手进行救赎，时间之结才能被解开。接下来，我们总结一下活下来的人在第一时间轴上过着怎样的生活。

> 周朴园：与十年前一样，还是资产家，在经济方面照顾着侍萍和繁漪。他对侍萍的思念一如既往，甚至比对妻子繁漪更加关心。
>
> 侍萍：处于自闭症状态，每到十二月三十日，她一定会来到客厅等鲁大海回来。其夫鲁贵先于她去世，留下侍萍孤身一人。
>
> 繁漪：精神崩溃，一如往常会因情绪过于激动而做出破坏行为。

他们三人的状态在过去十年间（侍萍是九年）几乎没变。

周朴园失去了儿子，其发妻与以前的情人都发了疯，而他自己则过着孤独的生活。从他悲惨的生活状态中，我们已完全看不到他当年的威严和傲慢。他和侍萍、繁漪一样，也是败给命运的输家。临近晚年的周朴园已失去反抗命运的力气，他只是通过照顾侍萍和繁漪来尽责，而没有对自己犯下的过错进行任何积极的补偿。

而侍萍和繁漪，则完全是在逃避现实。

因此，通过他们来净化悲剧是不可能的。

但是，他们三人之外，还有一个人可以解开悲剧之环，他就是鲁大海。鲁大海在第一时间轴中下落不明，生死未卜。因此，虽然只是假设，我们依然可以视其为唯一留存的救赎希望。大海虽不是知识分子，却有新思想。他拥有指导罢工的魄力和行动能力，具有反抗命运，即反抗周围环境的能量。这一魄力和行动力与其父朴园相似，因此他有能力与之抗衡。即使排除阶级斗争这一意识形态的要素，大海也可算是打倒旧势力的新人类。

既然《雷雨》的悲剧是血脉引起的，那么大海便可以通过与其父走向不同的道路来净化悲剧。

在朴园一代被封锁住的周家血脉，超越旧习，以新的姿态走向未来。由此，因旧习而牺牲的四凤、周萍和周冲便会得到慰藉。他们无法实现的生活方式，可以让作为兄弟的鲁大海去帮他们实现。

周朴园在十年间一直寻找鲁大海。

侍萍一直等待着大海回来。

大海未曾现身。

但是，大海的下落不明，同时也隐藏着一种希望，他可能还活着，可能在不久后就会回来。这一救赎的可能性，或许就是曹禺对当时的中国社会所寄予的模糊的期望。

总　结

以上，笔者试对戏剧《雷雨》进行了阐释。

笔者认为《雷雨》种"现在、十年前、四十年前"三个时间轴相互交错的悲剧形式，只有通过舞台上的表演才能完美地呈现出来。

时间轴的交叉点在于四凤和侍萍、周萍和朴园等故事的重叠。角色之间互为分身的比喻也只有在舞台上才能被演绎出来。

具体的演出方法如下：

　　○侍萍说四凤的台词（或相反）。
　　○四凤和周萍、侍萍和朴园两组同时演出同一场景。
　　○设定侍萍和朴园以前的场景（无言亦可），由四凤和周萍演出。
　　等等。

因无法收集到近年来《雷雨》的表演记录，笔者不能确定现实中是否已出现类似的演出，但是，笔者始终是站在"演出"的立场上对剧作进行考察的。所谓戏剧，不应通过大脑，而应通过身体去感受，应超越理性去理解和感受。

如今，封建家长制度已逐渐消失，《雷雨》这样的戏剧可能有些过时。但是笔者相信，蕴含在《雷雨》中的能量能够超越时代与国籍，给人带来长久的感动。

参考文献

〔日〕大芝孝（1956）：《新旧〈雷雨〉的比较》，《神户外大论丛》，（6）。

〔日〕井坡律子（1978）：《论〈雷雨〉——探寻其原型》，《金泽大学教养部论集（人文科学）》，（3）。

〔日〕辛岛晓（1948）：《中国的新剧》，昌平堂。

曹禺（1936）：《雷雨》，文化生活出版社。

——（1979）：《简谈〈雷雨〉》，《收获》，（2）。

郭沫若（1936）：《关于曹禺的〈雷雨〉》，《东流》，2（4），日本东京出版社。

钱谷融（1979）：《关于〈雷雨〉的命运观念问题》，《戏剧艺术》，（1）。

The Tragedy Structure of *Thunderstorm*

——Three Time Axes on the Stage

by Ikadai Chiaki, trans. Li Xiaoyu, rwr. Cui Li

Abstract: In the author's opinion, the drama *Thunderstorm* does not focus on the contradiction of social structure and class struggle, but realizes its profound and universality by portraying the inner world of the characters. The tragedy of *Thunderstorm* happens in three-time axes, which are now, ten years ago, and forty years ago. The whole story goes as a ring structure, and it all starts with "genetic" and the "old ways". Characters in this tragedy can't escape from the fate. The salvation of this tragedy is only possible to be made by Lu Dahai.

Keywords: *Thunderstorm*; The tragedy structure; The time axis

About the Author: Chiaki Ikadai, Kanazawa University.

About the Translator: Li Xiaoyu, M. A. Graduate at Faculty of Asian Languages and Cultures, Guangdong University of Foreign Studies. E-mail: 862645044@ qq. com.

About the Proof reader: Cui Li, Lecturer at College of Foreign Languages in Hubei University of Education, Ph. D. Candidate at School of Chinese Language and Literature in Hubei University. Research interests and specialties: Japanese aesthetics. Magnum opuses: *Xiaohong's Biography* (a translation). E-mail: 108323294@ qq. com.

曹禺戏剧的舞台指示

——从《日出》到《北京人》

〔日〕白井啓介 著　李木子 译　梁艳萍 校[*]

摘　要：作者对曹禺戏剧作品《日出》《原野》《蜕变》《北京人》中的舞台指示进行了考察，指出舞台指示并不局限于道具准备，其内容还涉及状况说明、背景介绍以及各种暗喻与象征性描写。曹禺的戏剧不仅是用于演绎的剧本，更是为了"阅读"写作而成的。此外，本文进一步探讨了曹禺戏剧舞台指示的影响来源，并指出剧中的舞台指示与萧伯纳、奥尼尔等人的舞台指示之间没有显著的影响关系。

关键词：舞台指示　《日出》　《原野》　《蜕变》　《北京人》

一　前言

此前，笔者在考察曹禺戏剧的特征时，着眼于其舞台指示，尝试分析了《雷雨》在记述方面的特征，并得出结论：曹禺戏剧的一大特征在于其作品是为"阅读"写作而成的（白井啓介，1994）。曹禺的戏剧中，深入刻画人物内心的分析性叙述所占比例巨大，也正是这一特点使其剧本具有

---

* 白井啓介，博士，日本文教大学大学院言语文化研究科教授，研究方向为中国现代文学、中国现代戏剧中的表现手法、中国电影通史等。代表论文有《两个〈不如归〉——翻译与翻案之间》（「二つの『不如帰』――翻訳と翻案の間」）、《沧海变桑田——上海老电影院变迁纪实》等。

李木子，广东外语外贸大学东方语言文化学院 2016 级硕士研究生。电子邮箱：804481469@qq.com。

梁艳萍，湖北大学文学院教授，研究方向为美学、文学理论。著有《古典诗意赤子情怀——叶大春论》《漫游寻美》等。

了"可阅读性"的特征。这些记述，与其说是处女作《雷雨》的表现手法尚且幼稚，不如说是曹禺记述戏剧的根本姿态。此外，这样的剧本记述风格是否在被称为"爱美剧"的中国现代话剧作品类型中上升为某种程度上的共通性呢？这值得我们思考。这种记述到底是戏剧作为一种独立文体确立之前的试错，还是应该将其视为不成熟的过渡阶段——在很大程度上未能摆脱以说、唱为母体的小说体的影响，此问题与中国现代话剧的文体论相关，存在多方面的影响因素，笔者无法即刻给出答案。

本文接下来一方面将再次确认先前论文中所提出的观点，另一方面将考察对象扩大至曹禺的其他作品展开分析。

曹禺的戏剧记述方法是他个人独特的创造，还是受了其他作品的影响？为明确此点，本文拟对公认影响了曹禺戏剧创作的国外戏剧作品的舞台指示的记述情况进行探讨，将曹禺的剧作特质与欧美近代戏剧的写作手法进行对比，以明确曹禺剧作的写作特征。

关于舞台指示的定义与区分，笔者在以往分析《雷雨》记述上的特征时已有论述，此处不再赘述。简言之，大致分为场面指定和行为指定，行为指定可再细分为出入指定和叙述指定。本文以场面指定和行为指定中的叙述指定，特别是以人物初次登场时的人物描写为中心进行探讨。

二 国外戏剧的舞台指示记述

1915 年，以春柳社为代表的文明新戏社团在辛亥革命后逐渐式微。五四运动后，中国对近代戏剧的引进主要以直接引进欧美作品的"爱美剧"运动为中心。1918 年 6 月的《新青年》第 4 卷第 6 号刊登了易卜生特集，采用罗家伦的翻译介绍了《玩偶之家》，并连载了陶履恭译的《人民公敌》，同年 10 月的《新青年》第 5 卷第 4 号又成为戏剧改良论争的主场地。同号刊登了宋春舫的《近世名戏百种目》，其中除易卜生的作品外，还用英文列举了丹麦、斯堪的纳维亚、荷兰、德国、法国、英国等欧洲各地近代戏剧的作品名，为欧美近代戏剧名作的摄取做好了准备工作。20 年代，欧美近代戏剧的介绍和翻译盛行，据说翻译出版的作品共 200 部，涉及多达 20 个国家（田本相，1993：117）。此中阅读量较大、上演机会较多的是易卜生、奥斯卡·王尔德、萧伯纳等人的作品。比如：易卜生的

《玩偶之家》《幽灵》《人民公敌》即分别在 1921 年以潘家洵的译本《娜拉》《群鬼》《国民公敌》出版，王尔德的《扇误》同样由潘家洵翻译，于 1926 年出版。此外，潘还翻译了萧伯纳的《华伦夫人之职业》，于 1923 年出版（田本相，1993：116）。

在上述被翻译介绍到中国的欧美戏剧中，有人认为部分戏剧对曹禺的戏剧创作产生了影响。接下来，笔者将对这些作品中的舞台指示进行概述。一般来说，进入近代以后，剧作家开始在创作戏剧作品时预想到阅读戏剧的读者的存在，由此作品中的舞台指示才逐渐被重视起来。尤其是易卜生后期的作品，其舞台指示比重明显增加。中国翻译出版的易卜生后期著作中，舞台指示也是解读其作品的重要参考。只是从具体记述来看，其在场面指定方面还停留在客观的舞台指定上，对人物的描写也只是叙述性的，没有深入到人物心理。相较于这些作品，十年后的《海达·高布乐》等，其人物指定虽然有所增加，但是对主人公海达·泰斯曼的记述也仅止于容貌外形等比较客观的描写。

> 她是个二十九岁的女人。面貌和身材都带着秀雅不凡的气概。脸色淡白无光。青灰色的眼睛露出一股冷静沉着的神情。棕黄的头发浓淡适中，可是并不太多。（易卜生，1989：114）

下面来看归入易卜生主义的萧伯纳的《华伦夫人之职业》。[①] 剧本中，对主人公华伦夫人的女儿薇薇的人物描写如下：

> （1）She is an attractive specimen of the sensible, able, highly-educated young middle-class Englishwoman. Age22. Prompt, strong, confident, self-possessed. （Laurence，1979：273）

对其母亲华伦夫人的描写如下。

[①] 《华伦夫人之职业》，发表于 1920 年 10 月，正好是文明新戏和五四文化运动之后现代话剧（爱美剧）青黄不接的时期，在上海新舞台，汪优游等以演剧改革为目标的演出以失败告终。关于此事件，濑户宏有「上海·新舞台での『ウォーレン夫人の職業』上演をめぐって一中国近代演劇史ノート一」（濑户宏，1985）。

（2）Mrs Warren is between 40 and 50, formerly pretty, showily dressed in a brilliant hat and a gay blouse fitting tightly over her bust and flanked by fashionable sleeves.

（3）Rather spoilt and domineering, and decidedly vulgar, but, on the Whole, a genial and fairly presentable old blackguard of a woman. (Laurence, 1979: 281)

可以看到，（2）对外形和姿容做了比较客观的描写，（1）和（3）则是对人物性格和心理的描述。

萧伯纳的作品中，与初期的《华伦夫人之职业》相比，其后期作品的舞台指示的记述样式发生了些许变化：描写更加详细，内容充满了作者辛辣的观点，且运用了以多视角深入观察人物的表现手法。比如，关于《卖花女》中心人物之一希金斯教授的人物描写的舞台指示就是一例。

（4）He is of the energetic, scientific type, heartily, even violently interested in everything that can be studied as a scientific subject , and careless about himself and other people, including their feelings. He is, in fact, but for his years and size, rather like a very impetuous baby "taking notice" eagerly and loudly, and requiring almost as much watching to keep him out of unintended mischief. His manner varies from genial bullying when he is in a good humor to stormy petulance when any thing goes wrong; but he is so entirely frank and void of malice that he remains likeable even in his least reasonable moments. (Laurence, 1972: 685)

"若不是看他的个子和年纪，他实在就像一个任性的小孩子，对周围的事物都想管管，如不对他时刻加以注意，他就会在无意中闯些乱子。"（萧伯纳，1993：185）从这一描述中，我们既可以想象出实际的舞台表现，同时也能看到脱离了概念性、公式化的人物描写，展现了希金斯这一人物丰富的角色内涵。

接下来，我们来看尤金·奥尼尔的作品。据说曹禺受其影响最大。奥尼尔在中国的翻译介绍要晚于易卜生和萧伯纳，1924年，中国国内介绍了其《天边外》和《琼斯皇》（孙庆升，1986：247）。1930年后，中国出版了各种《天边外》的翻译版本，其中就包括顾仲彝的译本《天边外》（顾仲彝，1932）。从20年代到40年代共出版了17部奥尼尔的作品，上演了9部。其中《天边外》《奇异的插曲》《悲悼》人气最高，连续出版了好几种翻译版本（田本相，1993：391）。奥尼尔的舞台指示有详细且比较宏大的记述，虽然《天边外》中这种倾向不明显。与之相对，《奇异的插曲》的人物描写不仅详细，而且不同角色个性分明。比如，主人公尼娜的父亲里兹，其登场时人物描写的舞台指示如下：

（5）He Professor Leeds enters, a pleased relieved expression fighting the flurried worry on his face. He is small, slender man of fifty-five, his hair gray, the top of his head bald. His face, prepossessing in spite of its too-small, over-refined features, is that of a retiring, studious nature. He has intelligenteyes and a smile that can be ironical. Temperamentally timid, his defense is an assumption of his complacent, superior manner of the classroom to ward the world at large. This defense is strengthened by a natural tendency toward a prim provincialism where practical present-day considerations are concerned (though he is most liberal-even radical-in his tolerant understanding of the manners and morals of Gregce and Irnperial Rome!). This classroom poise of his, however, he cannot quite carry off outside the classroom. ... （O'Neill, 1988：636）

人物复杂的内心虽然在最开始是由表情描写传达出来的，但接下来对容貌姿态、头发、眼神等具体细节的描述，可谓发挥了给人物定型的作用。"他天性羞怯，在教室中以那种高傲、得意的自负举止作为面对整个世界时的自我保护，而这种保护又为一种虑及现实的天生的古板乡土气而加强，尽管他是个极端自由主义者，甚至是激进派——体现在他对希腊和罗马帝国的风俗与道德的宽容理解之中，然而他无法把那种教室里的姿态用于教室之外。"（奥尼尔，1993：18）上述内容乍一看似乎与人物性格和接下来的情节无关，实际上却能使人轻易地联想起其人物形象的设定。

我们再来看指示舞台设定和道具准备的场面指定。下面是《榆树下的欲望》开头的指定。该作被认为对《雷雨》的创作产生了影响。[①]

(6) Two enormous elms are on each side of the house. They bend their trailing branches down over the roof. They appear to protect and at the same time subdue. There is a sinister maternity in their aspect, a crushing, jealous absorption. They have developed from their intimate contact with the life of man in the house an appalling humaneness. They brood oppressively over the house. They are like exhausted women resting their sagging breasts and hands and hair on its roof, and when it rains their tears trickle down monotonously and rot on the shingles... (O'Neill, 1984: 7)

"这两棵树的外表,使人感到一种不祥的、充满妒意和企图征服一切的母性心理。"这段描述没有局限于对家两旁有榆树这一场景的直白客观的描写,而是提示读者此榆树在作品中的象征性作用,而且暗示着情节的发展。"它们层层叠叠地笼罩着屋子,将它压得透不过气来,就像两个精疲力竭的女人,将她们松垂的乳房、双手和头发都耷拉在屋顶上。"后面这段描写,作为实际的舞台造型再现是比较困难的。

以上,笔者概述了与曹禺关系比较密切的欧美戏剧的舞台指示的表现方式。接下来笔者拟对曹禺的各作品的舞台指示进行探讨。

三 《日出》的舞台指示

关于《日出》的舞台指示,首先,我们照例来看各幕开头的场面指定。

第1幕的舞台是都市旅馆的房间。居住在此的是23岁的交际花陈白露。第1幕围绕她,展开了其与几名男性的交错关系。舞台最开始的场面指定占了一页半的篇幅。

---

① "《雷雨》,它与易卜生的《玩偶之家》《群鬼》,奥尼尔的《榆树下的恋情》《安娜克里斯蒂》《悲悼三部曲》,都有不同层面的相似性、可比性。"(田本相,1993:356)

（a）幕升时，室内只有沙发旁阅读灯射出一圈光明。窗前的黄慢幕垂下来，屋内的陈设看不十分清晰，一切丑恶和凌乱还藏在黑暗里。（曹禺，1988：234）

这一记述弥漫着暗示性的意味，不过几乎都是舞台设定和道具准备等方面的配置指定，可看作常规的场面指定。

第2幕将主人公们华丽的都市生活描写成充满了如浮草一样的虚饰的生活，暗示了一个与表面的光鲜华丽截然相反的世界的存在。为此，作者插入了一段建筑工地上工人打桩的歌。

（b）他们用一种原始的语音来唱出他们的忧郁，痛苦，悲哀和奋斗中的严肃，所以在下面这段夯歌——《小海号》——里找不着一个字，因为用字来表述他们的思想和情感是笨拙而不可能的事。（曹禺，1988：282）

第3幕，场景转换为郊区的妓楼。此处又有大篇幅的场面指定。三页半左右的场面指定中，剧作家主要对妓楼及周边环境进行了详细描写，比起具体的道具准备方面的指定，大多是状况说明类的描述，其中也混入了剧作家主观断定性的记述。

（c）这一条胡同蚂蚁窝似地住满了所谓"人类的渣滓"，她们都在饥饿线上奋斗着，与其他瘪着肚皮的人不同的地方是别的可以苦眉愁眼地空着肚子，她们却必须是笑着的。（曹禺，1988：345）

可见作者在对妓女们的描写中夹杂了同情。但作者也许太过于被固定的观点所左右了——这样的世界虽然不道德，却是应该给予同情的。

第4幕的场景是第1幕中旅馆的房间，场面指定只用了一页半。

下面来看行为指定中的人物描写。首先登场的是该作品众多人物中比较核心的人物陈白露。她曾是个天真烂漫的少女，现在却成了一个陪着男人喝酒跳舞的舞女，过着被有钱人包养的生活。这些情况在她与青梅竹马方达生之间的对话发生之前并没有提示，她登场时的记述如下。

①她的眼明媚动人，举动机警，一种嘲讽的笑总挂在嘴角。神色不时地露出倦怠和厌恶；这种生活的倦怠是她那种漂泊人特有的性质。（曹禺，1988：234）

②她爱生活，她也厌恶生活，生活对于她是一串习惯的桎梏，她不再想要真实的感情的慰藉。这些年的漂泊教聪明了她，世上并没有她在女孩儿时代所幻梦的爱情。生活是铁一般的真实，有它自来的残忍！习惯，自己所习惯的种种生活的方式，是最狠心的桎梏，使你即使怎样美慕着自由，怎样憧憬着在情爱里伟大的牺牲（如个说电影中时常夸张地来叙述的），也难以飞出自己的生活的狭之笼。（曹禺，1988：234）

③因为她试验过，她曾经如一个未经世故的傻女孩子，带着如望万花筒那样的惊奇，和一个画儿似的男人飞出这笼；终于，像寓言中那习惯于金丝笼的鸟，已失掉在自由的树林里盘旋的能力和兴趣，又回到自己的丑恶的生活圈子里。（曹禺，1988：235）

④当然她并不甘心这样生活下去，她很骄傲，她生怕旁人刺痛她的自尊心。但她只有等待，等待着有一天幸运会来叩她的门，她能意外地得一笔财富，使她能独立地生活着。（曹禺，1988：235）

①是对陈白露姿容的生动描写。②③是对陈白露现今疲倦状态的背景描述，是舞台无法再现出来的人物的隐藏侧面。为给戏剧读者以提示说明，剧作家用了一页多的篇幅进行了记述。④明确了一点，即在戏剧此后的展开中，她即使为钱发愁也绝不会为钱出卖灵魂；同时也为她最后因为有钱人的求爱失去最后的尊严这一结局埋下了伏笔。

接着登场的是方达生和海归张乔治，作者只对二人的年龄、外表进行了描写。关于被妓女卖掉而逃到这间屋子的"小东西"，作者虽然有比喻性的描写和表示情绪的记述，但主要还是着重于姿容和服装的描写。此外，作者对白露的求爱者银行行长潘月亭的描述也加入了部分内情说明性的描写。

⑤潘经理——一块庞然大物，短发已经斑白，行动很迟缓，然而见着白露，他的年纪、举动、态度就突然来得如他自己的儿子一般年

轻，而他的最小的少爷已经二十出头了。（曹禺，1988：270）

相比之下，从作者对第2幕登场的银行下级书记黄省三和富裕的闲散妇人顾八奶奶的描写中，我们能看到作者的描写是细致入微的。

⑥人瘦如柴，额上的青筋像两条小蛇似地隐隐地跳动着，是一个非常神经质而胆小的人。……他这样谦卑，不自信，他甚至于疑心自己的声音都是为人所不耐的。其实，他的年纪不算大，然而这些年的忧虑，劳碌，失眠，和营养缺乏使他衰弱有如一个老人。纵使还留着一些中年的模样，但我们会惊讶一个将近四十的人，他的背怎么会拱成一道桥，受点刺激，手便如风里的枯叶不停地颤抖起来，而鬓角堆起那样多白发了。（曹禺，1988：289）

⑦她总是兴高采烈地笑。笑有种种好处，一则显得年轻些，二则自己以为笑的时候仿佛很美，三则那耀眼的金牙只有在笑的当儿才完全地显露出来。于是嘴，眼睛，鼻子挤在一起，笑，笑，以至于笑得令人想哭，想呕吐，想去自杀。她的眉毛是一条线，耳垂叮当地悬着珠光宝气的钻石耳环，说起话来总是指手画脚，摇头摆尾，于是小棒槌似的指头上的宝石以及耳环，光彩四射，惹得人心发慌。由上量到下，她着实是心广体胖，结实得像一条小牛，却不知为什么，她的病很多，动不动便晕的，吐的，痛的，闹个不休。（曹禺，1988：295）

⑥描写了一个贫穷、悲哀的下级职员的人物形象，特别是将其懦弱的神态描写得淋漓尽致。⑦中的描写可说是充满了作者主观性的厌恶。下面登场的是行长的秘书李石清，从作者对他的描写中，我们也可看出其对此人物流露出的厌恶和悲哀。

⑧李石清由左门上。他原来是大丰银行一个职员，他的狡黠和逢迎的本领使他目前升为潘月亭的秘书。他很猥琐，极力地做出他心目中大人物的气魄，却始终掩饰不住自己的穷酸相，他永远偷偷望着人的眼色，顺从而谄媚地笑着。他嘴角的笑纹呆板得如木刻上的线条，雕在那卑猥而又不甘于贫贱的面形上。当他正言厉色的时

候，我们会发现他颈上有许多经历的皱纹，一条一条的细沟，蓄满了他在人生所遭受的羞辱，穷困和酸辛。在这许多他所美慕的"既富且贵"的人物里，他是时有"自惭形秽"之感的，所以在人前，为怕人的藐视，他时而也忸怩作态无中生有地夸耀一下，然而一想起家里的老小便不由得低下头，忍气吞声受着屈辱。咆恨那些在上的人，他又不得不逢迎他们。于是愤恨倒咽在肚里，只有在回家以后一起发泄在自己可怜的妻儿身上。他是这么一个讨厌而又可悯的性格。（曹禺，1988：313）

此外，顾八奶奶的小情人胡四、李石清的妻子、老妓女翠喜，以及旅馆的花花公子王福升等都有各自的叙述指定，此处不赘述。如上述分析所示，《日出》的舞台指示中的场面指定以对情景的客观描写为基调，人物描写中则包含了有可能左右读者对人物认知的评价，但是相较于《雷雨》，仍然可以说是比较合理的记述。只是值得注意的是，作者对剧中分量较重，且出场次数较多的方达生的人物描写，相较于其他人物的描写显得极为简略。当然，这并不是说，对人物的来历和心理状态的描写越冗长就越好。应该说，能够随着剧情的发展，在对话与事件中揭示出人物心理的摇曳不定，或者表现出人物之所以呈现出某种状态的心理变化，如此才更具戏剧性。由于舞台指示所示之物在实际的舞台上是无法以记述的形式那样表现出来的，因此在这一意义上，其不是戏剧内在的，而是戏剧外在的要素。

由此可见，《日出》的舞台指示是戏剧内在性处理的结果，有助于舞台展示的完成。即，此舞台指示不但补足了"阅读性"戏剧的不足，也补足了作为演绎戏剧的那一面。对方达生这一人物的描写之所以简洁，可能是因为剧作家考虑到观众和读者从其与陈白露的对话中，能够在某种程度上理解他的为人以及他做最后决断时的犹豫不定。

四　《原野》的舞台指示

下面来看《原野》的舞台指示。此作初演以来褒贬不一，一种说法认为其表现了美的理念，给予其很高的评价；另一种说法则认为其是对奥尼尔《琼斯皇》的一种现学现卖，对人物的心理分析过度，太过机械，缺乏个性，图解式的表现贯彻始终。① 将这两种评价考虑在内，我们来看一下《原野》开头的场面指定。

首先是序幕的场面指定。作者用将近一页半的篇幅对作品核心人物仇虎逃亡到原野一事进行了描写。

> （d）秋天的傍晚。大地是沉郁的，生命藏在里面。泥土散着香，禾根在土里暗暗滋长。（曹禺，1988：477）
>
> （e）巨树有庞大的躯干，爬满年老而龟裂的木纹，矗立在莽莽苍苍的原野中，它象征着严肃、险恶、反抗与幽郁，仿佛是那被禁锢的普饶密休士，羁绊在石岩上。（曹禺，1988：477）
>
> （f）铁轨铸得像乌金，黑黑的两条，在暮霭里闪着亮，一声不响，直伸到天际。它们带来人们的痛苦、快乐和希望。有时巨龙似的列车，煊赫地叫嚣了一阵，喷着火星乱窜的黑烟，风驰电掣地飞驶过来。但立刻又被送走了，还带走了人们的笑和眼泪。陪伴着这对铁轨的有道旁的电线杆，一根接连一根，当野风吹来时，白磁箍上的黑线不断激出微弱的呜呜的声浪。（曹禺，1988：477）
>
> （g）远处天际外逐渐裂成一张血湖似的破口，张着嘴，泼出幽暗的赭红，像噩梦，在乱峰怪石的黑云层堆点染成万千诡异艳怪的色彩。（曹禺，1988：478）

（d）与其说是对环境的客观性描写，不如说是一种暗喻。（e）也同样具有象征性。在（f）中，我们可以很容易察觉到一种暗喻，即横跨在原野上的铁路暗示着通向无限的未来，两旁屹立不动的电线杆象征着被这闭塞的农村社会和家庭所束缚的人们。（g）暗示此戏剧展开的结局。如此，虽然暗示和暗喻的根基十分脆弱，但是可以肯定的是，曹禺进行场面设定的目的与其说是对环境进行说明，不如说是为了给出一种暗喻；与其说此指定是为了安排道具准备，不如说是为了让戏剧更适合"阅读"。

---

① 马良春、李福田主编《中国文学大辞典》（天津人民出版社，1991）中关于《原野》的记述（田本相执笔）。

第1幕中，场景转移到焦大星的家，作者用近两页的篇幅指定了屋内的状况以及外部的氛围。

（h）外面有成群的乌鸦在天空盘旋；……盘旋，……不断地呼啸，……风声略息，甚至于听得见鸟的翅翼在空气里急促地振激。渐渐风息了，一线阳光也隐匿下去，外面升起秋天的雾，草原上灰沉沉的。厚雾里不知隐藏着些什么，暗寂无声……（曹禺，1988：508）

第2幕同样设定在焦大星家的屋内，所以作者没有再做过多描写。但是在写到焦大星的母亲祭奠其丈夫焦阎王这一情节时，为渲染神秘、庄严的气氛，剧作家进行了诸多描述。

第3幕的情节是仇虎带着他曾经的恋人、现焦大星妻子焦花氏逃到森林。从第1场景到第4场景分别为原野、岔道、池畔、庙旁，第5场景又回到了序幕中的原野。比起对森林树木的客观描写和对池塘状况的指示，这里的场面指定中，作者着重笔墨描写了森林的神秘性和压迫感。

第1场景

（i）这里盘踞着生命的恐怖，原始人想象的荒唐；于是森林里到处蹲伏着恐惧，无数的矮而胖的灌树似乎在草里伺藏着，像多少无头的战鬼，风来时，滚来滚去，如一堆一堆黑团团的肉球。（曹禺，1988：626）

第2场景

（j）惨森森的月亮，为黑云遮了一半，斜嵌在树林上，昏晕晕的白光照着中间的洼地，化成一片诡异如幽灵所居的境界。天上黑云连绵不断，如乌黑的山峦。和地上黑郁郁的树林混成一片原野的神秘。（曹禺，1988：643）

第5场景

（k）乌云透了亮了，幻成一片淡淡的墨海，像一条火龙从海底向上翻，云海的边缘逐渐染透艳丽的金红。浮云散开，云缝里斑斑点点地露出了蔚蓝，左半个天悬着半轮晓月，如同一张薄纸。微风不断地吹着野地。（曹禺，1988：672）

（l）大地轻轻地呼吸着，巨树还那样严肃，险恶地矗立当中。仍是一个反抗的魂灵。四周草尖光熠熠的，乌黑铁道闪着亮。远处有野鸟和布谷在草里酣畅地欢鸣。（曹禺，1988：673）

接下来是行为指定的人物描写。首先是对在序幕中登场的仇虎的描写。

⑨他怔住了，头朝转那声音的来向，惊愕地谛听。他蓦然跳起来，整个转过身来，面向观众，屏住气息瞩望。——这是一种奇异的感觉，人会惊怪造物者怎么会想出这样一个丑陋的人形：头发像乱麻，硕大无比的怪脸，眉毛垂下来，眼烧着仇恨的火。右腿打成瘸肢，背凸起仿佛藏着一个小包袱。筋肉暴突，腿是两根铁柱。身上一件密结纽拌的蓝布褂，被有刺的铁丝戳些个窟窿，破烂处露出毛茸茸的前胸。下面围着"腰里硬"——一种既宽且大的黑皮带——前面有一块瓦大的钢带扣，贼亮贼亮的。他眼里闪出凶狠，狡恶，机诈与嫉恨，是个刚从地狱里逃出来的人。（曹禺，1988：479）

这里比较具体地描写了人物的外形容貌，但并不像《雷雨》《日出》的人物描写一样包含明显的心理隐喻。不过，仇虎身上蕴含了一种从社会和人际关系的束缚中解脱出来的原始力量，是社会反抗力量的象征。从对他的描写中，我们可看出剧作家当时的政治倾向。之后，作者对"人会惊怪造物者怎么会想出这样一个丑陋的人形"等部分进行了改写，仇虎转变为一个善良的存在（秦川，1991：956）。但是笔者认为，隐藏这样一种邪恶的存在才更能表现原野内含的原始生命力。

序幕中继白傻子之后登场的有焦花氏和焦大星，还有其母亲焦母。人物指定对人物的背景和心理形成的过程都有或多或少的叙述，分量较重的是对姿容和外形的描写，当然也有对人物心理和境遇的说明性叙述。

⑩女人长得很妖冶，乌黑的头发，厚嘴唇，长长的眉毛，一对明亮亮的黑眼睛里面蓄满魅惑和强悍。脸生得丰满，黑里透出健康的褐红；身材不十分高，却也娉娉婷婷，走起路来，顾盼自得，自来一种风流。她穿着大红的裤袄，头上梳成肥圆圆的盘髻。腕上的镀金镯子骄傲地随着她走路的颤摇摆动。她的声音很低，甚至于有些哑，然而十分入耳，诱惑。（曹禺，1988：490）

⑪他畏惧他的母亲，却十分爱恋自己的艳丽的妻，妻与母为他尖锐的争斗使他由苦恼而趋于怯弱。他现在毫不吃力地背着一个大包袱，稳稳地迈着大步。（曹禺，1988：490）

⑫她有着失了瞳仁的人的猜疑，性情急躁；敏锐的耳朵四方八面地谛听着。她的声音尖锐而肯定。她还穿着丈夫的孝，灰布裋，外面罩上一件黑坎肩，灰布裤，从头到尾非常整洁。（曹禺，1988：497）

⑩是对焦花氏的描写，⑪是对焦大星的描写，⑫是对焦母的描写。⑩不仅描写了焦花氏的姿容，还包含了对她的评价和判断（"诱惑"）。⑪对苦恼于母亲与妻子之间的纠葛的焦大星精神崩溃的状况进行了说明。到这一阶段，读者已经能够预想到母亲、妻子和大星三者之间岌岌可危的关系的末路。从⑫中，我们可以看到剧作家对焦母性格的明确设定。《原野》的舞台指示包含了先于说明性叙述、戏剧展开的，预示着人物命运的人物描写；从整体来看，主要体现在对人物的外形和姿容及其所处的场面状况的客观性指定上。虽然被批评说"对人物的心理分析过度，太过机械，缺乏个性，图解式的表现贯彻始终"，但是在实际的舞台指示中，此类人物描写的性格类型化特征和对人性评判性质的内容已经销声匿迹，当前的舞台指示更倾向于用对姿容和行动的客观描写来指定人物。

五　《蜕变》的舞台指示

再来看《蜕变》的舞台指示。此作品于 1940 年抗日战争时期出版，在当时倍受好评。洪深曾说："如果我们打算推荐十部必须阅读的抗战剧本的话——如果自己限制数目，不使超过十部的话，那么，《蜕变》就是其中的一部。"① 只是我们应该考虑到，洪深的这一评价与此戏剧为宣传抗日战争所发挥的社会教育作用分不开。无论作品本身的好坏，由于此作品成立于这一社会运动和政治动向的关联中，我们便无法忽视戏剧之外的某些要素。

首先，我们来看一下用于指示舞台道具准备等的场面指定。戏剧由四幕构成。第 1 幕和第 2 幕的时间是 1938 年，第 3 幕是 1939 年，第 4 幕是 1940 年，作者旨在借助时间的推移显示事态的变迁。第 1 幕的开头部分，舞台是医院，对于这一变迁的出发点，作者对医院的环境状况乃至时代的气氛都做了详细的叙述。

（m）南京失守前数月，许多机关仓皇搬到后方来。于是一个省立的后方医院，也随着惶乱的人群，奉命迁移到后方一个小城。院长，医官，职员，差役，都扶老携幼，带了他们所能搬运的箱子，柜子，碗儿，罐儿，以及公文档案，医药用品，辗转流徙，逃到数千里外的一个异乡。（曹禺，1988：174）

（n）搬来即将三整月了。刚到的时候，大家的情绪颇为激昂，组织宣传队，训练班，全院的人都精神抖擞，十分活跃。过了不久，上面的人开始和当地士绅往来密切。先是仅仅打牌酗酒，后来便互相勾结，做国难生意。主客相约"有难同当，有福同享"。于是在下面的也逐渐懈怠，习于苟且。久之全院的公务人员仿佛成了一座积满尘垢的老钟，起初只是工作迟缓，以后便索性不动。（曹禺，1988：174）

（o）抗战只半年，在这个小小的病院里，历来行政机构的弱点，都一一暴露出来，迫切等待政府毫不姑息地予以严厉的鞭策，纠正和改进。（曹禺，1988：176）

---

① 洪深在《抗战十年来中国的戏剧运动与教育》中，列举了包括《蜕变》在内的以下十篇。（1）《流寇队长》（王震之）；（2）《国家至上》（老舍·宋之的）；（3）《心防》（夏衍）；（4）《秋收》（陈白尘）；（5）《秋声赋》（田汉）；（6）《夜上海》（于伶）；（7）《屈原》（郭沫若）；（8）《忠王李秀成》（欧阳予倩）；（9）《同志，你走错了路!》（姚仲明·陈波儿等集团创作）。详参（洪深，1988：252）。

（m）明显是情况说明，是对那个时代下整体社会环境的记述。（n）限定了戏剧展开场所，是戏剧开始的前提。对于阅读戏剧剧本的读者来说，此记述为读者了解戏剧的背景提供了必要的信息。这是在演出舞台上无法登场、难以再现的要素。（o）也是情况说明，但与（m）（n）相比，此段说明是基于某种意义上的价值判断的记述，或者可以说是剧作家本人的期望。第1幕用两页多的篇幅完成了上述场面指定后，终于进入了对舞台——医院办公室的具体描写。

第2幕的场景是医院的门诊室。此处场面指示以舞台的道具准备为中心，大致客观地对作品中心人物丁医生的门诊室进行了描写。

第3幕中，医院被改组，此一情节大幅度扭转了剧作此前的沉闷气氛，场面指示具体如下：

> （p）从那时起到现在，整整一年有半。医院里的行政人员易旧换新，变动很大。工作中，多少惨痛的牺牲，使人们在不断地经验与学习里逐渐树立起一个合理的制度。这制度有了守法的长官偕同下属来遵循，大家工作的态度和效能，也慢慢入了正轨。现在院里的公务人员，权责划清，系统分明而且勤有奖，惰有罚，一年来，奉公守法，勤奋服务的风气，已经启导造成，虽然勇于负责的进取精神，还有待培养。（曹禺，1988：304）

此记述渲染烘托了第3幕的整体气氛。以此气氛为前提，场面指示又对第1幕到第3幕具体的室内配置等做了另行指定。（p）的记述主要是与之相关的状况指定。

第4幕的场面指定则是对10个月之后的医院状况做了描写。

> （q）这时我们已看出抗战中事实的迫切需要，逼使此机关的长官再不能以个人的奸恶亲疏，为进退人员的标准，于是大批不得力的人员，遭受了不可避免的淘汰，而今日的干部大半是富有青年气质的人们。感谢贤明的新官吏如梁公仰先生者，在这一部分的公务人员的心里，已逐渐培植出一个勇敢的新的负责观念。大家在自己的职责内感到必须（如梁专员所说的）"自动找事做，尽量求完全"。开始造成一

种崭新的政治风气的先声。（曹禺，1988：370）

（r）所以制度成，风气定，做事的效率也日见激增。大批的治愈伤兵，受了身体上和心理上的治疗与陶冶，变成更健全的民族斗士，或者转院，或者归集中管理处，或者迫不及待，自动请求提前入伍。种种表现出前因后果的事实，证明在抗战过程中，中国的行政官吏，早晚必要蜕掉那一层腐旧的躯壳，迈进一个新的时代。（曹禺，1988：371）

（q）远远超越了场面指定的范围，几乎都是状况见闻方面的报告，包括抗日战争中组织失去后方活力等内容。（r）则是剧作家对组织改革的愿望，可以说是一种诉诸理想的呼吁。在场面指定中如此直接地表达自己的主张可以说是《蜕变》的舞台指示的特征之一。那么，人物描写又是怎样的呢？

作品中，登场人物虽然多，但是彼此之间区别还是比较明显的。首先来看对于院长秦仲宣的描写。

⑬院外人和秦院长谈过话的，绝少不惊服他遣词用字的巧妙。他与外人谈起事来——自然对院中下属也如此，不过总变些花样，不大显然——有一个特征，在一般情形下几乎是一律地模棱两可，不着边际。"大概""恐怕""也许"这一类的词句，一直不离嘴边。和他谈上一点钟，很少听见他肯定地说出什么办法来，总是在不痛不痒模模糊糊的口头语里莫名其妙地作了结束。院中盛行两句打油诗："大概或者也许是，我想恐怕不见得。"就是为纪念秦院长的"言语"天才而咏的。固然他对于院中下属——尤其是低级职员——是另一种气派和口吻，但对公事的精神则内外无论，总是一致。（曹禺，1988：199）

⑭所以他遇着大事要办，只好应付一下，小事就索性置之不理。等到事情办得出了差池，而下属又无其他对付方法，必须"请示"，逼到他头上的时候，他就强词夺理，把一切责任推到下属身上，发一顿院长威风，乱骂一阵，以"不了了之"的态度依然莫名其妙地作了结束。反正现在是省立医院，上面不来督察，得敷衍一阵，就敷衍一阵。（曹禺，1988：200）

这里的叙述带有典型的消极主义色彩，不过⑬的记述仍带有些许诙谐，而⑭则加入了更多的非难，显示了不可救药的小人物位居人上时可能发生的逃避责任的现象。但是，记述并没有停留在院长是个消极主义的标本这一层面，而是言及了此人物的苦衷，所以并非完全的非难和攻击。但是，看⑬⑭的人物描写，作者对人物的评判便一目了然，可以说人物的好坏善恶在其一登场便已有定论了。下面是作者对与此院长有亲属关系，被称为"伪组织"的女性的描写。

> ⑮"伪组织"年岁有二十七、八，出身暧昧，早年斫丧过甚，到了现在面容已有些衰老。她瘦骨嶙峋，一身过分艳丽的衣服，包起里面丑陋的肉体。她厚涂脂粉，狭长脸，眼泡微微有些肿，红嘴唇里露出一颗黄晶晶的金牙。她的眼睛很大，生得水灵灵地迷人，如今看人不时还不免那种"未免有情"的神色。她染上很深的恶嗜好，她的声音时而有些喑哑。（曹禺，1988：342）

此记述基本是对外形容貌的描写，不过也明确表现出了剧作家对这一女性角色的好恶。尽管作者说她用华美的服装和浓厚的妆容包裹着丑陋的肉体，一双媚眼分外撩人，但是对其吸食鸦片、声音喑哑等情况的说明，显然是在告诉读者此女并非良家妇女，因为此类人物形象大多是黑社会的情妇或者来往于大老板之间的女性。我们再来看作者对秦院长的外甥——医院总务主任马登科的描写。

> ⑯马主任素来聪明自负，一种踌躇满志的神色，咄咄逼人，全院中几乎无人不厌恶，尤其是直属他手下的孔秋萍。他好吹善捧，浅薄空虚，年岁不过三十二，而"狡""伪""私""惰"的习性已经发挥尽致，不可救药。幼时无教育，年长又和腐败的老父执们久处，耳濡目染，都是蝇营狗苟的勾当。（曹禺，1988：214）

为人巧言令色、被周围人极其厌恶。从⑯记述的马的成长过程来看，这是一个否定性的角色，他完全与善良和正义无缘，而且毫无可取之处。与此角色相对的，则是致力于改善医院不正之风，实行良心医疗的代表——丁医生。

⑰她性颇偏急。自从加入了这个后方医院，她已一再约束自己，学习着必要的忍耐和迁就。然而尽管在医务上有时作了不得已的退让，她私下认定在任何情形下她决不肯迁就到容忍那些腐败自私的官吏的地步。她所受的高深的科学教育不但使她成为中国名医，并且使她养成爱真理，爱她的职业所具有的仁侠精神的习性。（曹禺，1988：226）

⑱抗战开始，她立刻依她所信仰的，为民族捐弃在上海一个名医的舒适生活，兴奋地投入了伤兵医院。早年在国外，和她同去就学的她所深爱的丈夫，既因病死去，以后医院事业便占据了她的心灵。现在她的十七岁正在求学的独儿，在开战之后立刻自动加入战地服务团，参加工作，她更是了无牵挂，按她一直信仰着的精神为着人们活着。（曹禺，1988：226）

⑱记述了这名女医生为给抗日战争出一份力，放弃了上海的名医生活，投身于内地伤兵医院等的经历。这些都可视为对人物现在境遇的背景说明，且明显可以看出与⑯马登科的背景来历说明有明显的区别，明确体现了剧作家的立场。如⑰所记述，丁医生虽然现在不得志，但其具有严于律己的高境界的伦理观，具有医者的仁心和热爱真理的精神，可谓是肩负近代中国改革使命的知识分子的典型。为呼应丁医生的孤立奋斗，政府派遣的改革调查干部梁公仰这一角色于第2幕登场。

⑲他略微驼背，举止仿佛笨缓，但实际遇了大事，他行动走路既准且快。他目光含蓄而有神采，但他第一个印象并不引人注意。除非细细端详，一般人总看不出在他自然的收敛中，蕴藏着多少智慧，经历，了解和做事的精力。……他深知中国官场的人情世故，然而遇见他所痛心疾首的事情，他又忍不住恶毒地讽刺，甚至于痛骂，毫不假借。……（曹禺，1988：277）

该形象是曹禺心中的理想官员像，但是从⑲的记述来看，作者的描写仍显示出些许拘谨。当然，这里作者的目的是塑造一个能用正确的方式处理实际业务，有必要时甚至亲自搬运伤兵，没有任何官威的务实型官员，而不是一副高高在上嘴脸的领导者。梁公仰这一人物的性格是在戏剧发展中的人物对话和行动等小细节中显示出来的，比如即使是梁的亲戚来访，梁也不给予其特别待遇等。

如果说梁公仰和丁医生是推进改革的正义派，那么院长等人就是作为打倒对象的保守派。角色定位在此两者之间的有，为自保而犹豫踌躇的医院职员；在压抑的境遇中找到自己的目标，站在改革一方的职员；以及渐渐加入医院改革和抗日战争大潮流中去的职员等。比如，改组以后在医院依然热心工作的谢宗奋，作者对其描写如下：

⑳他是一个二十七岁的青年，离学校不久。家贫，毕业后就在各机关谋生，赡养全家。抗战后决定在军队中服务，但为家人劝阻，最近介绍入后方医院，抱满腔热望，想为国尽力。现在事与愿违，心情颇为懊丧。（曹禺，1988：185）

此戏剧的目的是提倡全民一致抗日，而在本剧创作之初，谢宗奋就被定位为与此目的相符的人物角色。

以上《蜕变》的舞台指示中，场面指定非常明显地体现了作者的意志，对时代性和社会环境的说明，如（m）（n）所显示的，都是借作者之口直接阐述的，并且如（r）所述，还加入了作者自己的主张。关于对人物的描写，作者的善恶判断和好恶也非常明了，人物一登场是好是坏读者一看便知。受到嫌恶的人物要么是天生的恶者（例⑯），要么是不负责任的消极主义者（例⑬⑭）；得到支持的人物不是理想崇高、人格高尚的知识分子（例⑰），就是比起名誉和个人幸福，优先考虑国家，热衷于公务的官员。当然，舞台上展开的对话和行为，会使得人物的特征更加显著，但是此类对于人物的评价判断若出现在舞台指示中则不免显得太过明显。洪深说《蜕变》是"抗日战争必读戏剧"，从此就可看出此作品是一种带有政治色彩的宣传作品，其舞台指示也表现出了这种特征。

六 《北京人》的舞台指示

接下来探讨同样在抗日战争期间发表、初演的《北京人》的舞台指示。此作品与《蜕变》中的社会运动和政治变动情节形成对比，通过描写因棺材费产生的纠纷来揭示北京传统世家的没落，为此，作者将舞台设置在北京的老式住房中，并对之进行了详细的描述。作品由三幕构成，第3幕又分为第1场景和第2场景，尽管幕与幕之间存在着时间间隔，但三幕皆以曾家客厅为舞台。

第1幕开头的场面指定篇幅长达五页，大多是对曾家客厅的详细、客观的描写。当然其中也有对住房来历的叙述以及预示事态发展的描述。

（s）讲起来，这小花厅原是昔日一个谈机密话的地方。当着曾家家运旺盛的时代，宾客盈门，敬德公，这位起家立业的祖先，创下了一条规矩：体己的亲友们都照例请到此地来坐候……（曹禺，1988：437）

（t）如今过了几十年了，这间屋子依然是曾家子孙们聚谈的所在。因为一则家世的光辉和祖宗的遗爱都仿佛集中在这块地方，不肖的子孙纵不能再像往日敬德公那样光大门第，而缅怀已逝的繁华，对于这间笑谈坐息过王公大人的地方，也不免徘徊低首，不忍遽去。再则统管家务的大奶奶（敬德公的孙媳）和她丈夫就住在右边隔壁，吩咐和商量一切自然离不开这个地方。……所以至今虽然家道衰微，以至于连大客厅和西厢房都不得已让租与一个研究人类学的学者，但这一面的房屋再也不肯轻易让外人居用。这是曾家最后的一座堡垒。（曹禺，1988：437）

第2幕的场景相当于第1幕场景的夜景，虽仍有一些暗示性的比喻，但大体上都是具体的描写。

第3幕描写的是一个月左右之后，曾家家道中落的情形。记述完昔日豪华的观菊宴之后，作者又稍显判断性地讲述了现今曾家萧条的景象。

（u）像往日那般的快乐和气概于今在曾家这间屋子里已找不出半点痕迹，惨淡的情况代替了当年的盛景。现在这深秋的傍晚——离第二幕有一个多月——更是处处显得零落衰败的样子，隔扇上的蓝纱都褪了色，有一两扇已经撕去了换上普通糊窗子用的高丽纸，但也泛黄了。（曹禺，1988：579）

第3幕长达三页多的场面指定中，除了对屋内详细的情景描写外，对屋外的响声和叫卖声也进行了描写，可见剧作家精细缜密的气氛渲染手法。第1幕记述了曾文清饲养的鸽子振翅高飞之际响彻云霄的笛声，与之对比，第3幕的叙述已经不单是只描写外界的响声，更是作者对曾家没落的一声叹息。

（v）在苍茫的尘雾里传来城墙上还未归营的号手吹着的号声。这来自遥远，孤独的角声，打在人的心坎上说不出的熨帖而又凄凉，像一个多情的幽灵独自追念着那不可唤回的渺若烟云的以往，又是惋惜，又是哀伤，那样充满了怨望和依恋，在薄寒的空气中不住地振抖。（曹禺，1988：578）

《北京人》的场面指定虽然篇幅冗长且记述详细，却不给人以冗长多余的印象。确实，（v）中加入了预示着世家没落的描写，（s）（t）也对住宅的来历进行了详细说明，但是这些描写并不显得突兀。笔者认为这点与此作品的特征关联紧密，即此作品是以"阅读"为前提创作的戏剧，因而舞台指示的叙述本身十分耐人寻味，情景描写也意味深长。

再来看人物初次登场时的人物指示。《北京人》的场面指定的叙述比较紧凑，人物指示则和其他作品一样，给人一种详细且宏大的印象。指示中，作者详细地叙述了相关人物的成长过程和经历，而且对于人物的性格和气质，剧作家还加入了自己的判断。对这些同样出身于传统知识分子家庭的人物，作者的负面评判就像是一种自责和自我批判。

比如，第1幕一开始便登场的曾思懿。

㉑曾思懿（大奶奶的名字），是一个自小便在士大夫家庭熏陶出来的女人。自命知书达礼，精明干练，整天满脸堆着笑容，心里却藏着刀，虚伪，自私，多话，从来不知自省。平素以为自己既慷慨又大方，而周围的人都是谋害她的狼鼠。嘴头上总嚷着"谦忍为怀"，而心中无时不在打算占人的便宜，处处思量着"不能栽了跟头"。一向是猜忌多疑的，还偏偏误认是自己感觉的敏锐：任何一段谈话她都像

241

听得出是恶意的攻讦，背后一定含有阴谋，算计，成天战战兢兢，好在自己造想的权诈诡秘的空气中钩心斗角。（曹禺，1988：440）

㉒总之，她自认是聪明人，能干人，厉害人，有抱负的人；只可惜错嫁在一个衰微的士大夫家，怨艾自己为什么偏偏生成一个妇道。（曹禺，1988：441）

㉑说明了世家太太爱摆架子、虚荣心强，又猜忌多疑的心理。正因为作者对该类人物知之甚深，对其所做的描写才没有流于表面，可以说，这些描写，让人从中读到了只有这一角色才具有的独特的个性。㉒说明了此女性角色的好胜和无处发泄的愤怒激增的原因，可以说是了解该人物目前心理状态的一个易懂的示例。只是这些叙述性指定与其说是舞台指示，不如说是带有一种演出家记录演出笔记的性质，即给演员例示某一情况，演员据此进行心理再体验，最后完成角色扮演，为此所进行的侧面的、辅助性的记述。作为剧作家对出场人物的指定性叙述，它将人物限定得过于死板，甚至给人一种无法变更的感觉。作者对曾思懿的丈夫曾文清的人物描写篇幅也长达两页，大部分是对他的出身的描写，还描写了他形如躯壳般空虚的现状，即虽洗练风雅却难掩生命力流失、陷入穷途末路的生活现状。

㉓他生长在北平的书香门第，下棋，赋诗，作画，很自然地在他的生活里占了很多的时间。北平的岁月是悠闲的，春天放风筝，夏夜游北海，秋天逛西山看红叶，冬天早晨在霁雪时的窗下作画。寂寞时徘徊赋诗，心境恬淡时，独坐品茗，半生都在空洞的悠忽中度过。（曹禺，1988：454）

㉔……又是从小为母亲所溺爱的，早年结婚，身体羸弱，语音清虚，行动飘然。小地方看去，他绝顶聪明，儿时即有"神童"之誉。但如今三十六岁了，却故我依然，活得是那般无能力，无魂魄，终日像落掉了什么。……这是一个士大夫家庭的子弟，染受了过度的腐烂的北平士大夫文化的结果。他一半成了精神上的瘫痪。（曹禺，1988：454）

一方面，这里有指责北京传统的知识分子家庭欠缺生命力，正趋向没落的意味，还有过于泛化曾文清个案的问题。

另一方面，剧作家花了很大的心思进行了对愫方的描写。愫方是曾文清的表妹，曾用诗和曾文清互通心意，甘愿忍受用人般的对待。

㉕愫方这个名字是不足以表现这位苍白女子的性格的。她也就有三十岁上下的模样，出生在江南的名门世家，父亲也是个名士。名士风流，身后非常萧条；后来寡母弃世，自己的姨母派人接来，从此就遵守母亲的遗嘱，长住在北平曾家，再没有回过江南。（曹禺，1988：474）

㉖伶仃孤独，多年寄居在亲戚家中的生活养成她一种惊人的耐性，她低着眉头听着许多刺耳的话。只有在偶尔和文清的诗画往还中，她似乎不自知地淡淡泄出一点抑郁的情感。她充分了解这个整日在沉溺中讨生活的中年人。她哀怜他甚于哀怜自己。她温厚而慷慨，时常忘却自己的幸福和健康，抚爱着和她同样不幸的人们。然而她并不懦弱，她的固执在她的无尽的耐性中时常倔强地表露出来。（曹禺，1988：475）

在人物第一次登场时，作者就详细描述了其天生所具有的惊人的耐性，及其和文清的关系。这个女性角色的耐性和在爱情上的无私，正体现了中国古典诗歌所称颂的包容和温厚，可谓中国女性美德的代表。作者同情愫方，同时，作者恐怕也是想从她身上寻求志操坚定这一旧来道德观中的正统女性形象，因此才做出了如此详细的指定吧。

对于曾家的当家曾皓，剧作家的描写也是带有批判性的。

㉗他吝啬，自私，非常怕死，整天进吃补药，相信一切益寿延年的偏方。过去一直在家里享用祖上的遗产，过了几十年的舒适日子。偶尔出门做官，补过几次缺，都不久挂冠引退，重回到北平闭门纳福。（曹禺，1988：502）

㉘他的自私常是不自觉的。譬如他对愫方总以为自己在护养着一个无告的孤女。事实上愫方哀怜他，沉默地庇护他，多少忧烦的事隐瞒着他，为他遮蔽大大小小无数次的风雨。当他有时觉出她的心有些摇动时，他便猝然张皇得不能自主，几乎是下意识地故意慌乱而过分的显露老人失倚的种种衰弱和痛苦，期想更深地感动她的情感，成为

他永远的奴隶。（曹禺，1988：503）

这里描绘出了一个依靠着祖上的财产，碌碌无为，逍遥自在过日子的人物形象。作者一方面批判了建立在愫方牺牲之上的老人的安逸、任性和自私，另一方面则描写出了想要重振一家之主威严的老人内心是如何的脆弱和空虚。

相对于曾家的人物，大宅租户——人类学者袁任敢和他的女儿袁圆，虽然附属于前者，性格却更加积极和张扬。对这两父女的描写与对上述曾家人的描写形成了鲜明的对比。如下所示，袁圆是一个十分健康、泼辣的女孩。

> ㉙她满脸顽皮相，整天在家里翻天覆地，没有一丝儿安闲。时常和男孩儿们一同玩耍嬉戏，简直忘却自己还是个千金的女儿。她现在十六岁了，看起来，有时比这大，有时比这小。论身体的发育，十七八岁的女孩也没有她这般丰满；论她的心理，则如夏午的雨云，阴晴万变。（曹禺，1988：467）

关于她的成长过程，我们能从她母亲早逝，跟随作为人类学者的父亲各处发掘调查而成长起来的记述中知晓一二。这样的姿容和举止可以说是中国近代文学作品中常常出现的新式女性的典型形象。20 世纪三四十年代的电影中，打破常识和旧观念的女性形象大致就是这种气质。①

以上我们探讨了《北京人》的舞台指示，此后登场的还有曾皓的孙子辈曾霆和其妻曾瑞贞，还有曾文清的妹妹曾文彩和其丈夫江泰等。其人物描写和上述人物描写没有太大差别。或许因为此类题材是曹禺所熟悉的，所以相较于《蜕变》，其人物描写少了几分生硬，特别是对走向没落的人物，曹的描写极其细致，破绽也极少。与之相比，对于本应与之形成对比的新式人物的形象描写，则显得有些类型化。不管怎么说，与其他作品相同的是，剧作家在对人物的来历、成长过程以及人物自身的描写中，加入了自己的好恶。场面指定比较紧凑，人物描写方面既有成熟的人物描写，

---

① 如孙瑜 1934 年导演的青春体育电影《体育皇后》中（联华影业公司的）黎莉莉所扮演的主人公林璎正符合这一泼辣女孩的形象。

也有略显类型化、欠缺精彩的人物描写。

七　结语

——曹禺戏剧舞台指示的特征

以上我们考察的曹禺各戏剧的舞台指示，其一大特征便是篇幅宏大。场面指定不局限于对舞台上的道具准备的指定，有状况说明、时代背景说明，还有对预示情节展开的氛围的记述。此外也可散见带有作者主观判断的记述。这些场面指定的功能与其说是对舞台实际配置的指定，不如说是提升了戏剧剧本的"阅读性"。如前文列举的采用暗喻和暗示的象征性描写手法的例子，对于不可再现于舞台上的元素的叙述，比起对可再现于舞台的元素的叙述所占比重更大。

关于人物指定，虽有些作品以对人物外形和姿容的描写为主，但大多数都包含了对人物成长过程及目前境遇的背景说明，或者是带有主观评判的人物记述。当然，并不是人物指定就不能体现剧作家的好恶。例如，萧伯纳就有包含辛辣批评的记述（例④）；奥尼尔也一样，如《奇妙的插剧》中对里兹的描写，其中就包含着对人物的评价判断。那么，曹禺戏剧与这两者相比有何不同呢？笔者认为曹禺的记述太过拘泥于一些固定价值观下的评价。不仅在对《蜕变》中的丁医生的描述（例⑰⑱）中有所体现，甚至在对反面人物的描写（例⑮⑯）中，这一局限性都相当显著。《原野》中的仇虎（例⑨），之后被改写成一个善人的形象；从这一改变来看，我们可以认为曹禺的人物指定始终受限于当时时代所容许的价值观之内。《北京人》对没落一方的人物描写得非常精彩（例㉒㉖㉘），与此相对，对新式人物的描写（例㉙）却让人感觉到一种公式化的刻板，这或许也是出于同样的理由。

此外记述的分量也不能完全无视。比如，易卜生的《海达·高布乐》中的海达等，仅以29岁这一指定，就充分表现出了她处于过渡期的不安心理，甚至对她最后的自杀做了铺垫。与之相比，曹禺戏剧作品的人物指定对人物从外形、姿容到其人生经历、具体的性格癖好等都进行了冗长的描述，尽管如此，有时仍然无法突出该人物的鲜明特征。在曹禺的戏剧中，剧作者从来没有费心思进行人物的年龄指定，至少在以上作品的舞台指示中笔者找不出这样的例句。

那么接下来还剩下一个问题，即曹禺的舞台指示的特征来自何处？是来自萧伯纳和奥尼尔的作品？还是体现出了中国戏剧独特的表现特质？或者是曹禺独特的性质？对于这一问题，笔者认为，很难认为萧伯纳、奥尼尔的舞台指示和曹禺的舞台指示之间有什么显著的影响关系或相关关系。不过，要想进一步探讨这一问题，我们有必要进行历史性的因果关系方面的探讨，也有必要将曹禺的戏剧与其同时期的剧作家的戏剧进行对照，甚至还有必要将曹的戏剧中的表现手法和中国现代文学其他类型的作品的表现手法进行比较。以上诸点，笔者将于他日再作考察，本文仅对曹禺戏剧舞台指示的特征进行探讨。

参考文献

Laurence, Dan H. (ed.) (1972): The Bodley Head Bernard Shaw: Collected Plays and Their Prefaces, Vol. Ⅳ, The Bodley Head Ltd..

—— (1979): The Bodley Head Bernard Shaw: Collected Plays and Their Prefaces, Vol. Ⅰ, The Bodley Head Ltd..

O'Neill, Eugene. (1988): Ugene O'Neill's Complete Plays 1920 – 1931, The Library of America.

〔美〕奥尼尔，尤金. (1932):《天边外》，顾仲彝译，《新月》，4（4）。

—— (1984):《榆树下的欲望》，井上宗次译，岩波文库。

—— (1993):《奇妙的插曲》，井上宗次、石田英二译，岩波文库。

〔日〕白井啓介 (1994):《『雷雨』の舞台指示——曹禺戯曲研究への一つの模索》，《中国文化——漢文学会会報》，(52)。

〔日〕瀬戸宏 (1985):《上海·新舞台での『ウォーレン夫人の職業』上演をめぐって—中国近代演劇史ノート—》，早稲田大学社会科学研究所《社会科学討究》，(89)。

〔爱尔兰〕萧伯纳 (1993):《ベスト·オブ·ショー 人と超人/ピグマリオン》，倉橋健、喜志哲雄译，白水社。

〔挪威〕易卜生 (1989):『イプセン戯曲全集』，第 5 卷，原千代海译，未来社。

曹禺 (1988):《曹禺文集》，中国戏剧出版社。

洪深 (1988):《抗战十年来中国的戏剧运动与教育》，载《洪深文集》，第 4 卷，中国戏剧出版社。

马良春、李福田主编 (1991)《中国文学大辞典》，天津人民出版社。

秦川 (1991):《谈曹禺对〈原野〉的修改》，载田本相、胡叔和编《曹禺研究资料》，中国戏剧出版社。

孙庆升 (1986):《曹禺论》，北京大学出版社。

田本相（1993）：《中国现代比较戏剧史》，文化艺术出版社。

The Stage Directions of Cao Yu's Plays

——From *Sunrise* to *Peking Man*

by Keisuke Shirai, trans. Li Muzi, rwr. Liang Yanping

Abstract: The author has observed the stage directions of Cao Yu's plays, such as *Sunrise*, *The Wilderness*, *The Metamorphosis* and *Peking Man*, and pointed out that the stage directions are not limited to the preparation of props, even involves the description of situation, background, and all kinds of metaphors. Cao Yu's plays are not only for deductive plays, but also for "reading". In addition, the paper has also investigated the source of influence about the stage directions of Cao Yu's plays, and points out that the stage directions do not close to the stage directions of George Bernard Shaw and Eugene O'Neill.

Keywords: Stage directions; *Sunrise*; *The Wilderness*; *The Metamorphosis*; *Peking Man*

About the Author: Keisuke Shirai, Ph. D. , Professor at the Graduate School of Language and Culture, Bunkyo University. Research interests and specialties: Chinese modern literature, the means of expression in Chinese modern drama, the history of Chinese Movie. Magnum opuses: *The Two "Hototogisu" - Between Translation and the Verdict*, *The Involved History of Shanghai's TraditionalCinema*, etc.

About the Translator: Li Muzi, M. A. Graduate at Faculty of Asian Languages and Cultures, Guangdong University of Foreign Studies. E-mail: 804481469@ qq. com.

About the Proof reader: Liang Yanping, Professor of the Chinese Language and Literature, Hubei University. Research interests and specialties: aesthetics, literature theory. Magnum opuses: *The Classical Poetic and Pure Feelings-About Ye Dachun*, *Roaming and Seeking Beauty*, etc. E-mail: 1006000146@ qq. com.

匠心求证诗化萧红

——评平石淑子汉译版《萧红传》

李汉桥　邹化旭[*]

摘　要：近年来，萧红研究呈现出蓬勃之势，日本学者平石淑子所著、梁艳萍教授与崔莉博士翻译的《萧红传》是近年来该领域最为科学、详尽的研究成果之一。本文从匠人精神、复调人生和诗化研究三个方面对该著作进行了解读，认真探讨了该著作带来的全新阅读感受与学术价值。

关键词：萧红　匠人　复调　诗化

萧红宛如现代文坛的"斯芬克斯之谜"，一直吸引着广大的读者与传记作者，后者希冀透过其斐然文坛的文学成就、坎坷的命运和曲折的爱情探索中国女性的生存哲理。笔者也曾见识过不少关于萧红的著作，如骆宾基、葛浩文、肖凤、铁峰、季红真、林贤治等专家所撰写的高品位传记，可谓各具风采，各擅胜场。而由日本学者平石淑子所著、梁艳萍教授与崔莉博士翻译的《萧红传》则是近年来最为科学、详尽的研究成果之一。

首先令人感动的是著作本身所体现的匠人精神。在如今的学术体制之下，很多的学术研究都成了"急就章"，日益功利化、概念化和自语化。不仅研究过程不接地气，而且所得结论完全是自说自话，无法贴近文本精神与作者人生。汪曾祺回忆沈从文给他的写作教诲是"贴着人物走"，其

---

[*]　李汉桥，博士，湖北第二师范学院文学院讲师，主要从事中国现当代小说研究。主要著述有《文学先锋及其流变》《湖北文学通史》《三邑治略整理校注》等。电子邮箱：32102349@qq.com。

邹华旭，湖北第二师范学院文学院2016级汉语国际教育专业，主要从事中国现当代小说研究。电子邮箱：2419485239@qq.com。

实学术研究何尝不需要"贴着人物走"？这种贴近是心神合一的抵达，是精益求精的执着，也是耐得住寂寞的坚守。日本学者平石淑子自大学时代便师从日本杰出的鲁迅研究专家丸山升教授而开始萧红研究，致力于萧红研究已有四十年！扪心自问，我们当中能做到研究一个作家长达四十年的又有几人？何况，相对于其他现代作家，萧红算得上一个独特的存在，但仍然并非一位足够有"分量"的作家，她能够得到日本学者的持久关注，我想除了兴趣，也是出于一种时间沉淀下来的匠人精神。同样，译者能够将这本近三十万字的著作引进国内并翻译出版，这份苦心孤诣也令人感到敬佩，似乎一种久违的学术精神正在重新回归。

当然，学术研究并非做到执着与坚守便可以给公众带来新的观感。在该著作中，匠人精神还体现在细致入微的求证、探索过程。据著者自述，为追寻萧红的足迹，她沿着萧红的生命旅程曾经先后十多次远赴哈尔滨、重庆、香港、武汉、广州等地搜集相关资料。从她成书背后的资料储备来看，主要参考书目多达 150 余种，其中日本国内资料 40 种，英文资料 3种，中文资料达到 110 余种，对于一位日本学者来说，这是一种巨大的阅读挑战。从地域范围来看，资料涉及哈尔滨、青岛、上海、武汉、重庆、香港等萧红生前活动的区域；从时间跨度来看，涉及伪满洲国、东北沦陷、上海抗战、日据香港等特殊时期；从资料类型来看，涉及文学史、人物志、女性史、回忆录、纪念集、传记等参考文献。可以说，著者考证的过程仿佛侦破案件，力图在杂乱无章、错综复杂的历史证据中发掘出一条潜在的生命线索，还原最接近真实的真相，为此，著者所付出的心血可想而知。值得庆幸的是，这份艰辛没有白费，它终究化作了读者这本手中沉甸甸的匠心之作。

复调人生是该著作带给读者的另一种强烈观感。纵观许多的传记写作，无非围绕着人物生平的大致脉络，结合文献资料以完成作者内心的人物定位。然而这一次，萧红的人生却是以复调的形式被书写的。或者说，在该著作中，作者对萧红经历的描述并非对于人物历史的平铺直叙，而体现为一整个被见证的过程——萧红"活"在其所接触、所见闻的人群之中，他们是她那个年代的亲朋好友、同学、师长、情人……他们共同见证、证明了萧红的人生轨迹。尽管他们每个人都担负着自己的身世、自己的心境、自己的命运，然而此时此刻，在同一片天空下，在这部著作中，他们交会在共同的空间和时间中，彼此见证、济济一堂。于是，这个时代、这本书就不仅仅是一段逝去的时间和一部简单的文字记述，而是一座"命运交叉的城堡"。这种独特的写作方式，仿佛电影《黄金时代》，因为萧红的漫游之旅，才将萧军、端木蕻良、鲁迅、丁玲、胡风、聂甘弩、骆宾基等现代作家的鲜活形象带到观众面前，也让我们重新回归了那段倥偬年代、金色岁月，它不仅仅是萧红的叙事诗，也是对那个"黄金时代"的歌颂。

正因如此，我们才在书中看到了一个与其他传记相比更加独特、更加内涵丰富的萧红——比如在弟弟张秀珂的回忆里，正是因为祖父的溺爱，儿时的萧红养成了调皮任性的性格，这也是她一生叛逆命运的开端。又如在裴馨园妻子黄淑英的眼中，悄吟（萧红笔名）显得孤傲、不通人情世故，在借住期间，两人最终爆发矛盾不欢而散。在许广平女士眼中，萧红文章上的英武表现并不能掩盖她"烦闷、失望、哀愁"的一面，面对生活中的问题，萧红也常常是感性胜过理性，作为精神导师的鲁迅不得不耗费心力去解答她生活上的困惑。比如在萧军的笔下，他认为自己和萧红之间的性格差异好像小提琴与钢琴之间的区别，萧红如同小提琴拉奏出来的哀伤的肖邦小夜曲，而他自己则是宏大的命运交响曲！再如在骆宾基的回忆中，萧红是"一个在寂寞重压下竭力反抗的勇敢又薄命的女子"（骆宾基，1981）。通常而言，我们都是在萧红的作品中窥见其独特的情感体验的，而在该著作中，我们得以在其他人的作品和回忆中去重新打量、观察萧红，这种复调的写作方式仿佛再现了萧红与当事人之间的对话、接触和交往，甚至相互间的指责和辩驳，它们充实了过于单调的历史叙述，还原了那个时代最为生动的部分。

令人印象深刻的是，该著作并没有将对萧红一生的追寻和探索处理为佶屈聱牙的文字，而是让原本枯燥的学术研究传递出一种诗化的美感。追求科学性的学术研究多半体现为严谨、逻辑、辩证，但其实它也可以变得更加耐读、有趣、好看，既有引人深思的丰富的思想内涵，又有生活化的真情实感和美感。这种诗化的研究，一个重要特点就是"文学性"。这让读者可以在一个相对放松、惬意的心境中阅读萧红的故事，因为作者的叙述是轻松、写意的——"罗荪回忆起萧红在武昌大轰炸的第二天，与冯乃超夫人一起到他家避难的情景。当时萧红手里拿着烟，兴奋地谈着将来的计划和梦想。但是罗苏却发现，那份兴奋中隐藏着些许疲惫。"（平石淑子，2017：8）——这是一种生活化的语言表述，能够让读者迅速"脑补"当时的情景，同时也让那丝隐藏的"疲惫"更加耐人寻味。本书着墨较多的便是二萧与鲁迅的交往，这是文学史上值得大书特书的一段历史。作者照顾到了读者的这种阅读期待，不仅挖掘出了一些隐秘的细节，同时也在我们熟知的许多交往逸事中展开了"心理"层面的描写。像二萧初到上海时，身无分文，向鲁迅先生寻求帮助。"两人这次不但向鲁迅借了二十元钱，由于没有零钱，回去的交通费也是找鲁迅借的。借款让两人闷闷不乐，对此鲁迅谨慎地措辞，尽可能减轻两人心中的重负，让他们不要在乎这些小事情。"（平石淑子，2017：120）再比如萧红与鲁迅关于服装对话的背后，作者也指出了鲁迅内心对于"伪装"的不满。"萧红要去赴一个宴会，许广平开玩笑地给她扎了一个桃红色的丝带，鲁迅看了之后生气地说：'不要那样装饰她。'有一次，有个女的坐在咖啡厅里鲁迅后面的位置，她穿着紫裙子、黄衣服，头戴花帽子。鲁迅见了之后，生气地说：'是做什么的呢？'"（平石淑子，2017：129）在这些文学性的叙述背后，人物的性格被极为生动、鲜活地凸显了出来，远远超越了学术叙述层面的呆板与僵硬。这些叙述的价值不仅在于给那个时代的环境提供了一份"客观"的证词，更在于它传达出了那个时代的人物在情感世界中的"主观"表达。因此，诗化的文学研究不应该是囚禁在博物馆里的标本，更不应该是历史资料中的僵硬文字，它应该是鲜活的，有温度的，它有情感、有呼吸，甚至具有有血有肉的人性关联。

萧红的诗化式研究，另一个重要特点是"神秘性"。人物传记的写作并不是"留声机"，更不可能"原音重现"。实际上，所有的历史都是当代史，都是被今天的人所重新讲述的。因此，对于萧红历史的传记写作，不应该是对历史资料的被动模仿，而应该是对萧红艺术形象的再创造、再塑形，与过于追求"真实性"相反，今天的人物写作其实应该有着自身的任务。"画皮画虎难画骨"，其实这些历史人物，比我们想象的更具神秘性。在历史文本中，我们只知道人物大致的命运走向、性格特征、生活逸事，却无法了解当事人多元、幽深、复杂、纠结的内心世界，尤其是在命运选择的关口，其行为往往具有极大的不可预测性。因此，表面看起来，我们对萧红的历史了如指掌，但就心灵的世界这一层面而言，我们对她知之甚少。这就是文学研究的神秘性特点，它能够促使我们去发现历史的宏大叙事中被我们忽视、遗忘的角落，启发我们去寻找人性的吉光片羽。该著中，无论是萧红和她朋友们的友谊、相互协助，还是他们的矛盾、对峙，都为萧红史的撰写提供了客观的陈述，而这些才是人性真实的所在。

匠心、复调和诗化，都是日本学者平石淑子汉译版《萧红传》带给我的阅读惊喜。这本著作为我们呈现出了一个不一样的萧红，这也是文学研究再创造所带来的魅力，如果没有这种魅力，那么，读一本《萧红传》与读许多本《萧红传》又有什么区别呢？

参考文献

〔日〕平石淑子（2017）：《萧红传》，崔莉、梁艳萍译，中国人民大学出版社。

骆宾基（1981）：《萧红小传·自序》，黑龙江人民出版社。

An Original Verification and A
Poeticized Xiao Hong
——A Comment on *Biography of Xiao Hong*'s Chinese Version

Li Hanqiao Zou Huaxu

Abstract：The study of Xiao Hong has been springing up in recent years. Of which, The literary composition *Biography of Xiao Hong*, which is written by Japanese scholar Hiraishi Yoshiko and has been translated in Chinese version by Professor Liang Yanping and Lecturer Cui li, is one of the most profound, objective and detailed work in recent years. From three aspects, that is thespirit of artisan, polyphonic life and poeticized perspective, this paper gives a concise comment of this work, aims to explore its characteristic reading experience and academic values.

Keywords：Xiao Hong；Artisan；Polyphony；Poeticizing

About the Author：Li hanqiao, Ph. D. , lecturer of Hubei University of Education, mainly engaged in the research of Chinese modern and contemporary novels. The main works include *Literature pioneer and its rheology*, *Hubei literature history*,

Management annals of the three cities ect. . E-mail: 32102349@ QQ. com.

Zou huaxu, an undergraduate of Hubei University of Education, mainly engaged in the research of Chinese modern and contemporary novels. Email: 2419485239@ QQ. com.

语言学研究

从"父母"名称的由来看语根的起源

任继昉*

　　摘　要：世界上许多相距甚远的地方都使用 pa 和 ma 这一声音类型的词来称呼父母亲，汉语中的"爸爸""妈妈"与世界各种语言中对父母亲的称呼也是一致的。在许多民族中，婴儿发 papa 时，父亲应答；发 mama 时，母亲应答。久而久之，这种应答形成了一种条件反射。再经过"约定俗成"，于是 mama（妈妈）和 papa（爸爸）就有了"分工"，形成了固定的称谓。说"爸爸""妈妈"的称呼来源于婴儿自然的发音，有着多方面的证据。婴儿的自然发音 papa、mama 就是"爸爸""妈妈"等词的语根。因此，自然发音是语根的一大来源。

　　关键词：父母　名称　语根　起源

　　基金项目：国家哲学社会科学基金重大项目"汉语词源学理论建设与应用研究"（17ZDA298）

一

　　语言学家们发现，世界各地的各种语言中，对父母亲的称呼十分相像。"拉伯克氏详究各民族的'父''母'二个语词，集成一张详表，发现其语根多数是 pa 与 ma，如英文的 father, mother，马来语的 papa, ma，非洲的 wadai 语 abba, omma，澳洲语 marmook, barbook，汉语的'父母爸

---

　　*　任继昉，文学博士，中南大学文学与新闻学院教授。主要研究汉语词汇史，主要著作有《汉语语源学》《词语源流考》《释名汇校》《毛泽东学生时期文稿详注》等。电子邮箱：renjifang@163.com。

妈'，都是如此。"（林惠祥，1991：356）① "许多历史上非亲属的语言中，双亲称谓词在结构上惊人地相似。"（雅可布逊，1978：32～33）"世界上许多相距遥远的地方都选用与 pa 和 ma 同一声音类型的词来称呼父母亲，我们无法假设这一现象纯属偶然。"（泰勒，1988：110）

至于汉语中"爸爸""妈妈"的称呼，早在1937年，陈独秀《中国古代语音有复声母说》一文就已指出：

> "父母"之字同一语源……盖以初民如婴儿，其始皆只知有母，不知有父，婴儿最初且只知有乳，并不知有母，诚如俗语所谓"有奶便是娘"也。婴儿"妈妈"索乳之声，后遂并以称母，故欧洲小儿语，英德人呼母及母乳均为 mamma，法国人母曰 maman，母乳曰 manelle，中国南北多处俗语，母及母乳均曰 mama……

可见，汉语中称父母为"爸爸""妈妈"，与世界各地的各种语言中对父母亲的称呼是一致的。

为什么会产生这种在儿语中用相似的词称呼父母亲的奇妙现象呢？美国语言学家罗曼·雅可布逊解释说：

> 婴儿的吃奶动作经常伴随一种轻微的"呣呣"鼻音，这是双唇贴在母亲的乳房上……嘴里饱含奶汁时所能发出的唯一声音。往后，哺乳时发出的这种声音，就成了一见到食物就出现的一种预感信号，最后则变成想吃东西的一种表示，或者更进一步用来表示不满或表示等待食物和喂奶人等得不耐烦或其他任何没有得到满足的愿望。当嘴里没有食物时，"呣呣"鼻音可能跟随一个张开口腔（的元音），特别是双唇的音，或任何一个元音。俄语中的感叹词［ат］及其对应的动词词根 хат──同食物有关系，便是很有说服力的一个材料。由于母亲是抚育者，因此婴儿的愿望大多是向她提出的，于是逐渐就把感叹词转而用来表示母亲了。（雅可布逊，1978：33～34）

---

① 文中的"p"是国际音标，略等于汉语拼音 b，下同。

我国的学者对此作了更进一步的探讨。他们认为："/m/音可以说是婴儿吸奶时嘴唇动作的语言化。婴儿嘴唇含着奶头，要吸奶又要呼吸，于是气从鼻子里出来，形成/m/音。吸奶使婴儿产生幸福、快乐、温暖的感觉，/m/音经常伴随着这一感觉，自然会与之建立联系。"（郑立华，1989）或者说，"初生的婴儿，每当吃饱喝足以后，心里愉快，总是张着小嘴，望着亲娘，'mi mi ma ma'地叫着，亲娘也望着自己的婴儿'mi mi ma ma'地答应着。这样反复叫多了，妇女们便不知不觉地把婴儿们的叫声定为自己的名字，借以和婴儿交换感情，逗趣作乐。婴儿们长大以后，更是继续使用这一叫声称呼亲娘。这就是'妈妈'之称的来源"（唐春芳，1987）。

婴儿所发出的音节，起初是没有意义的，只是后来父母将婴儿的发音用来指称婴儿最感兴趣的、最早或最经常接触的人或物才逐渐生成意义。比如说，mama 本来并不指称母亲，只是婴儿开始会发音时最容易发出这个音；听到 mama 这个音，母亲便会走到孩子那边去看小宝宝。这种情况重复数次后，婴儿逐渐懂得，只要发出 mama 这个音，其所需要的人就会来到身边（吴玉璋，1988）。作为哺育者的母亲自然而然地把这种带鼻音的声音当作对自己的召唤，从而做出反应。这一过程在母亲称谓词的形成中有重要的作用。而对婴儿来说，要求食物也就是召唤母亲（计伟强、施建基，1982）。于是，大人逐渐用 mama 来表示"母亲"，并将这一意思传授给婴儿。就这样，mama 作为"妈妈"的意思在语言中便固定了下来（吴玉璋，1988）。

也许有人会问：汉语"妈"的读音是 mā，而"母"的读音是 mǔ，两个字的声母一样，韵母却不一致，这是怎么回事呢？要回答这个疑问，不能不说到古今语音的演变。

我们所说的"古代"，学界对此又进行了细分，将其分为上古、中古、近古这三个时期。我国历史分期的上古多指先秦两汉时期，中古多指魏晋南北朝隋唐时期，近古多指元明清时期。汉语的语音，也相应分为上古音、中古音等。这说明，从上古到现在，汉语的语音是处在逐渐变化的过程中的。汉语音韵学就是研究汉语语音演变的专门学问。因为以前没有记录音素的符号——音标，人们就把诗歌中押同一个韵的所有字归为一部，称为"韵部"，再用一个汉字来代表一个韵部，如用"鱼"字来代表当时跟"鱼"一致的所有押韵字。"歌戈鱼虞模"这五个字就代表中古时代汉语的五个韵部。但是，每个韵部在各个时代到底怎么读，发出来的音是什么样的，因为当时没有录音设备，以前的音韵研究也无能为力。

1923 年，曾先后出任驻比利时公使、瑞士公使、日本公使、外交委员会委员长，精通多国外语的汪荣宝发表了《歌戈鱼虞模古读考》一文，用汉字对译梵文（印度－伊朗语族的一种语言文字）音，考证了"鱼"部的上古音读为 [ɑ]。这篇文章引发了一场古音学界的大辩论，汪荣宝的主张也越来越为更多的学者接受。中国台湾学者陈新雄 1972 年指出："上古鱼部为 [ɑ]，魏晋（三国到东晋）以后为 [o]，唐以后为 [u]，由 [ɑ] 至 [u]，逐渐高化。"也就是说，"鱼"部在魏晋以前还是读 [ɑ] 的，后来逐渐变化，人们发音的部位越来越高，到唐代以后就变为 [u] 了。这就好像《诗·豳风·七月》里，有"五月斯螽动股，六月莎鸡振羽。七月在野，八月在宇，九月在户，十月蟋蟀入我床下。穹窒熏鼠，塞向墐户"一段，其中的韵脚字是"股、羽、野、宇、户、下、鼠、户"，现在读来很不押韵，但在当时则是押韵的，原来它们的韵都是 [ɑ]。

"母"虽然在上古基本属于"之"部字，拟音为 [ə]，但在口语中还有"鱼"部一读。这首先就有诗歌押韵的证据支持。《诗·鄘风·蝃蝀》："朝隮于西，崇朝其雨。女子有行，远兄弟父母。""雨"在上古是"鱼"部字，"母"字与之押韵，说明在这里韵部也读 [ɑ]。其次有异体字方面的证据支持。"鹦鹉"原写作"婴母"，亦作"婴武"。《礼记·曲礼上》："婴母能言。"陆德明释文："婴，本或作'鹦'，'厄耕'反。母，本或作'鹉'，同音'武'。""母，本或作'鹉'，同音'武'"，而"鹉、武"在上古是"鱼"部字，说明"母"在这里韵部也读 [ɑ]。再次有古文字方面的证据支持。《殷契粹编》三二九篇："贞母又。"郭沫若考释："母字读为'毋'，古本一字，后乃分化。"《墨子·备穴》："文盆母少四斗。"于省吾《双剑誃诸子新证·墨子》："金文'毋'字均作'母'。此犹存古字。"马王堆汉墓帛书甲本《老子·德经》："母闻其所居。""毋"在上古是"鱼"部字，说明"母"在这里韵部也读 [ɑ]。最后有方言方面的证据支持。"嬷"，在南方方言中用作称呼年长女性，或用作雌性动物名称后缀，如"鸡嬷""猪嬷"，即"鸡母""猪母"。"嬷"的声符"麻"在上古是"鱼"部字，说明"母"在这里韵部也读 [ɑ]。① 这些材料足以证

---

① "之"部上古音，友生陈鹏飞转潘悟云先生说。

明,"母"在上古韵部也可读[ɑ]。因此,"母"等同于"妈",从语音方面来说也是成立的。

二

再看"爸爸"一词的来历。从语音方面来看,"爸爸"实际上是与"妈妈"相伴而生,在婴儿那里发音"纠缠不清"的一个词。关于这个问题,美国语言学家雅可布逊写道:

> 也有些研究者,比如利奥波德坚持说,这种由 m 音感叹词转为母亲称谓词的现象往往出现较晚,而表示父亲的称谓词"papa",倒作为完全明确的指称词首先出现了。比如,在利奥波德女儿的话语中,起先,"mama"这个形式只是一个感叹词,"它没有意义,不是'papa'(爸爸)的语义上的对应词"。表示爸爸意义的"papa"却要到一岁零三个月才学会。
>
> 格利戈里曾仔细地描述过,在幼儿学语期间,出现过这样的情况:"papa"用来指在场的父亲或母亲,"mama"则表示要求满足某种需要,或者要求不在场的喂奶的人(并不一定是母亲)快来。"埃德蒙嘴里喊着[mama:am:am]叫唤当时不在场的妈妈,但是当他见到妈妈回来时,他叫的却是[papa]。……当埃德蒙见到我在给他准备奶油面包时,他又叫[mama],而不是[papa]。"同样,斯莫琴斯基的孩子在一岁半时,当向父亲要什么东西的时候,也是向他叫:[mama ma-ma ma:ma:ma]。(雅可布逊,1978:34)

为了验证这一问题,笔者对自己的儿子进行了观察。1988 年暑假时,儿子才三四个月大,笔者抱了他一会儿,然后将他放进小躺车里时,他发出"meimeimei"的声音来,大概是表示不愿躺下,还要大人抱。寒假时,他已八九个月大。这时他发的儿语,以 baba 为多,而 mama 则很少。为此,他的妈妈常常要求他"叫'妈妈'",可是儿子叫出的仍是 baba,这使得他的妈妈很失望。后来她在一封信中说儿子"整天叫'爸爸',还是不会叫'妈妈'"。有时,笔者在用双手将他一上一下地举高时,嘴里会同时数着"一、二、三……"，儿子哈哈地笑着，当听到数"八"时，他也会发出"ba"的音来。到 1989 年暑假时，儿子已十三四个月大了，既会叫"妈妈"，又会叫"爸爸"，开始时分不清，后来有一段时间分得很清，并不乱叫；再后来却又叫颠倒了，管他的父亲叫"妈妈"，而对他的母亲却叫"爸爸"；再到开学时，他又管父亲和母亲都叫"妈妈"，却不叫"爸爸"了。直到一岁半时，他才分得清清楚楚，而不再叫混了。

伍铁平先生也发现，他的儿子"七个月学会叫'妈妈'，八个月学会叫'爸爸'，但忘了'妈妈'"（伍铁平，1990：125）。可见这种现象并非偶然。

徐山在《儿童语言的观察日记》中记载了他的女儿学习发音的各个阶段：

(5) 7 个月 8 天：要吃母奶的哭喊声"m—ma—"

S 饿了要吃母奶而发出哭喊声"m—ma—"，由于情绪激烈，紧闭的双唇音在音长上有一定的延续，所以先有"m—"的一段鼻音，然后打开双唇，发出"ma—"。"m—ma—"的哭喊声是婴儿饿了以后要吃母奶的欲望表现。从婴儿饿了发出"m—ma—"的哭喊声到母亲乳汁的满足的过程，经过不断地重复后，即随着婴儿"m—ma—"哭喊声母亲出现以后，"m—ma—"不再是单纯的表示情感意义的声音，其语义指向了这一语言环境中的安慰者母亲。

(6) 7 个月 23 天：baba

"父亲"义的"baba"声晚于"母亲"义的"mama"声，从文化角度看，是由于婴儿和母亲的关系更为直接；从发音器官看，发双唇鼻音 m 比双唇音 b 更符合发音的自然状态。而从发生学角度看，"父亲"义用"baba"声表达，正是由"母亲"义的"mama"声通过"语义—语音"的对立原则实现的，即婴儿认识了母亲和父亲的区别后，运用 m：b 的语音对立来分别称呼。这里，我们看到了发音部位相同的声母在相关事物的命名过程中所表现出来的语义亲属关系。（徐山，2006）

根据笔者本人和其他学者的实际观察，再参考国内外的有关文献，我们可以发现，婴儿最容易发出的声音，元音（气流通过口腔而不受阻碍发出的音）是 [a]，辅音（气流在口腔或咽头受到阻碍而形成的音）则是唇音（用嘴唇发出的音）中的 b 和 m。这是因为，"儿童首先学会 a 和唇音的对立，这是因为发 a 时口张开的程度最大，而发唇音时口张开的程度最小。这一最简单、最大限度的对立是儿童最先学会这些音的根本原因"（李丹，1987：121）。但在发音方法上，ba 和 ma 又有区别：发塞音（气流通路紧闭然后突然开启而发出的辅音）即成 ba，发鼻音（由鼻腔起共鸣作用的辅音）即成 ma。发 ba 发 ma，游移不定，只是随口而发（雅可布逊，1990：81）。

我国儿童心理研究者用汉语拼音记录了四至八个月大的婴儿的发音："a—ba—ba—ba—ma""a—ba—ba—ba—m—a—ba—ba—ba—ba"（吴天敏、许政援，1980：58），可见 pa 与 ma 是交替而发的，意义也不固定，只是表示某种要求，或根本就没有意义，只是玩得高兴时的一种儿语。正如儿童心理研究者所指出的那样："大约五个月左右的儿童进入了牙牙学语的阶段，所谓牙牙语就是类似于成人语言中所使用的那些音节的重复。这个时期的儿童出现和语音极为相似的声音，并能将辅音和元音相结合连续发出，如把辅音 b 和元音 a 相结合连续发出，形成 ba—ba—ba，ma—ma—ma，类似于'爸'、'妈'等单音节语音。其实这些声音对婴儿毫无意义，他们只是以发音作游戏而得到快感。"（徐山，2006）

再从原始社会发展史来看，人类早期社会经历了两百多万年的原始群落时代和两万多年的母系氏族社会的早期阶段，由于婚姻关系不稳定，这时的人们，"聚生群处，知母不知父"（《吕氏春秋·恃君览》），因而婴儿无论是叫 mama 还是 baba，经常应答的恐怕还是哺育他们的母亲。到了母系氏族社会的发展期，婚姻体系已发展到对偶婚，婚姻关系开始稳定，这时，婴儿无论是叫 mama 还是 papa，他们的父母都有可能应答，因而 papa mama 是没有分别的。"在契努克语（北美印第安人的一种语言）中，mama 指的是'爸爸'；而在有些斯拉夫语中，baba 指的是'妈妈'，这可以在俄语方言 δaδa（村妇，女人）中找到遗留的痕迹。"（吴玉璋，1988）到了公元前四五千年以后的父系家族社会时代，子女的血统关系由以母系计算发展到以父系计算，人们此时才能真正确认自己的父亲，人类思维也日趋精密，需要区分双亲而不致混淆。于是，在许多民族中，婴儿发 papa

时，父亲应答；发 mama 时，母亲应答，久而久之，便形成了一种条件反射。再经过"约定俗成"，于是，mama（妈妈）和 papa（爸爸）终于有了"分工"，形成了固定的称谓。但有时也免不了例外。"在婴儿语言方面，一切人种都处于同一起点。但是为什么 mama 在一个地方被用来称呼母亲，在别的地方被用来称呼父亲，而在另一个地方又被用来称呼叔叔和伯伯呢？……这种现象说明了儿语词汇的随意性。"（泰勒，1988：111）因此，"拉伯克氏断定这两个语根是婴孩最易发的声，即自然的声。由此观之，或者别种语也有出于自然的"（林惠祥，1991：356）。

汉语口语的"爸爸""妈妈"这两个词现在分别读成 bàba 和 māma，声母分别是 b 和 m，但是从古代流传下来的书面语是"父""母"，"母"的声母也是 m，与"妈"的声母仍然一致；而"父"的现代读音却是 f 声母，与 b 声母有着明显的区别。也许有人会问：这是怎么回事？这就需要从汉语音韵学的角度来加以解释。简单来说，就是现在汉语普通话里的声母 f，来源于古代的声母 b；一部分以 w 开头的零声母，来源于古代的声母 m。因此，"父""母"二字的上古音，分别是 ［biwɑ］ 和 ［mə（ɑ）］（李珍华、周长楫，1999）。

汉语词"父"与"爸"的这种由 b 到 f 的变化，在世界各地的各种语言中有着惊人的一致性。"父亲"一词：希腊语 patér，梵语 pitá，歌特语 fader。这几个来自不同语言中的词就是同源词。同源词源自同一母语形式，现存在于不同的子语（daughter-language）之中，表现在语义上，为相同或相近，如上例，这些词都指父亲；表现在语音上，则有可能相同、相近，但更可能因为分化后的各自发展而相去甚远，不过必定存在着严格的、系统的、规则的语音对应（phonetic correspondence），列成公式，就是语音对应规律，如上三词：

希腊语 p → 梵语 p → 歌特语 f（岑麟祥，1988；马秉义，2002）

也就是说，这是古今声母也发生变化了的缘故。

这样看来，我们说"爸爸""妈妈"的称呼来源于婴儿自然的发音，有着多方面的证据。

三

"从以上我们可以看出，儿语是语言词汇丰富的一大来源，而且，语言中众多的表示'爸爸'、'妈妈'的词的一致性不是偶然的。"（Harry Hoijer，1981）可以说，婴儿的自然发音 papa、mama 就是"爸爸""妈妈"等词产生的来源，即语根。

那么，什么是语根呢？"语言必有根。语根者，最初表示概念之音，为语言形式之基础。换言之，语根系构成语词之要素，语词系由语根分化而成者，此一般言语之现象也。"（沈兼士，1933：844）这"最初表示概念之音"，自然有其所起之源，也就是有其产生的原因。正如章太炎所说："语言者不冯（凭）虚起，呼马而马，呼牛而牛，此必非恣意妄称也。"（章太炎，1915：40）黄侃也说："凡有语义，必有语根。言不空生，名不虚作，所谓'名自正'也。《左传》言名有五，是则制名皆必有故。语言缘起，岂漫然无所由来？无由来即无此物也。"（黄侃，1983：59）"爸爸""妈妈"等词的产生过程有力地证明了人类的自然发音是语言材料——词产生的一大来源。

自然发音产生词这一现象，早在宋元之际，戴侗就有所发现："哰：气平虚呕也。'哇、呕、哰、喀、咯'，各象其声。"（戴侗，卷十一：16b）这里所说的"象其声"，即明确指出"哇、呕、哰、喀、咯"这五个动词即生发于五种不同的自然发音。但戴侗只是指出了这一语言现象的存在，而未能进一步从理论上进行探讨。

1746 年，法国哲学家龚迪雅克（Condillac）在其所著的《人类认识起源论》的第二编中提出：人类最初由于情感冲动而发出各种叫声，其后这些叫声变成指称各种事物的声音，结果就成了词。人类起初能够发出的声音是有限的，其后一代一代增加，词汇也逐渐丰富，经过许多代才终于形成真正的语言。"例如有一个人因为需要一样东西得不到而感到痛苦，就不能自制地发出叫声来；他为要得到这样东西而做出许多努力，如摇动自己的胳臂或身体的其他部分。……他们继续发出新的声音，并且反复多次，伴以某种可以指出他们所需要的对象的手势，这样他们就习惯于给事物以名称了。"（杰斯帕森，1988：87）

世界人类学、语言学的研究结果，证实了龚迪雅克的论断，表明确有一些词是从人类的自然发音中产生的。在世界各地的各种语言中十分相像的对父母亲的称呼就是一个十分典型的例子。这些出现于原始阶段的词，就是章太炎、黄侃、沈兼士等著名学者所说的"语根"。

〔附记〕1989年，余作博士学位论文《汉语语源学》，初步构建起汉语语源学理论，于今28年矣，学界普遍感觉难以突破其中的理论体系。其第二章第一节《语根的起源》中，曾提出4种起源类型，"自然的发音"为其之一。限于体例和材料，当时只是举其大略而已。嗣后材料渐多，逐步增补。此次从国家哲学社会科学基金重大项目"汉语词源学理论建设与应用研究"第一子课题"汉语词源学基础理论研究"的高度出发，重新审视这一问题，并从语音方面再次加以证明，又对其理论进行了提升，益信当时所言非虚也。2018年2月11日记。

参考文献

〔美〕Hoijer, Harry（1981）：《语言的起源》，《国外语言学》，（2）。

〔美〕雅可布逊，罗曼．（1978）：《为什么叫"妈妈"和"爸爸"》，《语言学动态》，（4）。

——（1990）：《儿童语言、失语症和语音普遍现象》，转引自伍铁平《语言与思维关系新探》（增订本），上海教育出版社。

〔美〕杰斯帕森（1988）：《语言之本质、发展与起源》，转引自〔美〕C. J. 杜卡斯《艺术哲学新论》，光明日报出版社。

〔英〕泰勒（1988）：《原始文化》，浙江人民出版社。

岑麒祥（1981）：《历史比较语言学讲话》，湖北人民出版社。

戴侗：《六书故》卷十一，钦定四库全书。

黄侃（1983）：《文字声韵训诂笔记》，黄焯编，上海古籍出版社。

计伟强、施建基（1982）：《为什么约定俗成的结果正好是这样？——浅谈语音和语义的结合有一定的缘由》，《争鸣》，（3）。

李丹（1987）：《儿童发展心理学》，华东师范大学出版社。

李珍华、周长楫（1999）：《汉字古今音表》，中华书局。

林惠祥（1991）：《文化人类学》，商务印书馆。

马秉义（2002）：《英汉妈妈语族比较》，《四川外语学院学报》，18（6）。

沈兼士（1933）：《右文说在训诂学上之沿革及其推阐》，抽印本。

唐春芳（1987）：《苗族各种族称来源及其含义》，《贵州文史丛刊》，（1）。

吴天敏、许政援（1980）：《初生到三岁儿童言语发展记录的初步分析》，载《中国心理学会发展心理、教育心理论文选》，人民教育出版社。

吴玉璋（1988）：《语言中的"爸爸"和"妈妈"——语言的普遍现象研究之一》，《外语学刊》，（6）。

伍铁平（1990）：《直接教学法和自觉——实践教学法重探》，载《语言与思维关系新探》（增订本），上海教育出版社。

徐山（2006）：《儿童语言的观察日记》，新浪博客（http：//blog. sina. com. cn/s/blog_490033fa010003ja. html）。

章太炎（1915）：《国故论衡·语言缘起说》，载《章氏丛书》第 13 册，右文社。

郑立华（1989）：《语音象征意义初探》，《现代外语》，（1）。

Exploring the Origin of Language Roots from the Address of Parents

Ren Jifang

Abstract：Various regions across the world choose to address parents with the words which sound similar to "pa" and "ma". "Baba" and "mama" in Chinese are typical of such a phenomenon. In many nations, when babies call "papa", it is the fathers who would respond; when they call "mama", the mothers would respond instead. In this way, it gradually became a conditioned reflex. Thus it became established by usage and widely accepted. Accordingly, "mama" and "baba" were distinguished from each other, and became the settled address. There is plenty of evidence to show that "baba" and "mama" come from babies'unintentional pronunciation, which is the language roots of such address. In other words, babies' unintentional pronunciation is one of the origins of the language roots.

Keywords：Parents；Address；Language roots；Origin

About the Author：Ren Jifang, Ph. D. , Professor at School of Literature and Journalism, Central South University. Research interests and specialties：the history of Chinese lexicon. Magnum opuses：*Chinese Etymology*, *Chinese Words Source and Course Exploration*, *Shiming Proofread Collection*, *Detailed Annotation of Mao Zedong's Manuscripts During the Great Revolution in China Time*, etc. E-mail：renjifang@ 163. com.

《音韵一得》* 音系与获嘉方音

周赛华**

摘　要：本文对《音韵一得》所记载的清末获嘉方音进行了比较详细的整理，并对其特点作了简要的分析。在此基础上，本文把书中记载的音系与今获嘉方音进行了比较，确定其音系反映的应该就是当时的获嘉方音，然后进一步探讨了从清末到现代获嘉方音发生了哪些变化。最后，本文指出该文献对我们了解清末获嘉方音具有比较重要的参考价值。

关键词：《音韵一得》　清代　获嘉方音

基金项目：国家社科基金重大项目"汉语等韵学著作集成、数据库建设及系列专题研究"（17ZDA302）；国家社科基金项目"近代等韵研究缀补"（15BYY103）；湖北省教育厅人文社会科学研究项目"明清等韵（含民国）补述"（14G098）

《音韵一得》系获嘉人陈熙光（字耀卿）于民国己未年（1919）所撰，当时陈氏年龄为52岁。如果一个人的语音成熟定型的时间一般为20岁左右的话，那么此书反映的应该是清末时期的语音系统。

《音韵一得》全书包括自序、音论和正文部分。正文按十二摄分图，每图中横列十九个声母，纵分开合二呼，开合内再各分二等（开齐合撮四呼），在每等中再按上平、下平、上、去声列字。①

＊　此资料蒙赵祎缺博士提供，特此感谢！

＊＊　周赛华，博士，湖北大学文学院教授，主要从事音韵和方音史研究，著有《合并字学篇韵便览研究》等。电子邮箱：zhouzshbs@ sina. com。

①　蛇摄列有入声字，其他摄没有列入声字。陈氏说："今特另编《入声谱》。……惟蛇摄字太简略，稍更其例。"

一　声母

全书分为十九母。陈氏在"自序"中说:"《五方元音》立二十字母,隶字虽有舛错,而亦不为无见。今虽并为十九母,仍依旧其母排列。一则取其易谢读。一则不没其创始之功。并列旧母于其下,以志其音之所由来。"

邦	匏	木	风	斗	土	鸟	雷	竹	虫	石	日	剪	鹊	系	云	金	桥	火	蛙
帮	滂并	明	非敷奉	端	透定	泥娘	来	知照	穿彻床澄	审禅	日	精	清从	心邪	①	见	溪群	晓匣	影喻疑微

声母的特点:

1. 浊音清化,全浊塞音、塞擦音不论平仄全部为送气。

如"龙"摄,开口"鹊"母下列有"层赠",开口"匏"母下列有"砯平颟并",开口"土"母下列有"腾邓"。如"郎"摄,开口"鹊"母下列有"仓藏奘脏"。如"麟"摄,开口"桥"母下列有"侵琴噤"。

2. 非敷奉合流。

3. 泥娘合流。

4. 影喻疑微母合流。

5. 知照母合流,与精组字有对立,但庄组部分字归精组。

如"麟"韵,开口"剪"母下有"臻","鹊"母下有"岑","系"母下有"渗"。如"虬"韵,开口"鹊"母下有"愁","系"母下有"搜"。

6. 尖团音基本上合流,但还没有最后完成。

如"狼"韵,开口"桥"母下有"腔强抢","火"母下有"香详想向"。如"狮"韵,开口"桥"母下有"妻其起气"。如"狐"韵,合口"桥"母下有"蛆渠取去","火"母下有"虚徐许昀"。如"麟"韵,开口"桥"母下有"侵琴噤","火"母下有"心寻炘信",合口"火"母下有"熏寻训"。

但如"蛇"韵,"剪鹊系"母下有"嗟些","金桥火"母下有"皆揩

---

① 陈氏说:"今既有火蛙二母,云字实为赘设。"陈氏把云母归并在蛙母中。在正文韵图中,云母下没有列字。

"鞋"。在"入声韵谱"中,"剪鹊系"母下有"节切洩","金桥火"母下有"甲恰协";"剪鹊系"母下有"爵鹊削","金桥火"母下有"角却学"。

二 韵母

全书分为十二摄(韵部)。

一	二	三	四	五	六	七	八	九	十	十一	十二
龙	狼	狮	狐	豺	麟	蛇	猿	豹	驼	犯	虬
东冬庚青蒸	江阳	支微齐灰	鱼虞	佳灰	真文元侵	鱼麻佳	元寒删先覃盐咸	萧肴豪	歌	麻	尤

以上是舒声韵,入声韵在书中分为三部。陈氏说:"《等韵切音指南》分二十四摄,云入声惟九摄。《字母切韵要法》云'迦结裓歌'四声全。今考九摄之入声,固该于四摄之内,而四摄之入声'迦'与'加'实为同音异等。则实止三摄也。今特另编《入声谱》。"下面每部各呼取一字,列表如下:

	十三	十四	十五
开	八	北	拔
	别	必	爵
合	说	不	郭
	欱	㕚	

(一)各韵的来源及韵母数

1. 龙韵主要来源于古通摄字和曾梗摄的部分合口字。在韵图中开齐合撮都有字,因此有四个韵母。

2. 狼韵主要来源于古江宕摄字。在韵图中开齐合都有字,因此有三个韵母。

3. 狮韵主要来源于古止摄字、蟹摄开口四等齐韵字和蟹摄合口一等三等部分字。在韵图中开合都有字，因此有两个韵母。（此图中，开口字除了精组字和照组字外，其他应该列在齐齿呼），古有四个韵母。

4. 狐韵主要来源于古遇摄字和流摄一三等的唇音字。在韵图中开合都有字，因此有两个韵母。（但此图例字存在较大问题，开口呼的字应列在合口呼，合口呼的字应列在撮口呼。）

5. 豺韵主要来源于古蟹摄开口一二等韵字及少数止摄合口庄组字。在韵图中开合都有字，因此有两个韵母。

6. 麟韵主要来源于古臻深摄字。在韵图中开齐合撮都有字，因此有四个韵母。

7. 蛇韵主要来源于古假摄麻韵三等字、果摄三等字和部分蟹摄开口二等牙喉音字。在韵图中开口呼有字，因此有一个韵母。（此图中的字应列在齐齿呼，但知照组字难以判断。）

8. 猿韵主要来源于古咸山两摄字。在韵图中开齐合撮都有字，因此有四个韵母。

9. 豹韵主要来源于古效摄字和部分流摄唇音字。在韵图中开齐都有字，因此有两个韵母。

10. 驼韵主要来源于古果摄字。在韵图中开合都有字，因此有两个韵母。

11. 犯韵主要来源于古假摄字。在韵图中开合都有字，因此有两个韵母。

12. 虬韵主要来源于古流摄字。在韵图中开齐都有字，因此有两个韵母。①

13. 别韵主要来源于古咸摄入声字、山摄入声字、梗摄二等入声字。在韵图中开齐合撮②都有字，因此有四个韵母。

14. 必韵主要来源于古深摄入声字、臻摄入声字、通摄入声字、曾摄入声字、梗摄三等入声字。在韵图中开齐合撮都有字，因此有四个韵母。

15. 爵韵主要来源于古江摄入声字、宕摄入声字。在韵图中开齐合有字，因此有三个韵母。

（二）韵母有以下特点

1. 在"龙"摄合口"雷"母下，有"笼—龙"对立。

---

① 在"虬"摄"蛙"母合口上等下有"牛扭"等字。可能有误。
② "月雪缺"等字放在合口，可能有误。

2. "二而耳"等字归在"狮"摄日母下，不读卷舌元音，仍旧读日母舌尖后音。

3. 知照组字仍有少数字读细音。在"狐"摄"竹虫石日"母合口下等有"诸枢书"等字。

4. 古歌戈韵绝大部分字合流，但在牙喉音下仍旧存在对立。在"驼"摄"金桥火蛙"母开合二呼上等下有"歌—戈；珂—科；何—和；阿—窝"对立。

5. 古牙喉音开口二等字有少数字仍旧读洪音。在"犯"摄"金桥火蛙"母开口上等下有"加虾鸦"等字。

6. 古山摄合口三等来母字仍读细音。在"猿"摄"雷"母合口上下等有"乱—恋"的对立。

三　声调

书中声调有五个，即上平（阴平）、下平（阳平）、上声、去声和入声。声调有以下特点。

1. 全浊上声归去声。陈氏说："又全浊之上似去声。……遇出切在此类者，即可以去声读之。"

2. 平分阴阳。

3. 有入声，但古塞音韵尾已经合并，应该是一个喉塞韵尾。在入声谱中，如"必"韵，有臻深通曾梗摄的入声字。

四　音系及其性质

书中音系应该是当时获嘉方音的反映。下面将书中音系与今获嘉方音进行比较。

书中声母	邦	匏	木	风	斗	土	鸟	雷	竹	虫	石	日	剪	鹊	系	云	金	桥	火	蛙
今获嘉方音	√	√	√	√	√	√	√	√	√	√	√	√	√	√	√	√	√	√	√	√

书中声母特点	1	2	3	4	5	6
今获嘉方音	×	√	√	√	√	√?

	一	二	三	四	五	六	七	八	九	十	十一	十二
书中韵部	龙	狼	狮	狐	豺	麟	蛇	猿	豹	驼	犯	虬
韵部的构成	1	2	3	4	5	6	7	8	9	10	11	12
今获嘉方音	√	√	√	√	√	√	√	√	√	√	√	√

书中韵母特点	1	2	3	4	5	6
今获嘉方音	√	×	×?	√	×?	√

书中声调特点	1	2	3
今获嘉方音	√	√	√

从上表大致可以看出，尽管书中音系及特点跟今获嘉方音存在一些差异，但绝大部分是一致的。而这些许的差异，大多是由古今语音的演变造成的，是可以解释的（有些可能存在偏差，具体见下文），因此可以说书中音系反映的是当时的获嘉方音。

当音系性质确定后，根据声韵调的中古来源和今获嘉方音，可以将书中音系构拟如下：

声母：邦 [p] 匏 [p·] 木 [m] 风 [f]，剪 [ts] 鹊 [ts·] 系 [s]，竹 [tʂ] 虫 [tʂ·] 石 [ʂ] 日 [ʐ]，金 [k] 桥 [k·] 火 [x]，斗 [t] 土 [t·] 鸟 [n] 雷 [l]，云蛙 [ø]，金细 [tɕ] 桥细 [tɕ·] 火细 [ɕ]。

韵母：龙 [uəŋ] [yəŋ] [əŋ] [iəŋ]、麟 [uən] [yən] [ən] [iən]、猿 [uan] [yan] [an] [ian]、郎 [uaŋ] [aŋ] [iaŋ]、豹 [au] [iau]、虬 [əu] [iəu]、豺 [uai] [ai]、犯 [ua] [a]、狐 [u] [y]、狮 [ɻ] [ʐ] [i] [uei]、蛇 [iɜ]、驼 [ɤ] [uɤ]。别 [aʔ] [iaʔ] [uaʔ] [yaʔ]、必 [əʔ] [iəʔ] [uəʔ] [yəʔ]、爵 [aʔ] [uaʔ] [iaʔ]。

声调：阴平 [33] 阳平 [31] 上声 [53] 去声 [13] 入声 [33]。

五　古今音系的差异及其变化

1. 古全浊音清化后，书中塞音、塞擦音都送气。这应是当时语音的实际情况，因为作者在编撰此书的时候，参考了《五方元音》。而在《五方元音》中，浊音清化的规律是平声送气，仄声不送气。今获嘉方音是平声送气，仄声不送气。造成这种情况的原因是后来北京官话的影响。

2. 书中音系尖团音基本上合流，但还没有最后完成。这应反映了当时语音的实际情况，因在《五方元音》中，尖团音是对立的。今获嘉方音中尖团音已经合流，书中音系与今方音的差异，体现了音变中不同阶段的差异。

3. 止摄开口三等日母"二而耳"等字，书中仍读日母，在今获嘉方音中读声化韵 [ɻ]。在明清时期，这些字有 [ʐ̩] 音读或其他零声母读音或自成音节的声化韵音读，一般韵书或韵图往往只记载 [ʐ̩] 音读，这是受到了传统韵书的影响。①

4. 书中古牙喉音开口二等字有少数字仍旧读洪音。如在"犯"摄"金桥火蛙"母开口上等下有"加虾鸦"等字。今获嘉方音读齐齿呼。开口二等牙喉音字增生 i 介音，在北方官话中很普遍，书中绝大部分开口二等牙喉音字已经完成了这个音变，有少数字还没有完成，与今方音存在差异，这种差异也反映了音变的不同阶段的差异。

5. 在"狮"韵中，书中止摄合口字都归在合口下，今音除了唇音字外，还有"内谁"等少数字也读开口。在明清的韵书中，唇音字有的归开口，有的归合口，因唇音字发音时，有圆唇的性质，不同的人有不同的处理。至于"内谁"少数字读开口音，这是受北京官话影响的结果。

6. 在"蛇"韵中，书中有麻韵三等的照组字，与《五方元音》相同，而今获嘉方音，麻韵三等的照组字归在"驼"韵中。可见书中的归字安排受到了《五方元音》的影响。

7. 古歌戈韵绝大部分字合流，但在牙喉音下仍旧存在对立现象。书中

---

① 因陈氏在编撰韵书的时候，主要是在《五方元音》的基础上进行改动，所以书中有许多跟《五方元音》一致的地方，究竟是实际语音的反映，还是改之未尽造成的结果，很难判断。

音系跟今获嘉方音是一致的。不同的是，古开口歌韵其他声母字在书中全部归在开口呼，而今获嘉方音归在合口呼。这种归派，反映了《五方元音》的影响，因《五方元音》古戈韵字除了牙喉音字外，其他声母字跟开口呼合流，归在第一等开口呼中。

8. 知照组字仍有少数字读细音。知照组与细音相拼，因拼音的困难，在知照组声母的同化下（发音的和谐），其后的细音转变为洪音字。这种音变在北方官话中相当普遍。书中在"狐"摄"竹虫石日"母合口下等有"诸枢书"等字，在今获嘉方音中都读合口上等。这种差异反映的仍然是音变的不同阶段的差异。

9. 书中入声韵分为三部，这跟今获嘉方音基本一致。不同的是今获嘉方音全浊入声都归入了阳平，清声母入声和次浊声母入声也有少数字归入了其他声调之中。另外，必部入声韵中齐齿合口撮口呼后的元音已经弱化，逐步脱落。除此之外，因别爵两部主要元音比较接近，别部开口有部分字转入了爵部。爵部细音字在书中读齐齿呼，在今获嘉方音中读撮口呼。

总的来说，《音韵一得》在《五方元音》的基础上根据获嘉方音进行了改编，尽管有些地方改动得不彻底（有的地方甚至可能出现了偏差），但整个音系框架还是基本上反映出了当时获嘉音系的面貌，对于我们认识当时的获嘉方音具有重要的参考价值，同时也是一部让我们了解从清末到现代获嘉方音经历了哪些语音演变阶段的宝贵音韵资料。

Phonology of *Huo Jia* Dialect from *Yin Yun Yi Dei* in the Late Qing Dynasty

Zhou Saihua

Abstract：This article makes a more detailed description ofthe phonology of *HuoJia*Dialect in the late Qing Dynasty，and the characteristics of which were briefly analyzed. On this basis，the phonetic system in the book was compared with the present *Huojia* dialect，clarifying that the phonetic system reflected*Huojia* dialect at that time. Then this article further discusses the changes of *Huojia* dialect from late Qing Dynasty to the modern time. Finally, this article points out that the literature has important reference value for us to understand *Huojia* dialect in the late Qing Dynasty.

Keywords：*Yin Yun Yi Dei*；Qing Dynasty；*HuoJia* phonology

About the Author：Zhou Saihua, Ph. D. , professor at School of Chinese Language and Literature, Hubei University. Research interests and specialties：the history of phonology and dialectal accent. Magnum opuses：*Study on He Bing Pian Yun Bian Lan*, etc. E-mail：zhouzshbs@ sina. com.

《中文论坛》征稿启事

《中文论坛》（*Forum of Chinese Language and Literature*）由湖北大学文学院主持，旨在成为开展学科建设、展示学术成果、鼓励学术争鸣、深化学术交流、推动学术发展的平台。欢迎学界同人不吝赐稿。有关事项说明如下。

一、本刊为半年刊，定期在每年 7 月、12 月出版，投稿截止日期分别为每年 6 月底和 11 月底。

二、所有来稿请遵守学术规范和学术道德，请勿一稿两投。所有来稿均不退稿，请自留底稿。来稿若一个月未接到用稿通知，可自行处理。

三、来稿由湖北大学文学院组织专家评审，论文选用后本刊向作者支付稿酬及提供样刊两本。

四、一般稿件篇幅以控制在 15000 字以内为宜，特别约稿可在 20000 字左右。所有稿件均须为电子文本，请寄：nieyw_55@126.com。

五、稿件必备项：标题、作者简介、内容提要、关键词（以上四项均应包括中、英文两种形式）、正文、参考文献或注释。

六、作者简介一般应包括出生年、学位、职称、研究方向，亦可注明主要学术成果。

七、注释采用"作者－年份"制。书名（期刊名）、文章名、作者、年份、出版社等信息应该准确无误。

八、来稿文末请附上详细的通信方式，包括地址、邮编、手机、电子邮箱等。

《中文论坛》编辑部

图书在版编目(CIP)数据

中文论坛. 2018年. 第1辑：总第7辑 / 湖北大学文
学院《中文论坛》编辑委员会编. —— 北京：社会科学文
献出版社，2018.8

ISBN 978 - 7 - 5201 - 3069 - 1

Ⅰ.①中… Ⅱ.①湖… Ⅲ.①汉语 - 文集 Ⅳ.
①H1 - 53

中国版本图书馆 CIP 数据核字（2018）第 157362 号

中文论坛 2018 年第 1 辑 总第 7 辑

编 者 / 湖北大学文学院 《中文论坛》编辑委员会

出 版 人 / 谢寿光
项目统筹 / 周 琼
责任编辑 / 周 琼 钱越洋

出 版 / 社会科学文献出版社·社会政法分社（010）59367156
地址：北京市北三环中路甲 29 号院华龙大厦 邮编：100029
网址：www.ssap.com.cn
发 行 / 市场营销中心（010）59367081 59367018
印 装 / 三河市龙林印务有限公司

规 格 / 开本：787mm × 1092mm 1/16
印 张：18 字 数：283 千字
版 次 / 2018 年 8 月第 1 版 2018 年 8 月第 1 次印刷
书 号 / ISBN 978 - 7 - 5201 - 3069 - 1
定 价 / 85.00 元